# Der Entwurf

des

# Russischen Zivilgesetzbuches

Dargestellt und besprochen

von

Wilhelm von Seeler
Professor an der Universität Berlin

Berlin 1911.
J. Guttentag, Verlagsbuchhandlung,
G. m. b. H.

# Inhaltsverzeichnis.

## Berichtigungen.

S. 3 Z. 23 statt „östlichen“ lies „nordöstlichen“.

Einige andere Druckfehler wird der Leser wohl selbst als solche erkennen und berichtigen.

# Einleitung.

An jeder deutschen Universität wird fast in jedem Semester das internationale Privatrecht vorgetragen. Das entspricht einem dringenden Bedürfnisse unserer vom internationalen Verkehr beherrschten Zeit.

Es hat aber nur einen sehr bedingten Wert, wenn der Jurist weiß, welches territoriale Recht er im gegebenen Falle anzuwenden habe, während dieses Recht selbst ihm völlig unbekannt bleibt. Das ist, als wollte man einem angehenden Handwerker die Zwecke erläutern, denen die verschiedenen Werkzeuge dienen, ohne ihm die letzteren zu zeigen, geschweige denn ihn im Gebrauche derselben zu unterweisen.

Nun kann ja freilich von keinem Juristen verlangt werden, daß er sämtliche Rechtssysteme aller zivilisierten Staaten kenne. Wohl aber darf füglich erwartet werden, daß dem jungen strebsamen Juristen wenigstens die Möglichkeit und die Gelegenheit geboten werde, sich ausreichende Kenntnisse in diesem oder in jenem der allerwichtigsten Systeme zu verschaffen.

Was heute nach dieser Richtung hin geschieht, ist nahezu gleich null. Und wer Gelegenheit gehabt hat, die hilflose Lage der Gerichte zu beobachten, welche in die Notwendigkeit versetzt sind, ein fremdes Recht anzuwenden, wird einräumen, daß dieser Mangel im Interesse des inländischen und ausländischen rechtsuchenden Publikums als ein schwerer Mißstand zu beklagen ist.

Auf einem Gebiete, wo noch alles darniederliegt, kann die Herbeiführung befriedigender Zustände in kurzer Frist nicht erwartet werden. Man wird sich also vorläufig in Geduld fassen müssen, aber doch hoffen dürfen, daß nach etwa 20 bis 30 Jahren wenigstens ein Anfang gemacht sein wird. Es wird dann vielleicht so weit sein, daß an jedem Oberlandesgerichte und an den Landgerichten der größten Handelsstädte für jedes der wichtigsten Zivilrechte der Welt mindestens je ein sachkundiger Richter tätig ist, sowie auch daß am Sitze dieser Gerichte je zwei in dieser Hinsicht sachkundige Rechtsanwälte zu finden sind. Um dieses Ziel zu erreichen wäre ein Doppeltes erforderlich: Einmal müßte das ausländische Recht eine Stätte an den deutschen Universitäten finden, etwa in der Art, daß an mindestens je einer Universität eines der wichtigsten Zivilrechte eingehend vorgetragen würde. Vielleicht würde es sich auch empfehlen eine Akademie für ausländisches Zivilrecht ins Leben zu rufen, zu deren Besuch den Referendaren und Assessoren ein einjähriger Urlaub mit Anrechnung auf die Dienstzeit erteilt werden könnte. Dann aber wäre außerdem unbedingt erforderlich, daß die Personen, welche jene Vorlesungen besucht haben, unter staatlicher Beihilfe auf etwa zwei Jahre, die wiederum in die Dienstzeit einzurechnen wären, ihre Studien theoretisch und praktisch im Auslande fortsetzten, denn „wer den Dichter will verstehn, muß in Dichters Lande gehn". Reisen von kurzer Dauer verwirren mehr als sie unterrichten. Schließlich aber wäre als sehr wesentlich nicht außer Acht zu lassen, daß den in dieser Weise vorgebildeten Juristen auch im späteren Dienste eine pekuniär bevorzugte Stellung eingeräumt werden müßte.

Diese oder ähnliche Veranstaltungen seitens des Staates würden nicht nur, wie oben gezeigt, einem dringenden praktischen Bedürfnisse unserer Zeit entsprechen, sondern sie würden auch eine belebende und befruchtende Wirkung auf die Gesetzgebung, Rechtswissenschaft und Praxis ausüben, und sie vor sterilem Paragraphenkultus, vor dumpfer Resignation und vor phantastischen, naiven Reformbestrebungen bewahren. Wenn Goethe sagt: „wer fremde Sprachen nicht kennt, weiß nichts von seiner eigenen", so gilt das in noch höherem Maß vom Recht: wer außer dem Recht seines eigenen Landes nicht noch wenigstens das Recht eines anderen *modernen* Staates kennt, hört allmählich ganz auf den Stoff zu beherrschen und wird vielmehr umgekehrt vom Stoffe dergestalt eingekreist und eingesponnen, daß er völlig die Freiheit des Geistes und die Selbständigkeit des Urteils einbüßt.

Ohne Aufwendung erheblicher Geldmittel könnte natürlich auch auf diesem Wege nur Dürftiges erreicht werden.

Es würde sich nun fragen, welche territorialen Rechte in erster Reihe in Betracht kämen? Ohne Zweifel das englische und das französische Recht [1]). Das bedarf keiner weiteren Begründung. Nächst diesen beiden das russische Recht. Freilich kann es dem englischen Rechte von keinem Gesichtspunkte aus an Bedeutung gleichgestellt werden. Ebenso zweifellos ist es, daß die belebende und befruchtende Wirkung, die das französische Recht auf das deutsche ausgeübt hat und hoffentlich in Zukunft in noch höherem Maße ausüben wird, vom russischen Rechte auch nicht annähernd in gleichem Maße zu erwarten ist. Aber vom Standpunkte des praktischen Bedürfnisses verdient das russische Zivilrecht in Deutschland mindestens die gleiche Beachtung wie das französische und eine weit höhere Beachtung als alle übrigen Rechte der Welt mit Ausnahme des englischen.

Rußland hat über 160 Millionen Einwohner. Nur in den Grenzgebieten mit etwa 16 Millionen Einwohnern gilt partikulares Recht, das aber gerade in den für den Handelsverkehr wichtigsten Rechtsmaterien durch das allgemeine Reichsrecht ersetzt resp. von ihm ergänzt wird. Deutschland stößt mit seiner ganzen östlichen Grenze unmittelbar an das russische Reich und hat über die Ostsee die denkbar bequemste Schiffahrtsverbindung mit allen westrussischen Häfen. Rußland ist auf den Export von Naturprodukten angewiesen, an denen Deutschland einen großen Bedarf hat. Deutschland ist genötigt Absatz für seine Industrieerzeugnisse zu suchen, für welche Rußland eine bedeutende Aufnahmefähigkeit besitzt.

Im Jahre 1909 importierte Deutschland aus Rußland im ganzen für 1400 Millionen Mark, also mehr als aus irgendeinem anderen Lande der Welt. Im selben Jahre exportierte Deutsch-

---

[1]) Das österreichische und das schweizerische Recht sind in Wahrheit deutsche Rechte, die Gesetze sind in deutscher Sprache geschrieben und beide Länder besitzen eine reiche juristische Literatur in deutscher Sprache, so daß es einem deutschen Juristen auch ohne spezielle Vorkenntnisse nicht schwer fallen dürfte, sich über die Stellung dieser Rechte zu einer in Betracht kommenden praktischen Frage ausreichend zu unterrichten. Hier bedarf es also wohl kaum besonderer Veranstaltungen.

land nach Rußland im ganzen für 531 Millionen Mark, mußte also 869 Millionen Mark mehr an Rußland zahlen, als es von ihm gezahlt erhielt.

Dieses Mißverhältnis ist freilich nicht ganz so groß, wie es auf den ersten Blick erscheint, wenn man erwägt, daß Rußland im Jahre 1909 überhaupt aus allen Ländern der Welt zusammen nur für 1700 Millionen Mark (788 Millionen Rubel) importierte, so daß Deutschland nahezu $^1/_3$ des gesamten russischen Importbedürfnisses deckte.

Zieht man aber andrerseits in Betracht, daß Deutschland infolge seiner geographischen Lage bequemer und billiger nach Rußland exportieren kann als irgendein anderer großer Industriestaat, daß Deutschland infolge der allgemeinen Verbreitung der deutschen Sprache in Rußland es leichter als jeder andere Staat hat, persönliche Beziehungen zu den russischen Käufern anzuknüpfen, und daß schließlich — abgesehen vielleicht von den Kolonialwaren und einigen Rohstoffen, z. B. Baumwolle — Deutschland sehr wohl imstande wäre nahezu alles herzustellen und zu liefern, auf dessen Einfuhr das russische Reich angewiesen ist, dann wird man vielleicht doch nach Gründen suchen müssen, weshalb die deutsche Ausfuhr nach Rußland bisher noch nicht auf eine höhere Summe hat gebracht werden können.

Einer der Hauptgründe ist zweifellos darin zu erblicken, daß Rußland in Deutschland ein völlig unbekanntes Land ist.

Zwar hat die Masse des Volkes in jedem Lande keinerlei Vorstellung von den Verhältnissen der Nachbarländer. Aber in Deutschland ist man auch in sonst sehr gebildeten und wohlunterrichteten Kreisen — abgesehen von ganz vereinzelten Ausnahmen — über Rußland zu einem kleinern Teile gar nicht, zu einem größern Teile überwiegend falsch unterrichtet.

Man hört oft die Behauptung, daß in Deutschland die Kenntnis des Auslandes und das Interesse für ausländische Verhältnisse größer sei als in andern Ländern. In bezug auf Rußland trifft das nicht zu: Im ganzen 19. und im 20. Jahrhundert ist in Deutschland nicht ein einziges die russischen Verhältnisse im Ganzen behandelndes Buch erschienen, das sich an Gründlichkeit, Zuverlässigkeit und Vollständigkeit nur im entferntesten messen könnte mit den vortrefflichen Schriften des Franzosen Leroy-Beaulieu und vollends mit dem nahezu klassischen, nur wenig veralteten Werke des Schotten Mackenzie Wallace.

Dieses mangelnde Interesse ist eine Tatsache, für die ich nach einer Erklärung bisher vergeblich gesucht habe, umsomehr als das früher ganz anders war. Im 16., 17. und 18. Jahrhundert gab es eine reiche, gediegene Literatur, in der deutsche Gelehrte und Forschungsreisende auf Grund sorgfältiger Quellenstudien und eigener langjähriger Anschauung und Erfahrung gewissenhaft über alle russischen Verhältnisse berichteten. Diese Bücher wurden nicht nur in Deutschland eifrig gelesen, sondern auch in fremde Sprachen übersetzt. Und wenn heute ein Engländer, ein Franzose oder selbst ein Russe sich über Rußlands Vergangenheit unterrichten will, so greift er zu allererst nach den Werken dieser Biedermänner, die, von ihren Landsleuten fast vergessen, in Rußland noch heute in Ansehen stehen. Der Deutsche, der sich für das heutige Rußland interessiert, ist in erster Reihe auf französische und englische Bücher angewiesen, die natürlich die russischen Verhältnisse vom englischen resp. französischen Standpunkte aus beleuchten und daher dem deutschen Leser nicht das bieten, worauf es ihm hauptsächlich ankommt; in seiner eigenen Literatur findet er mindestens ebensoviel Verwirrendes wie Aufklärendes.

Was nun speziell das hier zu behandelnde russische Privatrecht anbetrifft, so wird man in Deutschland die Personen wohl bequem an den Fingern herzählen können, die imstande wären, sich in einem russischen Gesetzbuche zurechtzufinden und zugleich mit den tatsächlichen Verhältnissen vertraut sind, auf die sich diese Gesetze beziehen.

Will man aber den Handel mit einem Nachbarlande fördern, so ist vor allen Dingen nötig den Rechtsverkehr auf eine sichere Basis zu stellen, d. h. es muß dafür Sorge getragen werden, daß der in- und ausländische Rechtsuchende, auch in Fällen, wo das Recht dieses Nachbarlandes in Frage kommt, mit einiger Wahrscheinlichkeit auf ein sachgemäßes Urteil rechnen kann.

Daher scheint es mir die Pflicht eines jeden Staates zu sein, im Interesse der Rechtsuchenden, im Interesse einer geordneten Justiz und zur Hebung seines Handels das Studium der wichtigsten ausländischen Privatrechte nach Möglichkeit zu fördern.

Zurzeit wird nun freilich das Studium des russischen Privatrechts dadurch sehr erschwert, daß das heutige Zivilgesetzbuch äußerst lückenhaft und fragmentarisch ist, und daß das geltende Privatrecht überwiegend auf den nicht immer ganz übereinstimmenden Entscheidungen des Senats beruht. Auch fehlt es an einem erschöpfenden systematischen Werke, aus dem man das gesamte auf Gesetz und Praxis beruhende Privatrecht bequem entnehmen könnte.

Das wird anders werden, wenn der Entwurf, über den wir hier reden wollen, Gesetz wird. Inhaltlich ist er im wesentlichen aus denselben Quellen geschöpft, wie die übrigen kontinentalen Gesetzbücher, und was die äußere Darstellung anbelangt, so ist sie im allgemeinen flüssig, klar und einfach, so daß jeder, der die Sprache beherrscht und etwas Übung im Lesen von Gesetzen hat, sich leicht und bequem mit dem gesamten Rechtsstoffe vertraut machen kann.

Da auch der russische Staat naturgemäß ein Interesse daran haben muß, daß seine Gesetze von den ausländischen Gerichten richtig ausgelegt und angewendet werden, so würde es sich sehr empfehlen, wenn die russische Regierung selbst dafür Sorge tragen wollte, daß der Entwurf, sobald er Gesetz wird, in einer guten deutschen und französischen Übersetzung zur Kenntnis der ausländischen Juristen gebracht werde. Freilich ist es für jeden, der ein fremdes Gesetz eingehend studieren will, unerläßlich notwendig, daß er die Sprache des Originaltextes vollkommen beherrscht, aber für den Beginn des Studiums gewährt eine Übersetzung große Erleichterung, und außerdem wird man wohl niemals erwarten dürfen, daß in einem ausländischen Richterkollegium sämtliche Mitglieder der russischen Sprache mächtig sind.

Bevor wir uns nun dem Entwurfe selbst zuwenden, mögen zunächst einige Worte über den zurzeit in Rußland geltenden Rechtszustand gesagt werden.

Nicht alle Gebiete, die unter dem Szepter des russischen Kaisers vereint sind, werden von einem einheitlichen Rechte beherrscht.

Das allgemeine Reichszivilrecht gilt nicht oder doch nicht ausschließlich in Finnland, in den Ostseeprovinzen, im ehemaligen Königreich Polen, in einem Teil des Gouvernements

Bessarabien, sowie in den Gouvernements Tschernigow und Poltawa. Außerdem gelten für einige andere Gouvernements noch gewisse, nicht sehr zahlreiche Sonderbestimmungen.

Werfen wir zunächst einen Blick auf die mit eigenem Privatrechte ausgestatteten Grenzgebiete, so finden wir, daß zunächst in Finnland das schwedische Gesetzbuch vom Jahre 1736 — Sveriges rikes allmänna lag — nebst einigen neueren ergänzenden Gesetzen gilt.

In den drei Ostseeprovinzen galt ehedem das gemeine deutsche Zivilrecht nebst verschiedenen Land- und Stadtrechten. Im Jahre 1864 erfolgte hier eine Kodifikation — „Liv-, Est- und Curländisches Privatrecht" —, welche jedoch nicht den Zweck einer Reform hatte, sondern nur das damals geltende Recht in ein einheitliches System zusammenfassen sollte. Neben dieser Kodifikation behielt das gemeine Recht subsidiäre Geltung. Für einige Materien gilt das allgemeine Reichsrecht.

Im ehemaligen Königreich Polen gilt der Code civil. Derselbe wurde im Jahre 1808 auf Verfügung des Königs von Sachsen als Großherzogs von Warschau, daselbst eingeführt. Als im Jahre 1815 der größte Teil dieses Großherzogtums an Rußland fiel, und zusammen mit dem bisherigen russischen Anteil als Königreich Polen konstituiert wurde, wurde der Code civil auf dieses ganze mit Rußland vereinigte Königreich ausgedehnt und gilt dort auch heute noch, ergänzt durch einige spätere Gesetze.

Im alten Großfürstentum Litauen galt das auf Magdeburger Recht beruhende „Litauische Statut". Als dieses Land im 18. Jahrhundert mit Rußland vereinigt wurde, blieb das Statut zunächst in Geltung, wurde aber dann im Jahre 1840 aufgehoben und durch das Reichszivilrecht ersetzt. Nur in den beiden Gouvernements Tschernigow und Poltawa, die schon im 17. Jahrhundert mit Rußland vereinigt wurden, sind einige Bestimmungen des Litauischen Statuts bis auf den heutigen Tag in Geltung geblieben.

In einem Teil von Bessarabien gilt der sog. Harmenopulos, eine aus dem 14. Jahrhundert stammende Bearbeitung des byzantinisch-römischen Rechts.

Im übrigen europäischen und asiatischen Rußland gilt das allgemeine Reichszivilrecht. Den ersten Versuch einer umfassenden Gesetzgebung bildet hier das Gesetzbuch (uloshenije) des Zaren Alexej Michailowitsch vom Jahre 1649. Die Hauptquellen desselben sind älteres russisches Recht, byzantinisch-römisches Recht und das lithauische Statut. Der große Reformator Peter I. hat zwar einige in das bisherige Privatrecht tief einschneidende Gesetze erlassen, ohne jedoch auf diesem Gebiete eine durchgreifende Reform in Angriff zu nehmen. Ein dahin zielender Versuch der Kaiserin Katharina II. blieb unvollendet. Ein Entwurf aus dem Jahre 1814 wurde verworfen. Erst Kaiser Nikolaus I. ging ernstlich an die Lösung dieser Aufgabe. In seinem Auftrage wurde zunächst eine vollständige chronologische Sammlung aller — nicht nur der privatrechtlichen — seit dem Jahre 1649 erlassenen Gesetze veranstaltet und unter dem Namen „Vollständige Sammlung der Gesetze" publiziert. Dieselbe wird bis auf den heutigen Tag durch Hinzufügung eines jeden neuen Gesetzes weiter fortgeführt. Auf Grund dieser Sammlung wurde dann festgestellt, welche Gesetzesbestimmungen zu jener Zeit noch in Geltung waren, und diese wurden dann in einer zweiten Sammlung, der sog. „Zusammenfassung der Gesetze", die im Jahre 1835 in Kraft trat, in systematische Ordnung gebracht; bei jeder einzelnen Vorschrift wurde angegeben, aus welchen älteren Gesetzen sie entnommen sei, ein Verfahren, das der historischen Forschung sehr bequeme Anhaltspunkte bietet. Obgleich diese Zusammenfassung nur das geltende Recht wiedergeben sollte, so enthielt sie doch manche Bestimmung, deren Inhalt mit den angezogenen Quellen nicht vollkommen in Einklang stand. Im Hinblick hierauf warf Kaiser Nikolaus I. in der Sitzung des Reichsrats vom 19. Januar 1833, an der er persönlich teilnahm, die Frage auf, ob als geltendes Gesetz die Zusammenfassung oder die vollständige Sammlung zu betrachten sei. Nach längeren Verhandlungen entschied der Reichsrat: „Die Zusammenfassung als Gesetz anzuerkennen, nach dem man sich ausschließlich zu richten habe".

Die seit dem Jahre 1835 erlassenen Spezialgesetze wurden dann gleichfalls in die Zusammenfassung hineingearbeitet, so daß auch sie in doppelter Ausgabe vorliegen. Nur umfangreichen, ein ganzes Gebiet umfassenden Gesetzen wurde auch in der Zusammenfassung ein selbständiger Raum zugewiesen.

Dem Privatrechte gewidmet ist der erste Teil des zehnten Bandes der Zusammenfassung. Ich werde diesen Teil in der Folge zitieren „X. 1“, und die einzelnen Vorschriften — den Gewohnheiten des deutschen Lesers Rechnung tragend — als Paragraphen bezeichnen, obgleich diese Bezeichnung den russischen Gesetzen im allgemeinen fremd ist; man gebraucht dafür das Wort „statjá“ und kürzt es in „st.“.

Diese Arbeit war also, wie wir sahen, nur eine sammelnde, zusammenfassende, nicht aber eine durchgreifende legislatorische Umgestaltung; und da man nicht einmal die Absicht hatte, das Recht erschöpfend zu behandeln, so ist X. 1 natürlich nur ein sehr lückenhaftes Gesetz, dessen Lücken, wie bereits erwähnt, durch die Entscheidungen des Senats ausgefüllt werden.

Um diesen unbefriedigenden Zustand zu beseitigen, wurde im Jahre 1882 eine Kommission eingesetzt zur Abfassung eines Entwurfs eines umfassenden, systematischen Zivilgesetzbuchs.

Diese „Allerhöchst eingesetzte Redaktionskommission zur Abfassung eines Zivilgesetzbuchs“ veröffentlichte in den Jahren 1899 bis 1903 fünf Teilentwürfe, und zwar: 1899 das Obligationenrecht [1]), 1902 das Familienrecht und das Sachenrecht, 1903 das Erbrecht und die allgemeinen Vorschriften. Den Entwürfen waren eingehende Motive beigegeben in 12 Bänden von zusammen etwa 8000 Seiten.

Darauf wurden die Teilentwürfe von derselben Kommission einer nochmaligen Durchsicht unterzogen und mit mannigfachen Änderungen als zweiter Entwurf in einem Bande im Jahre 1905 veröffentlicht. Motive sind dieser zweiten Ausgabe nicht beigegeben. Nur hie und da findet man unter dem Texte Anmerkungen, enthaltend die Separatvoten einzelner Mitglieder der Kommission.

Im Jahre 1905 erschien auch der Entwurf des Einführungsgesetzes.

Über den allgemeinen Charakter des Entwurfs ist vorläufig folgendes zu bemerken:

---

[1]) Dieser Teilentwurf liegt in deutscher Übersetzung vor: Entwurf der Allerhöchst eingesetzten Redaktionskommission zur Abfassung eines Bürgerlichen Gesetzbuchs. Buch V: Das Recht der Forderungen. Aus dem Russischen übersetzt von Nicolaus v. Seeler. Herausgegeben vom Rigaer Börsenkomitee. Riga, R. Ruetz, 1900.

1. Der Entwurf enthält 2640 Paragraphen. Er folgt im wesentlichen demselben System wie das BGB.; nur ist der Stoff in etwas anderer Reihenfolge geordnet: Allgemeine Vorschriften, Familienrecht, Sachenrecht, Erbrecht, Obligationenrecht. Da das Erbrecht im engsten Zusammenhange mit dem Familienrechte steht, so werde ich hier, in Abweichung von der Anordnung des Entwurfs, das erstere dem letzteren unmittelbar folgen lassen. Das Einführungsgesetz enthält Vorschriften über das Geltungsgebiet des Zivilgesetzbuches innerhalb des Reiches, über internationales Privatrecht und über die Auslegung der Gesetze, sowie schließlich Übergangsvorschriften betreffend die zeitlichen Grenzen der Gesetze.

2. Im Gegensatz zum BGB. macht der Entwurf sich zur Aufgabe, sämtliche Materien des Privatrechts zur Darstellung zu bringen, also auch diejenigen, die in Deutschland durch das Handelsgesetzbuch und die sonstigen privatrechtlichen Reichsgesetze geregelt resp. den Landesgesetzen vorbehalten sind. Jedoch ist dieser Grundsatz nicht vollkommen durchgeführt: für einzelne Materien — insbesondere für solche, bei denen Privatrecht und öffentliches Recht ineinandergreifen — sollen auch in Zukunft Spezialgesetze in Geltung bleiben.

3. Was das räumliche Geltungsgebiet anbetrifft, so bleibt von demselben ausgeschlossen Finnland, dann aber auch Polen und die drei Ostseeprovinzen; jedoch soll in den beiden letztgenannten Gebieten das neue Zivilgesetzbuch insoweit Anwendung finden, als schon bisher das allgemeine Reichsgesetz dort in Geltung war (Einführungsgesetz § 2). In Bessarabien sowie in den beiden Gouvernements Tschernigow und Poltawa treten die bisherigen privatrechtlichen Partikularrechte außer Kraft.

4. Wie alle modernen Kodifikationen, so ist auch der Entwurf keine völlige Neuschöpfung; vielmehr sind die einzelnen Bestimmungen entweder den heute geltenden russischen Gesetzen, der Praxis des Senats oder aber dem von allen Völkern Europas angehäuften Schatze der modernen Rechtswissenschaft entnommen. Überall knüpft die Kommission an das Bestehende an: Alle Grundsätze des geltenden russischen Rechts, soweit sie nicht als veraltet und überlebt erschienen, und den modernen Zuständen und Auffassungen nicht mehr entsprachen, sollten

konserviert und in den Entwurf übernommen werden; wo irgendein an sich zu billigender Grundsatz nur kasuistisch und fragmentarisch in einer Einzelbestimmung des geltenden Rechts zum Ausdruck gelangte, wurde er in allgemeiner Fassung dem Entwurf einverleibt. In die zahlreichen Lücken des geltenden Rechts sollten zunächst die in konstanter Praxis des Senats anerkannten Sätze eintreten. Wo auch diese Quelle versagte, wandte man sich um Aushilfe an die Rechtswissenschaft. Grundsätzlich wollte die Kommission nicht direkt ausländisches Recht rezipieren. Jedoch hat man in allen Zweifelsfragen auch die Bestimmungen anderer Kodifikationen in den Kreis der Erwägungen gezogen. Mit besonderer Vorliebe wandte man sich in erster Reihe dem Code civil und dem baltischen Privatrechte, als innerhalb des russischen Reiches geltenden Gesetzbüchern, zu. Aber auch ausländische Gesetze sind eingehend berücksichtigt. Zu ihrer größeren Bequemlichkeit ließ die Kommission daher gleich bei ihrem Zusammentritt eine Anzahl ausländischer Gesetzbücher ins Russische übertragen, so das österreichische Bürgerliche Gesetzbuch, das Gesetzbuch des Kanton Zürich, das kalifornische Zivilgesetzbuch, das preußische Vormundschaftsgesetz u. v. a. Der Code civil und das baltische Privatrecht lagen in offizieller russischer Ausgabe vor. Das BGB. ist bald nach seiner Publikation übersetzt worden. Im ersten Entwurf sind bei jedem Paragraphen die entsprechenden Bestimmungen des geltenden russischen allgemeinen und partikularen Rechts sowie der ausländischen Kodifikationen angegeben. Aus diesen Zitaten und den Darlegungen der Motive ergibt sich, daß es wohl in der ganzen Welt kaum ein Gesetzbuch von einiger Bedeutung gibt, welches nicht von diesem oder jenem Mitgliede der Kommission sorgfältig durchstudiert worden wäre. Ein solches Verfahren verdient volle Billigung: es weitet den Blick und erhebt ihn über die Grenzen des eigenen Landes und bewahrt vor kleinlichen und einseitigen Auffassungen.

5. Will man den Entwurf, was die Art der Darstellung und die Fassung der einzelnen Vorschriften anbetrifft, mit einer der neuesten Kodifikationen vergleichen, so findet man mehr Ähnlichkeit mit dem schweizerischen Zivilgesetzbuche als mit dem BGB., wenngleich das erstere der Kommission

noch nicht vorgelegen hat, das letztere dagegen inhaltlich eingehend berücksichtigt ist und auf viele Bestimmungen des Entwurfs einen deutlich erkennbaren Einfluß ausgeübt hat.

Auch hat die Kommission, wie aus den Motiven ersichtlich, fast in jeder Frage, auch dort, wo sie sich auf einen anderen Standpunkt stellte, die einschlägigen Vorschriften des BGB. zur Diskussion gestellt. Das war auch kaum anders zu erwarten, „denn“ — um hier eine Äußerung des Präsidenten der schwedischen ständigen Gesetzgebungskommission, Ivar Afzelius, wiederzugeben — „nirgend findet der Gesetzgeber alle Fragen, die er in den Kreis seiner Erwägungen zu ziehen genötigt ist, so vollständig und eingehend berücksichtigt, wie im Deutschen Bürgerlichen Gesetzbuche“.

Jedoch sind die meisten Vorschriften des Entwurfs nicht so sehr auf kasuistisch spezialisierte Tatbestände abgestellt, als vielmehr grundsätzlich charakterisiert, und dem richterlichen Ermessen ist fast durchweg ein sehr weiter Spielraum gewährt. Die Wissenschaft wird also keineswegs darauf angewiesen sein, zu konstruieren — (d. h. Surrogate zu schaffen: Denkformen an Stelle von Grundsätzen) — und das gegebene Detail deduktiv noch weiter auszuspinnen — (d. h. das Recht der Gegenwart für die Zukunft festzulegen) —, sondern sie wird geradezu genötigt sein, die im Gesetze ausgesprochenen Prinzipien rechtschöpferisch, den Bedürfnissen der Neuzeit entsprechend, zu entfalten und zu modifizieren.

Ferner vermeidet der Entwurf, wie das in den Motiven wiederholt hervorgehoben ist, alle „komplizierten Rechtsgebilde“, es sei denn, daß dieselben durch ein dringendes, allgemein vorhandenes Bedürfnis gefordert werden: „in legibus magis simplicitas quam difficultas placet“. Desgleichen geht der Entwurf sehr selten auf entlegene Detailfragen ein: „quae bis vel semel accidunt, praetereunt legislatores“.

6. Gleich wie das BGB., so hat auch der Entwurf den Gebrauch von Fremdwörtern fast ganz vermieden. Die Gesetzessprache des 18. Jahrhunderts hatte eine große Anzahl von lateinischen, französischen und deutschen Wörtern. Seit Beginn des 19. Jahrhunderts sind diese Wörter zum größten Teil abgestoßen und durch russische ersetzt. Im Entwurf findet man nur sehr wenige, seit langer Zeit in der Praxis

und in der Wissenschaft eingebürgerte Fremd- und Lehnwörter.

7. Ausdrücklich betonen die Motive, daß man sich keineswegs vor Wiederholungen gescheut, sondern dieselben im Interesse der leichteren Orientierung hier und da sogar für wünschenswert erachtet habe. Überhaupt muß anerkannt werden, daß die Kommission in ihrem Bestreben, möglichst gemeinverständlich zu sein und eine volkstümliche Sprache zu reden, nicht ohne Erfolg geblieben ist; und dem zukünftigen russischen Juristen wird es nicht schwer sein, einem Laien, auch selbst einem weniger gebildeten, an der Hand des Gesetzes seine Rechtslage klar zu machen, unter Hinweis auf allgemein gefaßte kaum mißzuverstehende Vorschriften. Das gilt freilich nur für den Regelfall, hie und da stößt man auf große Zerfahrenheit und Unklarheit.

Aber auch abgesehen von der Gemeinverständlichkeit, kann der Sprache des Entwurfs nachgerühmt werden, daß sie — freilich nicht durchweg — einfach und natürlich ist; hie und da glaubt man die herzhafte, eindringliche Sprache des preußischen Landrechts zu vernehmen. Das ist ein Vorzug, der nicht unterschätzt werden darf, denn die Sprache ist nicht nur das Kleid, sondern der Körper des Gedankens, und in einem welken Körper wohnt auch ein welker Geist.

8. Überblickt man den Entwurf als Ganzes, so wird man anerkennen müssen, daß er gegenüber dem geltenden Gesetze einen enormen Fortschritt bedeutet, und daß er sich auch sehr wohl neben den anderen heute in Europa geltenden Kodifikationen sehen lassen kann.

Man kann also nur wünschen, daß es ihm beschieden sein möge, recht bald Gesetz zu werden. Freilich aber dürfte es sich dringend empfehlen, ihn vorher noch einmal einer gründlichen, eingehenden Revision zu unterziehen, denn nicht wenige seiner Bestimmungen würde man gern beseitigt sehen, andere wesentlich umgestaltet, manche Lücke ließe sich leicht ausfüllen, manche Unklarheit beheben, mancher Satz könnte schärfer formuliert werden, und in manche Partie könnte mehr Übersichtlichkeit gebracht werden.

Entsprechend dem Zwecke dieser Abhandlung — das Interesse der deutschlesenden Juristenwelt für das zukünftige

Zivilrecht des russischen Reichs zu erwecken — muß ich es mir hier versagen, alle Einzelheiten erschöpfend zu berücksichtigen, und behalte mir vor an anderer Stelle das nach dieser Richtung hin gesammelte Material zu verwerten. Hier kann es sich nur darum handeln, einen möglichst sicheren Überblick über das ganze System zu geben und zu den grundsätzlichen Entscheidungen des Entwurfs Stellung zu nehmen; Einzelheiten können nur gelegentlich gestreift werden, wenn sie in irgend einer Weise zu besonderer Beachtung Anlaß geben.

Aus demselben Grunde können auch nicht alle Teile des Entwurfs in gleichem Maße eingehend dargestellt werden. Materien, in denen der Entwurf mit den meisten geltenden Gesetzbüchern, und insbesondere mit dem BGB., im wesentlichen übereinstimmt, sollen nur kurz referierend behandelt werden, wogegen wir auf anderen Gebieten, in denen sich die Eigenart der Verhältnisse des russischen Reichs widerspiegelt, oder wo die Entscheidungen des Entwurfs eine gewisse Originalität zeigen, oder doch gewisse originelle Züge des geltenden russischen Rechts reproduzieren, länger verweilen wollen. Das letztere trifft besonders beim Familien- und Erbrecht zu. Im Allgemeinen Teil, im Sachen- und im Obligationenrecht wandelt der Entwurf im allgemeinen recht ausgetretene Pfade. Des öfteren werde ich dem Leser Übersetzungen einzelner Paragraphen des Entwurfs vorlegen. Dabei habe ich nicht das Bestreben gehabt, die einzelnen Ausdrücke des Originals überall mit dem gleichen deutschen Ausdrucke wiederzugeben. Daß ein solches Bestreben zwecklos und undurchführbar ist, wird jeder zugeben, der mehr als eine Sprache beherrscht. Das zeigt u. a. auch das dreisprachige schweizerische Zivilgesetzbuch, das gleichfalls einen solchen Parallelismus der Terminologie ablehnt. Noch viel weniger konnte ich mich an die Terminologie des BGB. halten, denn wo Abweichungen in Begriffen vorliegen, muß dieses sich auch im Ausdrucke zeigen. Die Übersetzung ist vielmehr, da es sich nur um fragmentarische Wiedergaben handelte, durchweg frei und ungezwungen; ich war lediglich bestrebt, die Vorstellungsweise und die Denkformen des Entwurfes und die dem Original eigentümliche Redeweise möglichst deutlich hervortreten zu lassen.

# Allgemeine Vorschriften.

Im Interesse meiner Leser und in meinem eigenen Interesse bedaure ich lebhaft, daß ich wohl oder übel genötigt bin, die Darstellung des Entwurfs mit den „allgemeinen Vorschriften" zu beginnen, und ich richte an den geneigten Leser — falls dieser nicht schon jetzt den festen Entschluß gefaßt hat, die vorliegende Abhandlung trotz aller Anfechtungen bis ans Ende durchzulesen — die dringende Bitte, diesen ersten Teil der Darstellung vorläufig nur flüchtig zu durchblättern. Denn ich fürchte, daß er angesichts dieser altbekannten, jeder Originalität entbehrenden, in jedem Lehrbuch des Privatrechts zu findenden allgemeinen Grundsätze sich zu der Annahme veranlaßt sehen könnte, daß auch die folgenden Teile ihm nichts Interessantes und Eigenartiges bieten werden. Letzteres aber ist, wie ich glaube versichern zu dürfen, nicht der Fall. Namentlich hoffe ich, daß der im Familienrecht und im Erbrecht behandelte Stoff dem Leser manche Anregung bieten und ihm manche neue Gesichtspunkte eröffnen wird. Ich will auch noch hinzufügen, daß die Verfasser des Entwurfs eifrig bemüht waren, die allgemeinen Vorschriften nach Möglichkeit zu entlasten und alles daraus zu entfernen, was nur irgend im besonderen Teil untergebracht werden konnte. So ist z. B. die Geschäftsfähigkeit der natürlichen Personen im Familienrecht behandelt; die Lehre von der juristischen Person ist der Hauptsache nach im Obligationenrecht, im Anschluß an die Gesellschaft dargestellt; der Vollmacht ist ein besonderer Abschnitt im Obligationenrecht gewidmet. Was dann noch übrig bleibt, steht nach Form und Inhalt den entsprechenden Vorschriften des BGB. und dem allgemeinen Teile der Pandekten-Lehrbücher so nahe, daß es zur Bewältigung des Stoffes kaum mehr als eines flüchtigen Durchblätterns bedürfen wird, wobei die wenigen abweichenden Bestimmungen wohl auch ohne besonderen Hinweis die Aufmerksamkeit des Lesers auf sich ziehen werden.

## Personen.

Gleich dem gemeinen Rechte unterscheidet auch der Entwurf physische und juristische Personen. Diese beiden die Unterscheidung bezeichnenden Adjektive gehören zu den wenigen Fremdwörtern, deren der Entwurf sich bedient, während der Begriff Person schon im geltenden Rechte mit einem russischen Worte (lizó) bezeichnet wird, das in seiner ursprünglichen Bedeutung für „Antlitz" gebraucht wird und in jener übertragenden Bedeutung längst in die Sprache des täglichen Lebens übergegangen ist.

### Physische Personen.

Der § 1 entspricht inhaltlich dem § 1 des BGB.: Jedem wird vom Tage seiner Geburt bis zu seinem Tode die Fähigkeit zuerkannt, Privatrechte, sowohl vermögensrechtliche wie auch persönliche, zu haben und zu erwerben.

Nach § 2 ist die Privatrechtsfähigkeit unabhängig vom Geschlecht, dem Glaubensbekenntnisse, der Herkunft und dem Stande, soweit nicht im Gesetze ausdrücklich eine Ausnahme festgesetzt ist. Desgleichen hat nach § 3 jedermann das Recht, sich niederzulassen und zu wohnen, Vermögen jeder Art zu erwerben, Handel, Handwerk oder Gewerbe zu betreiben, wo es ihm beliebt, soweit nicht im Gesetze ausdrücklich eine Ausnahme festgesetzt ist. Da die in §§ 2 und 3 angedeuteten Ausnahmen durchweg öffentlichrechtlicher Natur sind, so hat der Entwurf sich hier mit diesem allgemeinen Hinweis begnügt, ohne auf Einzelheiten einzugehen.

Nach § 4 wird jeder vom Gesetze geschützt gegen Gewalt und Beeinträchtigung sowie gegen jeden rechtswidrigen Angriff auf seine Person, seine Ehre, seine Freiheit, seinen Namen und sein Vermögen.

Sehr mißverständlich ist der § 5: „Die Entziehung oder Beschränkung von Rechten ist nur zulässig durch gerichtliches Urteil wegen eines Verbrechens". Dazu bemerken die

Motive (I S. 17): Der § 5 gibt fast wörtlich den Inhalt des § 9 des Gesetzes über die Stände (Zusammenfassung der Gesetze IX. 1) wieder, bezieht sich aber nicht nur auf Standesrechte, sondern soll als Ergänzung des § 4 des Entwurfs das allgemeine Prinzip der Unverletzlichkeit der Privatrechte aussprechen. Offenbar kann es sich hier aber nur um die Entziehung oder Beschränkung der Rechtsfähigkeit einer Person handeln, denn wie wären sonst die auch in den Entwurf (§ 777) übergegangenen Vorschriften über die Zwangsenteignung von Immobilien mit dem im § 5 ausgesprochenen Grundsatze zu vereinigen?

Die volle Geschäftsfähigkeit beginnt gemäß § 6, gleich wie nach dem geltenden Rechte, mit der Vollendung des einundzwanzigsten Lebensjahres.

Nach § 7 kann ein Volljähriger entmündigt werden wegen Geisteskrankheit, Stummheit, Taubstummheit, Verschwendung oder Trunksucht.

Die beschränkte Geschäftsfähigkeit der Minderjährigen sowie der Entmündigten wird im Familienrechte (§§ 501—513 und § 518) behandelt; daselbst (§§ 514—517) finden sich auch Vorschriften über die Volljährigkeitserklärung.

Die §§ 8—11 enthalten einige Bestimmungen über den Wohnsitz, die im wesentlichen mit den entsprechenden Vorschriften des BGB. übereinstimmen.

Ganz abweichend vom BGB. ist die Lehre von der Verschollenheit entwickelt. Hier schließt der Entwurf sich näher an den Code civil an, ohne ihm jedoch vollständig zu folgen. Auch die Terminologie weicht von der des BGB. ab: Nach dem Entwurf wird nicht „ein Verschollener für tot“, sondern „ein Abwesender für verschollen“ erklärt.

Ein Antrag auf Verschollenheitserklärung kann gestellt werden, wenn über eine „von ihrem Wohnorte abwesende Person“ seit fünf Jahren keine Nachricht eingetroffen ist (§ 12). Berechtigt zur Stellung des Antrags ist jeder, „der einen Anspruch in Ansehung des Vermögens des Abwesenden hat“, sowie auch die Staatsanwaltschaft (ZPO. § 1451 [1])). Ist sowohl

[1]) Nach den Motiven (I S. 95) sollen diese Bestimmungen der geltenden ZPO. in Zukunft ersetzt werden durch die entsprechenden Bestimmungen einer noch zu erlassenden Vormundschaftsordnung.

die Abwesenheit wie auch das Interesse des Antragstellers glaubhaft gemacht, so ordnet das Gericht eine Pflegschaft über das Vermögen des Abwesenden an (§ 1541 Abs. 2 [1]) und ZPO. § 1453). Gleichzeitig erläßt das Gericht ein öffentliches Aufgebot und wiederholt dasselbe alle sechs Monate. Sind nach Ablauf von fünf Jahren seit dem ersten Erlaß des Aufgebots keine Nachrichten eingetroffen, so erfolgt die Verschollenheitserklärung durch Urteil des Gerichts (ZPO. §§ 1455 bis 1458). Das Urteil wird öffentlich bekannt gemacht.

Nach § 12 Abs. 2 gilt der für verschollen Erklärte, solange als nicht ein anderes bewiesen ist, als an dem Tage verstorben, an welchem die letzte öffentliche Bekanntmachung des Urteils erfolgt ist. Indessen kommt dieser Satz gerade in den wichtigsten vom Entwurf geregelten Fällen nicht zur Anwendung:

1. Durch die Verschollenheitserklärung wird die Ehe des Abwesenden nicht aufgelöst, vielmehr gibt dieselbe dem zurückgebliebenen Ehegatten lediglich das Recht auf Ehescheidung zu klagen (§§ 286—288). Ist die Ehe infolgedessen geschieden, so bleibt sie geschieden, auch wenn der Verschollene zurückkehrt, bevor der andere Ehegatte eine neue Ehe eingegangen ist (Mot. I S. 108).

2. Die Erben des Verschollenen erwerben erst nach Ablauf von fünf Jahren seit dem Zeitpunkte, in welchem letzterer gemäß § 12 Abs. 2 als verstorben zu betrachten ist, das Vermögen des Verschollenen zu Eigentum. Vor Ablauf dieser Frist haben sie nur einen Nießbrauch an diesem Vermögen (§ 1522).

Kehrt der Verschollene zurück, so steht ihm, gleich wie nach BGB. § 2041, eine der hereditatis petitio analoge Klage gegen denjenigen zu, dem sein Vermögen überwiesen ist. Die Klage erlischt nach Ablauf von 10 Jahren seit dem Zeitpunkte, in welchem die letztgenannten Personen gemäß § 1522 sein Vermögen „zu Eigentum“ erworben haben (§ 1551).

### Juristische Personen.

Rechtssubjekte, die nicht menschliche Individuen sind, waren zu allen Zeiten im russischen Rechte anerkannt und

[1]) Wo in dieser Abhandlung lediglich ein Paragraph ohne näheren Hinweis zitiert ist, ist stets ein Paragraph des hier besprochenen Entwurfs des Zivilgesetzbuches gemeint.

sind auch schon im geltenden Rechte als eine besondere Kategorie von Personen zusammengefaßt (vgl. z. B. X. 1. § 405 und § 698), wobei es der heutigen Gesetzessprache freilich an einem gemeinsamen, alle Arten dieser Kategorie umfassenden Ausdrucke fehlt. Indessen hat in die Praxis und die Literatur des verflossenen Jahrhunderts der dem gemeinen Rechte entnommene Ausdruck juristische Person (juriditscheskoje lizó) allgemein Eingang gefunden. Dem folgt auch der Entwurf und versucht in § 13 eine allgemeine Definition dieses Begriffs zu geben. Jedoch mit wenig Glück. Die Definition ist etwas buntscheckig, verliert sich in Einzelheiten und läßt einige Merkmale, die in den Motiven selbst für wesentlich erklärt sind, z. B. die Fähigkeit, auch andere als Vermögensrechte zu haben (Mot. I S. 111—112), ganz außer Betracht. Auch die Herzählung der einzelnen Arten der juristischen Person in § 13 Abs. 2 ist in der Terminologie unbestimmt und keineswegs erschöpfend; sie wirkt daher eher verwirrend als klärend.

Der § 14 verweist in betreff der juristischen Personen des öffentlichen Rechts auf die für dieselben bestehenden Sondergesetze und in betreff der privaten Korporationen auf das fünfte Buch des Entwurfs, enthaltend das Obligationenrecht.

An dieser Stelle (§§ 15—30) wird lediglich über die privaten Stiftungen gehandelt.

Solche Stiftungen können begründet werden durch Rechtsgeschäft unter Lebenden oder durch Testament. Die Stiftung muß ein Statut haben, welches über Namen, Zweck, die zur Verfügung zu stellenden Geldmittel, Sitz und Zusammensetzung der Verwaltung Bestimmung zu treffen hat. Ist die Stiftung durch Testament begründet und enthält das Testament nach dieser Richtung hin nicht erschöpfende Angaben, so kann das Statut durch die zuständige Behörde ergänzt werden (§§ 17 und 18).

Zur Erlangung der Rechtsfähigkeit ist obrigkeitliche Genehmigung erforderlich, oder, wie § 16 das ausdrückt, „die obrigkeitliche Bestätigung des Statuts“. Die Erteilung oder die Verweigerung der Genehmigung hängt vom Ermessen der zuständigen Behörde ab. Freilich können „die zuständigen Minister für die einzelnen Arten der zu begründenden Stiftungen

2*

Normalstatuten erlassen" (§ 17 Abs. 2), der Entwurf sagt aber nichts darüber, ob, falls das vom Stifter entworfene Statut dem Normalstatut genau entspricht, der Minister verpflichtet sei, die Genehmigung zu erteilen.

Dritten Personen gegenüber gilt die Stiftung erst dann als juristische Person, wenn sie nach erfolgter Bestätigung des Statuts in ein staatlich geführtes, öffentliches Register eingetragen ist (§ 22).

Die Personen, welchen nach dem Statut die Verwaltung der Stiftung obliegt, haben „die Rechte und Pflichten gesetzlicher Vertreter" (§ 23).

Für Verbindlichkeiten, welche die Verwaltung „in den Grenzen der ihr durch das Statut gewährten Vertretungsmacht" eingegangen ist, haftet das Vermögen der Stiftung. Für Verbindlichkeiten, die sie „unter Überschreitung des ihr durch das Statut gewährten Vertretungsmacht" eingegangen ist, haftet die Verwaltung selbst. Besteht die Verwaltung aus mehreren Personen, so haften die Mitglieder als Gesamtschuldner (§ 24). Auf Antrag der Verwaltung kann das Statut der Stiftung von der zur Bestätigung des Statuts zuständigen Behörde ergänzt oder abgeändert werden, insoweit dadurch der vom Stifter festgesetzte Zweck nicht geändert wird (§ 25).

Die Stiftung erlischt, wenn über ihr Vermögen der Konkurs eröffnet wird (§ 26).

Wird die Erfüllung des Stiftungszweckes unmöglich, so wird die Stiftung von der zuständigen Behörde aufgehoben. Das freiwerdende Vermögen erhält eine dem Stiftungszwecke möglichst nahekommende Bestimmung. Diese Regelung, die sehr ausführlich in §§ 27—30 angeordnet ist, läßt manchem Zweifel Raum: Weshalb wird nicht einfach unter Aufrechterhaltung der Stiftung ihr ein anderer Zweck beigelegt? Und dann: Wem gehört das solchergestalt einem anderen Zwecke gewidmete Vermögen?

## Sachen.

Dieser Abschnitt bringt zunächst die hergebrachten Unterscheidungen: bewegliche und unbewegliche Sachen, Bestandteile, Zubehör, teilbare und unteilbare, vertretbare und unvertretbare, verbrauchbare und unverbrauchbare Sachen (§§ 31—49).

Nach § 51 unterliegen die dem Staate und anderen öffentlichen Anstalten gehörigen Sachen „den Vorschriften dieses Zivilgesetzbuches" nur insoweit, als in den Verwaltungsgesetzen keine Abweichungen bestimmt sind.

Der § 52 spricht den wichtigen, auch schon nach heutigem Rechte (X. 1 § 406) geltenden Grundsatz aus, daß alle Immobilien, „welche niemandem in Sonderheit gehören" (gemeint ist wohl: an denen niemand ein Eigentumsrecht nachzuweisen vermag) als Eigentum des Staates zu betrachten seien. Diese Bestimmung ist von praktischer Bedeutung nicht sowohl in Ansehung der derelinquierten Grundstücke, als vielmehr in Ansehung der unermeßlichen, unbewohnten oder nur von Nomaden durchstreiften Länderstrecken, die sich im nördlichen europäischen sowie im asiatischen Rußland ausdehnen. Übrigens sei bemerkt, daß in einigen Nomadensteppen der Grund und Boden vom Gesetze als dem Nomadenstamm gehörig betrachtet wird.

Der § 53 handelt von den dem Gemeingebrauch überlassenen Sachen.

Von einer gesetzlichen Festlegung der Terminologie in Ansehung der Rechtsobjekte — wie etwa in § 90 BGB. — hat der Entwurf abgesehen und im wesentlichen die Terminologie des geltenden Rechts beibehalten.

Dem deutschen Worte Sache, wie es in der Sprache des täglichen Lebens gebraucht wird, steht am nächsten das russische Wort weschtschj. Der Entwurf gebraucht es jedoch nur zur Bezeichnung beweglicher Sachen (Mot. III. 1 S. 73), wogegen ein Grundstück regelmäßig als imenije bezeichnet wird, ein Wort, das im täglichen Leben regelmäßig nur für Landgut gebraucht wird. Der allgemeinste Ausdruck für Objekt von Vermögensrechten ist imuschtschestwo, der ethymologisch genau dem deutschen Worte „Habe" entspricht. Jedoch hat dieses Wort eine mannigfache Bedeutung. Zunächst bezeichnet es das Vermögen im ganzen, sodann aber auch die einzelnen Vermögensbestandteile, und in dieser Bedeutung entspricht es etwa dem „Gegenstand" des BGB. Schließlich wird darunter aber auch die Sache im Sinne des BGB. verstanden und in diesem Sinne steht es auch in der Überschrift des hier behandelten Abschnittes des Entwurfs.

Im Anschluß hieran sei bemerkt, daß nach den Motiven zum Sachenrecht (Mot. III. 1 S. 55 ff. und S. 74) der Entwurf gleich wie das BGB. ein Eigentum nur an res corporales anerkennt. In Wahrheit verhält sich das aber anders, denn der Entwurf (§§ 1265—1300) redet auch von literarischem und musikalischem Eigentum, und in dem bereits besprochenen § 1551 ist gesagt, daß das Eigentum an dem Vermögen eines Verschollenen auf dessen Erben übergeht, desgleichen spricht § 1995 von dem Eigentümer eines kaufmännischen Unternehmens.

## Erwerb und Untergang von Rechten.

Dieser Abschnitt des Entwurfs entspricht dem dritten Abschnitte des ersten Buches des BGB., der von den Rechtsgeschäften handelt; jedoch ist er erheblich gekürzt, indem vieles, wie bereits bemerkt, im speziellen Teile untergebracht worden ist. Hier finden wir nur einige Vorschriften über den Rechtserwerb im allgemeinen, über Form der Rechtsgeschäfte, Willensmängel, Vertretung, Bedingungen und Zeitbestimmungen, Auslegung und rechtliche Wirkung der Rechtsgeschäfte.

Im einzelnen mag folgendes hervorgehoben werden:

1. Über die Form der Rechtsgeschäfte bestimmt § 57:

„Rechtsgeschäfte können nach dem Belieben der Parteien mündlich oder schriftlich geschlossen werden mit Ausnahme der Rechtsgeschäfte, für welche im Gesetze eine besondere Form bei Gefahr der Unwirksamkeit vorgeschrieben ist.“

Anstatt der Worte „mündlich oder schriftlich“ hätte wohl besser „in beliebiger Form“ gesagt werden können, da der Entwurf, wie sich aus mannigfachen Einzelentscheidungen ergibt, eine Willenserklärung durch facta concludentia keineswegs ausschließt.

Im übrigen mag zum Verständnis dieser Vorschrift darauf hingewiesen werden, daß der Entwurf, gleich dem Code civil, prinzipiell auf dem Standpunkte steht, daß „die Vorschrift des Gesetzes über Beurkundung eines Vertrages regelmäßig nur die Bedeutung hat, daß im Falle eines Streites der Abschluß des Vertrages nicht durch Zeugenaussagen bewiesen werden kann“

(§ 1549 vgl. auch Mot. I S. 182—183). Erfordernis der Wirksamkeit ist die Form nur bei denjenigen Rechtsgeschäften, bezüglich derer dieses ausdrücklich im Gesetze ausgesprochen ist. Die Einzelheiten dieser Frage werden zweckmäßiger im Obligationenrecht bei Besprechung des § 1579 zu behandeln sein.

Der § 58 zählt die wichtigsten Formen her, die das Gesetz für den Abschluß von Rechtsgeschäften vorschreibt, beschränkt sich jedoch darauf, bloß die technischen Namen dieser Formen anzugeben, während bezüglich der Erfordernisse dieser Formen in den Motiven (I S. 183—184) auf die Notariatsordnung verwiesen wird. Die Namen der einzelnen Formen sind: Schriftform, notarielle Beglaubigung, notarielle Beurkundung und grundbuchmäßige Errichtung eines Rechtsgeschäfts. Nur bezüglich der einfachen Schriftform bemerkt § 59, daß die Urkunde von dem Aussteller zu unterzeichnen sei. Abweichend von § 126 BGB. bestimmt derselbe Paragraph, daß, falls der Aussteller außerstande ist selbst zu unterzeichnen, eine andere Person für ihn die Unterschrift zu vollziehen hat, unter Angabe des Grundes, weshalb der Aussteller nicht selbst unterzeichnen kann. Die Unterschrift dieser anderen Person muß notariell beglaubigt werden.

2. Bezüglich der Anfechtung von Rechtsgeschäften wegen Willensmängel weicht der Entwurf in wesentlichen Punkten vom BGB. ab: Die Anfechtung erfolgt nur im Prozeßwege durch Klage oder Einrede (§ 65). Die Gründe der Anfechtbarkeit werden im §§ 60—64 wie folgt dargestellt:

§ 60. „Ein Rechtsgeschäft kann als unwirksam angefochten werden“ (die Anfechtung macht das Geschäft also nicht unwirksam, sondern ist vielmehr Geltendmachung der Unwirksamkeit), „wenn die Erklärung des Willens unter dem Einflusse von Zwang, wesentlichem Irrtum oder Betrug erfolgte und anzunehmen ist, daß die Erklärung nicht erfolgt wäre, wenn dieser Grund nicht vorgelegen hätte.“

§ 61. „Eine Willenserklärung gilt als unter dem Einflusse von Zwang erfolgt, wenn sie hervorgerufen ist durch Vergewaltigung, Freiheitsberaubung, Mißhandlung oder aber wenn der Erklärende in Furcht versetzt ist durch eine Drohung, ihm oder einem seiner Angehörigen einen persönlichen oder Vermögensschaden zuzufügen.“

§ 62. „Ein Irrtum gilt als wesentlich, wenn er die Identität oder wesentliche Eigenschaften des Gegenstandes des Rechtsgeschäfts betrifft, desgleichen wenn er, falls der Erklärende eine bestimmte Person im Auge hatte, die Identität oder wesentliche Eigenschaften dieser Person betrifft. Eine Eigenschaft gilt als wesentlich, wenn sie im Geschäftsverkehr als solche angesehen wird. Ein Irrtum in Beweggründen genügt nicht zur Anfechtung eines Rechtsgeschäfts."

Gleich wie nach BGB. hat der wegen Irrtums Anfechtende dem andern gemäß § 66 das negative Interesse zu ersetzen.

§ 63. „Als Betrug gelten nicht nur die im Strafgesetze vorgesehenen Fälle, sondern alle Handlungen und Unterlassungen, durch welche jemand absichtlich in einem andern einen Irrtum erzeugt oder erhält, um ihn zur Vornahme eines Geschäfts zu bewegen. Ist der Betrug von einer Person verübt, die nicht als Partei am Abschlusse des Geschäfts teilnimmt, so ist eine Anfechtung wegen Betruges nur zulässig, wenn die andere Partei den Betrug kannte oder kennen mußte."

Unter dem Gesichtspunkte des Betruges werden auch die wucherischen Geschäfte behandelt:

§ 64. „Dem Betruge werden die Fälle gleichgestellt, in denen jemand unter Mißbrauch der ihm zustehenden Gewalt oder des ihm erwiesenen Vertrauens, oder unter Benutzung der Willensschwäche, der Not oder des Unglücks eines andern mit diesem ein für diesen überaus unvorteilhaftes Geschäft schließt."

Diese Bestimmung ist, wie mir scheint, aus mehrfachen Gründen dem § 138 Abs. 2 BGB. vorzuziehen: Zunächst ist es hier dem Bewucherten freigestellt, ob er das Geschäft anfechten oder gelten lassen will, während nach BGB. auch der Wucherer, wenn das Geschäft später infolge äußerer, unerwarteter Umstände für den andern günstig ausschlägt, die Nichtigkeit geltend machen kann. Dann aber ist auch die Fassung des § 64 nicht so ängstlich verklausuliert, und gibt daher dem Richter in weit höherem Grade die Möglichkeit den Umständen des Einzelfalles, entsprechend der ratio legis, Rechnung zu tragen.

Die Frist zur Klageerhebung ist für alle hier genannten Fälle auf ein Jahr festgesetzt. Die Einrede ist zulässig, solange als aus dem Geschäfte geklagt werden kann (§ 65). Das scheint mir für den Fall des Irrtums etwas sehr reichlich bemessen.

3. Die §§ 64—71 reproduzieren in fast ganz genauer Übereinstimmung die entsprechenden Vorschriften des BGB. über Vertretung und Vertretungsmacht im allgemeinen, unter Ausschluß der Vollmacht.

4. Die Grundsätze über Bedingungen und Zeitbestimmungen sind in §§ 72—85 in wesentlicher Übereinstimmung mit dem römischen Recht dargestellt. Auch finden sich hier die allgemeinen Regeln über die Berechnung von Fristen, denen das BGB. einen besonderen Abschnitt gewidmet hat.

5. Entbehrlich, weil inhaltlich ziemlich nichtssagend, und auch in der Formulierung nicht sehr gelungen, erscheinen die Regeln über Auslegung der Rechtsgeschäfte in §§ 86—91. Sie sind überwiegend dem römischen Rechte entnommen.

6. Unter den Vorschriften über die „Wirkung der Rechtsgeschäfte dürften folgende besonders hervorzuheben sein:"

> § 93. „Unwirksam sind Rechtsgeschäfte, die vorgenommen sind im Zustande geistiger Störung oder überhaupt in einem solchen Zustande, in welchem der Erklärende nicht überlegt zu handeln und die Bedeutung seiner Handlungen nicht zu ermessen vermochte.

Für den Begriff der Ungültigkeit hat der Entwurf, gleich dem geltenden Rechte, nur einen einheitlichen Ausdruck (nedeistwitelnostj), der nach seiner Sprachwurzel genau dem deutschen Worte Unwirksamkeit entspricht.

> § 94. „Unwirksam sind Rechtsgeschäfte, welche den Gesetzen, den guten Sitten oder der öffentlichen Ordnung zuwider sind. Ein Rechtsgeschäft gilt als gesetzwidrig, wenn es auf einen gesetzwidrigen Erfolg hinzielt."

## Schutz der Rechte.

### Arten des Rechtsschutzes.

Nach § 98 genießt jedes Privatrecht den „gesetzlichen Schutz".

Von der Notwehr handelt § 99:

> „Jedem ist die Notwehr erlaubt, sowohl zum Schutze seiner selbst, als auch zum Schutze anderer gegenüber einem rechtswidrigen Angriffe auf die Persönlichkeit oder das Vermögen."

§ 100. „Die Beschädigung eines fremden Tiers oder überhaupt einer fremden Sache wird nicht zur Schuld zugerechnet, wenn sie notwendig ist zur Abwendung einer von ihnen irgendeiner Person drohenden Gefahr."

Der § 101 behandelt das allgemeine Nothilferecht und entspricht ganz genau den §§ 229 und 230 BGB. Erwägt man, daß das heute geltende russische Recht sogar das Retentionsrecht nicht nur verbietet, sondern sogar unter Strafe stellt, so erscheint es wohl sehr fraglich, ob der § 101 die Genehmigung des Gesetzgebers finden wird. Auch in der Kommission haben sich einige Mitglieder derselben mit voller Entschiedenheit und recht beachtenswerten Gründen gegen die Aufnahme dieser Vorschrift ausgesprochen (Mot. I S. 268—272).

## Klageverjährung.

Das Institut der Klageverjährung ist in Rußland erst verhältnismäßig neuen Datums. Zwar kommen schon in Gesetzen aus dem Anfang des 15. Jahrhunderts Fälle vor, in denen Klagen durch Zeitablauf erlöschen. Aber auch in den folgenden Jahrhunderten blieb die Verjährung nur auf bestimmte Klagen beschränkt. Die Frist war bald auf 15, bald auf 6, bald auf 3 Jahre festgesetzt.

Erst durch das berühmte Gesetz der Kaiserin Katharina II. vom Jahre 1787 wurde für alle Klagen die allgemeine zehnjährige Verjährung eingeführt:

> „Wenn jemand wegen beweglichen oder unbeweglichen Vermögens im Laufe von zehn Jahren nicht Klage erhebt, oder nachdem er eine Klage erhoben hat, derselben zehn Jahre lang nicht weiter nachgeht, dann soll eine solche Klage vernichtet und der ewigen Vergessenheit anheimgegeben sein."

Dieses Gesetz bildet mit einigen unerheblichen Ergänzungen auch noch die Grundlage des heute geltenden Rechts.

Der Entwurf reproduziert im wesentlichen die römischrechtliche Lehre und lehnt sich hierbei auch vielfach an das BGB. an. Als allgemeine Frist ist jedoch die zehnjährige beibehalten. Für zahlreiche Klagen statuiert der Entwurf eine zweijährige Verjährungsfrist in § 110, der fast vollständig mit § 196 BGB. übereinstimmt.

# Familienrecht.

Das zweite Buch des Entwurfs behandelt in §§ 131—739 das Familienrecht. Hier gelangen zur Darstellung: im ersten Abschnitt die Ehe, im zweiten die Rechtsverhältnisse zwischen Eltern und Kindern, sowie die Verwandtschaft, im dritten die Handlungsfähigkeit der Minderjährigen und der Entmündigten und im fünften die Akte des Personenstandes.

## Ehe.

Nach der Auffassung aller Völker in Vergangenheit und Gegenwart ist die Ehe nicht lediglich ein Rechtsverhältnis, sondern auch — und zwar vorzugsweise — ein Verhältnis religiöser und sittlicher Natur. Demgemäß haben die meisten Gesetzgebungen sowohl die Voraussetzungen der Ehe als auch die Form der Eheschließung und insbesondere die Auflösung der Ehe verschieden geregelt, je nach dem Religionsbekenntnisse der Ehegatten. So war es nach dem preußischen Landrecht und dem sächsischen BGB., und so ist es noch heute nach dem österreichischen BGB. Und auch das deutsche BGB. — obschon es die Rechtsbestimmungen betreffend die Ehe für alle Religionsgemeinschaften einheitlich festsetzt — trägt diesem nicht ausschließlich juristischen Charakter der Ehe Rechnung in dem bekannten § 1588, sowie durch Zulassung der sog. Aufhebung der ehelichen Gemeinschaft und schließlich dadurch, daß es die Ehe, soweit sie durch das Gesetz geregelt wird, ausdrücklich als „bürgerliche Ehe“ bezeichnet. Man weiß, daß die einheitliche Regelung des Eherechts auch selbst in dieser Beschränkung nicht ohne Widerspruch erfolgte, und überhaupt wohl nur möglich war, weil die ganz überwiegende Mehrheit der Bevölkerung des Deutschen Reichs nur zwei Religionsgemeinschaften angehört, und weil ferner die Angehörigen dieser Konfessionen in der erdrückenden Mehrheit derselben Nationalität sind und von einer im wesentlichen ganz einheitlichen Zivilisation beherrscht werden, und man daher annehmen durfte, daß nahezu in der gesamten Bevölkerung eine von gleichartigen Vorstellungen beherrschte Auffassung von dem sittlichen Wesen der Ehe bestehe.

Ganz anders in Rußland. Die ungeheuren Länderstrecken, die sich zwischen der Ostsee und dem Stillen Ozean ausdehnen und die vom Eismeer bis fast an den Indischen Ozean reichen, werden nicht von einer einheitlichen Bevölkerung bewohnt. Die Russen bilden etwas mehr als 60 %, während der Rest in viele hundert Völker und Stämme zerfällt, die nach Abstammung und Sprache, nach Art der Zivilisation und Höhe der Kultur vielfach voneinander ebenso verschieden sind wie etwa ein Engländer und ein Hindu, ein Holländer und ein Javanese.

Dazu kommt, daß die nationale Mannigfaltigkeit fast noch übertroffen wird durch die religiöse Verschiedenheit. Zur griechisch-katholischen Staatskirche — gewöhnlich „die rechtgläubige Kirche“ genannt — bekennt sich im wesentlichen nur das russische Volk; jedoch nicht in seiner Gesamtheit, denn man wird wohl etwa 15 Millionen auf die Altgläubigen und auf die zahlreichen russischen Sekten — oder wie es offiziell heißt „die von der rechtgläubigen Kirche losgelösten Sekten“ — rechnen dürfen. Der Rest besteht aus Angehörigen fast sämtlicher in Europa und Asien vorkommenden Religionen; wir finden — fast durchweg nach mehreren Millionen zählend — römische Katholiken, Protestanten, Gregorianer, Juden, Karaimen, Muhamedaner (welche wiederum in mehrere Sekten zerfallen und den verschiedensten Volksstämmen angehören), Lamaiten und Heiden mit den allerverschiedensten Lehren und Gebräuchen.

Will man in dieser Beziehung das russische Reich mit irgendeinem anderen Staate vergleichen, so könnte man nur eines der großen Kolonialreiche zum Vergleich heranziehen und zwar unter Einschluß von Mutterland und Kolonien. Indessen wird die Schwierigkeit in Rußland noch dadurch vergrößert, daß es ganz unmöglich ist eine feste Scheidelinie zwischen Mutterland und Kolonien durchzuführen. Deshalb ist diese

Unterscheidung auch der Gesetzgebung im allgemeinen fremd, und gleich wie das heutige Zivilgesetzbuch soll auch der Entwurf, wie bereits bemerkt, seine Geltung über das europäische und asiatische Rußland erstrecken.

Faßt man diese Verhältnisse ins Auge, so wird man leicht einsehen, daß von einer einheitlichen Auffassung des religiösen oder auch nur des sittlichen Wesens der Ehe bei allen Völkern des Reichs nicht im entferntesten die Rede sein kann, weshalb denn auch in der Kommission eine einheitliche Regelung des Eherechts überhaupt gar nicht in Erwägung gezogen ist. Da ferner fast in jedem Landstrich mehrere Völker und Konfessionen nebeneinander leben, so konnte auch ein Regionalsystem nicht in Frage kommen. Man entschied sich also dafür, gleich wie im geltenden Rechte so auch im Entwurf das Eherecht für jede einzelne Religionsgemeinschaft besonders zu gestalten. Nur betreffend die Wirkungen der Ehe — und zwar sowohl die persönlichen als auch die vermögensrechtlichen — sind für das ganze Geltungsgebiet des neuen Zivilgesetzbuches einheitliche Regeln in Vorschlag gebracht.

In einem anderen Punkte jedoch weicht der Entwurf vom geltenden Rechte ab. Das heutige Zivilgesetzbuch regelt im allgemeinen nur das Eherecht der Angehörigen der rechtgläubigen Kirche, während es in betreff der „Andersgläubigen" — so lautet die offizielle Bezeichnung — sich im wesentlichen auf einen Hinweis auf die für diese geltenden Kirchengesetze und Religionsvorschriften, welche sich in der Zusammenfassung der Gesetze XI. 1 finden, beschränkt. So bestimmt X. 1 § 61:

> „Den Personen aller christlichen Bekenntnisse steht es frei, in Rußland miteinander Ehen einzugehen, nach den Regeln und dem Ritus ihrer Kirche, ohne besondere Erlaubnis der staatlichen Behörden, jedoch unter Beobachtung der für diese Konfessionen bestehenden Beschränkungen und Vorschriften."

Ferner verordnet X. 1 § 90:

> „Jedem Stamm und jedem Volke mit Einschluß der Heiden ist die Eheschließung gestattet nach den Vorschriften ihres Gesetzes oder der unter ihnen herrschenden Gebräuche ohne Mitwirkung der staatlichen Obrigkeit oder des christlichen, geistlichen Regiments."

Im übrigen finden sich in X. 1 nur wenige fragmentarische Bestimmungen über die Ehen Andersgläubiger.

Im Gegensatz hierzu sollen im neuen Zivilgesetzbuche die das Eherecht betreffenden Regeln für alle in Rußland verbreiteten Religionsgemeinschaften erschöpfend dargestellt werden; nur im Hinblick auf die Lamaiten und Heiden begnügt der Entwurf sich mit einem Hinweis auf „die Regeln ihrer Glaubenslehren“ (§ 175). Zum Zwecke der Vereinfachung ist hierbei der Stoff in der Weise angeordnet, daß in jedem Abschnitt zunächst einige gemeinsame für alle Konfessionen geltende Grundsätze ausgesprochen werden, worauf dann in Unterabteilungen die für die einzelnen Konfessionen besonders geltenden Regeln zur Darstellung gelangen. Bei der großen Verschiedenheit dieser zahlreichen Eherechte war es nicht leicht, derartige gemeinsame Grundsätze zu finden, ohne in eine Kollision mit den Regeln dieser oder jener Glaubenslehre zu geraten, um so mehr als die Kommission von dem Gesichtspunkte ausging, daß ein staatlicher Eingriff in diese Regeln nur da zu empfehlen sei, wo dieses „nach allgemeinen Grundsätzen der Sittlichkeit und der öffentlichen Ordnung“ unbedingt geboten erscheine (Mot. II. 1, S. 9). Hierbei ist die Kommission sehr schonend zu Werke gegangen. Dies ergibt sich schon daraus, daß zwar die nach dem Rechte einiger muhamedanischen Sekten zulässige Verheiratung der Kinder ohne deren Willen vom Entwurfe für unzulässig erklärt wird, daß aber andrerseits den Muhamedanern die Vielweiberei gestattet ist [1]) (§ 140 Abs. 2) und daß sowohl den Muhamedanern als auch den Juden eine Ehescheidung auf Grund freier Vereinbarung zugestanden wird (§ 313 und § 315 vgl. dazu österr. BGB. § 133); andrerseits ist, gleich wie im geltenden Rechte, eine Ehescheidung ausgeschlossen, wenn beide Ehegatten zur römisch-katholischen Kirche gehören (§ 285).

---

[1]) Erwägt man, daß in Rußland, zerstreut über das ganze Reich, gegen 20 Millionen Muhamedaner leben, so wird man einsehen, daß ein Verbot der Vielweiberei zu den schwersten Unzuträglichkeiten führen, die Treue der muhamedanischen Untertanen erschüttern und bei den Muhamedanern der angrenzenden Länder die Vorstellung erwecken würde, als hätten ihre Glaubensbrüder in Rußland unter schwerer Bedrückung zu leiden. Für solche Fragen müssen in jedem Lande andere Erwägungen entscheidend sein.

## Allgemeine Vorschriften über die Ehe.

Die erste Abteilung dieses Kapitels spricht die für alle Glaubensgemeinschaften geltenden Grundsätze aus, während wir in den folgenden Abteilungen die für die einzelnen Glaubensgemeinschaften geltenden Sondervorschriften finden. Ich will nun zunächst die gemeinsamen Grundsätze einzeln anführen und unmittelbar an jede derselben die entsprechenden Sonderbestimmungen knüpfen; falls bei einem dieser Grundsätze nichts derartiges bemerkt ist, so soll das bedeuten, daß derselbe uneingeschränkt für alle Glaubensgemeinschaften gilt. Ganz unerhebliche Sonderbestimmungen werde ich übergehen:

1. § 131. „Die Ehe wird begründet durch Eheschließung auf Grund freier Übereinstimmung beider Eheschließenden."

Damit soll, wie erwähnt, die Verheiratung von Kindern ohne deren Willen ausgeschlossen sein (Mot. II. 1, S. 2).

2. § 132. „Personen männlichen Geschlechts können nicht vor Vollendung des achtzehnten, Personen weiblichen Geschlechts nicht vor Vollendung des sechzehnten Lebensjahres eine Ehe eingehen" (§ 132).

Das entspricht dem geltenden Rechte (X. 1 § 3) und ist im Entwurfe aufrechterhalten worden mit Rücksicht auf die Verhältnisse des Bauernstandes, in welchem Ehen in diesem Lebensalter keineswegs zu den Seltenheiten gehören (Mot. II. 1, S. 4). Nach geltendem Rechte kann der Bischof der rechtgläubigen Kirche in dringenden Fällen die Genehmigung zur Eheschließung erteilen, wenn den Eheschließenden höchstens ein halbes Jahr an dem für die Ehemündigkeit festgesetzten Lebensalter fehlt. Ferner beginnt nach geltendem Rechte die Ehemündigkeit für die eingeborene Bevölkerung Transkaukasiens bei Männern mit dem vollendeten fünfzehnten, bei Frauen mit dem vollendeten dreizehnten Lebensjahre. Beide Ausnahmen sind vom Entwurf beseitigt.

3. Personen, die das einundzwanzigste Lebensjahr noch nicht vollendet haben, bedürfen zur Eheschließung der Einwilligung beider Eltern (uneheliche Kinder nur der Mutter) resp. des Vormundes (§§ 133—136).

4. Eine im Staatsdienste stehende Person bedarf zur Eheschließung eines Zeugnisses der vorgesetzten Behörde, daß von

Dienstes wegen ein Hindernis nicht besteht (§ 134). Ob die Behörde ein solches Zeugnis verweigern darf, bestimmt sich nach den Vorschriften des öffentlichen Rechts. Nach den Motiven (II. 1 S. 17 u. 18) darf dieses nur geschehen gegenüber Soldaten, Unteroffizieren, jüngeren Offizieren und diplomatischen Beamten.

5. Eine Ehe dürfen nicht eingehen Personen, die als Geisteskranke, Taubstumme oder Stumme entmündigt sind; desgleichen Personen, die ohne entmündigt zu sein handlungsunfähig sind, oder die sich im Zustande vorübergehender Störung der Geistestätigkeit befinden. Personen, die wegen Verschwendung oder Trunksucht entmündigt sind, bedürfen zur Eingehung der Ehe der Genehmigung der Obervormundschaftsbehörde (§ 138).

6. Sehr detaillierte Bestimmungen finden wir über die durch Verwandtschaft oder Schwägerschaft begründeten Ehehindernisse. Zunächst bestimmt § 139 gemeinsam für alle Glaubensgemeinschaften:

„Die Ehe ist verboten:

1. zwischen Verwandten in gerader Linie sowie zwischen vollbürtigen und halbbürtigen Geschwistern;
2. zwischen Verschwägerten in gerader Linie;
3. zwischen Adoptiveltern und Adoptivkindern.

Der ehelichen Verwandtschaft wird, soweit es sich um eines der genannten Ehehindernisse handelt, die uneheliche Verwandtschaft gleichgestellt."

Dann aber finden wir für fast jede in Rußland verbreitete Glaubensgemeinschaft außer den vorerwähnten noch andere auf Verwandtschaft und Schwägerschaft beruhende Ehehindernisse. Da der Entwurf sich hier fast vollständig auf den Standpunkt des geltenden Rechts stellt, so ist ein genaues Eingehen auf die Einzelheiten wohl entbehrlich. Bemerkt sei folgendes: Den Rechtgläubigen ist die Ehe bis zum vierten Grade der Verwandtschaft untersagt; desgleichen bildet die cognatio spiritualis sowie die affinitas directa bis zum vierten Grade und die affinitas obliqua in gerader Linie ein Ehehindernis (§§ 144—145). Dasselbe gilt für die Altgläubigen und die von der rechtgläubigen Kirche losgelösten Sekten (§ 147). Für die römisch-katholische Kirche reproduziert der Entwurf die Vorschriften des kanonischen Rechts.

In der evangelisch-lutherischen Kirche ist die Ehe zwischen der Tante und dem Neffen verboten (§ 159).

Es folgen dann einige Vorschriften für Juden, Karaimen und Muhamedaner. Betreffend die letzteren ist zu bemerken, daß bei den Muhamedanern der sunitischen und der schiitischen Lehre auch die „Milchverwandtschaft" ein Ehehindernis bildet. Eine solche gilt als vorliegend zwischen der Amme und ihrem Säugling, sowie den beiderseitigen Verwandten derselben (§ 174 und Mot. II. 1 S. 81—82).

7. § 148. „Wer verheiratet ist, kann nicht eine zweite Ehe eingehen. Die Vielweiberei wird geduldet nur bei den Muhamedanern, den Lamaiten und Heiden, soweit dieselbe nach ihren Glaubenslehren zulässig ist."

Doch darf ein Muhamedaner gleichzeitig nicht mehr als vier Frauen haben (§ 169). Für die Lamaiten und Heiden besteht eine solche Beschränkung nicht.

8. „Einer Person rechtgläubiger, römisch-katholischer oder armenisch-gregorianischer Konfession ist es verboten, eine Ehe mit einem Nichtchristen einzugehen. Einem Protestanten, Juden, Karaimen oder Muhamedaner ist es verboten eine Ehe mit einem Lamaiten oder Heiden einzugehen" (§ 141).

Statthaft ist demnach eine Ehe zwischen einem Protestanten einerseits und einem Juden, Karaimen oder Muhamedaner andrerseits. Jedoch statuiert § 160 für diesen Fall gewisse Beschränkungen:

a) Es ist hierzu erforderlich die Genehmigung der zuständigen protestantischen geistlichen Behörde;

b) die Eheschließung erfolgt lediglich durch den protestantischen Geistlichen nach protestantischem Ritus;

c) die Eheschließung zwischen einer Protestantin und einem Muhamedaner, der bereits eine oder mehrere Frauen hat, kann erst erfolgen, nachdem die Ehe mit den anderen Frauen geschieden ist;

d) ein Muhamedaner, der mit einer Protestantin verheiratet ist, kann während Bestehens dieser Ehe eine zweite Ehe nicht eingehen.

## Verlobung.

Über diese enthält das geltende Recht (X. 1 § 1008) nur die eine auch in den Entwurf (§ 177) übernommene Vorschrift, daß die Vereinbarung einer Vertragsstrafe für den Fall, daß die Ehe nicht zustande kommen sollte, unwirksam ist. Die übrigen Bestimmungen des Entwurfs entsprechen im wesentlichen den Vorschriften des BGB.

§ 176 bestimmt ausdrücklich, daß aus dem Verlöbnisse nicht auf Eingehung der Ehe geklagt werden kann; § 178 ordnet die Rückgabe der Brautgeschenke bei Auflösung des Verlöbnisses an; nach § 179 hat der an der Auflösung des Verlöbnisses schuldige Teil dem andern, dessen Eltern oder deren Stellvertreter die von diesem gemachten angemessenen Aufwendungen zu ersetzen.

Der dem § 1300 BGB. entsprechende § 181 hat einen etwas abweichenden Inhalt:

> „Ein Verlobter, der mit seiner Verlobten eine fleischliche Verbindung gehabt hat, ist, wenn er sein Versprechen sie zu heiraten ohne beachtenswerten Grund nicht erfüllt, verpflichtet, ihr bis zu ihrer Verheiratung Unterhalt zu gewähren, soweit sie dessen bedürftig ist. Der Verpflichtete kann sich nicht darauf berufen, daß die Verlobte auch gegen ihre Verwandten einen Unterhaltsanspruch hat."

§ 182 spricht in einer etwas mehr entschiedenen Fassung die Vorschrift des § 656 BGB. aus:

> „Der Vertrag über eine Vergütung für eine Heiratsvermittelung ist unwirksam."

Die zurzeit geltende evangelisch-lutherische Kirchenordnung (Zusammenfassung der Gesetze XI. 1) enthält im § 341 die Bestimmung, daß die geschwächte Braut, wenn der Bräutigam von der Verlobung zurücktritt, auf ihren Antrag vom Konsistorium für die geschiedene Ehefrau ihres früheren Verlobten erklärt werden kann. Diese Bestimmung soll beseitigt werden, da sie lediglich dem preußischen Landrechte entnommen sei und sich nicht aus dem protestantischen Kirchenrechte ergebe (Mot. II. 1 S. 99).

## Akt der Eheschließung.

In §§ 184—194 wird das von der Geistlichkeit zu vollziehende Aufgebot geregelt.

In betreff des Aktes der Eheschließung weicht der Entwurf von der bei den Voraussetzungen der Ehe befolgten Methode insofern ab, als er hier fast durchweg auf die für die einzelnen Glaubensgemeinschaften geltenden kirchlichen Vorschriften verweist. So bestimmt § 183:

„Die Eheschließung erfolgt öffentlich durch die Trauung oder durch Vollziehung derjenigen feierlichen Handlung, die nach den Regeln der Glaubensgemeinschaft der Eheschließenden für die Begründung der Ehe gefordert wird. Die Eheschließung erfolgt bei persönlicher Anwesenheit der Eheschließenden und in Gegenwart von mindestens zwei Zeugen."

Jedoch gibt es hiervon einige Ausnahmen:

1. Die Lamaiten und Heiden sind auch von den wenigen im § 183 aufgestellten allgemeinen Erfordernissen befreit und die Wirksamkeit ihrer Eheschließungen bemißt sich, soweit die Form in Frage kommt, lediglich „nach den Regeln ihrer Glaubenslehre" (§ 210).

Interessant sind die zu diesem Paragraphen gegebenen Ausführungen der Motive (II. 1 S. 132—133), die ein helles Licht auf die eigenartigen und vielgestalteten Verhältnisse werfen, die die Kommission in den Kreis ihrer Erwägungen zu ziehen hatte. In der Kommission war die Frage aufgeworfen, so heißt es daselbst, ob die Gültigkeit der heidnischen Ehen nicht wenigstens abhängig gemacht werden solle von der Eintragung in ein Heiratsregister, sei es von seiten des Priesters, der die Ehe vollzieht, sei es von seiten der lokalen Polizeibehörde.

Man entschied sich gegen beides, denn einerseits stehe der größte Teil der heidnischen Priesterschaft außer jeder Kontrolle der russischen Staatsgewalt, weshalb es nicht angängig sei, sie mit der Abfassung öffentlicher Urkunden zu betrauen. Außerdem werden bei vielen heidnischen Stämmen die Ehen ganz formlos, ohne jede Mitwirkung der Priesterschaft geschlossen. Andrerseits müsse erwogen werden, daß ein großer Teil der heidnischen Stämme nicht seßhaft sei, und daß die seßhaften Stämme oft an Orten wohnen, die viele hundert Kilometer entfernt von einer staatlichen Polizeibehörde liegen. Die geforderte Registrierung seitens der Polizei würde daher regelmäßig unterbleiben, so daß die meisten heidnischen Ehen nach dem Gesetze als Konkubinate und die Kinder als außerehelich zu gelten hätten. Mag nun diese Konsequenz den Heiden selbst, die fern von aller Welt leben, regelmäßig auch gleichgültig sein, so würden sich doch große Mißlichkeiten ergeben, wenn ein russisches Gericht in die Notwendigkeit versetzt würde, nach dem Tode irgendeines reichen Heiden einen Erbschaftsstreit unter dessen Angehörigen zu entscheiden.

Die Kommission hielt es daher „für vorsichtiger, die formellen Voraussetzungen der Wirksamkeit der heidnischen Ehen überhaupt nicht zu berühren".

Das Gericht wird also in jedem einzelnen Falle selbständig festzustellen haben, ob eine Ehe nach der Glaubenslehre des in Frage kommenden Stammes als eine gültige zu betrachten sei oder nicht.

2. § 208 bestimmt:

„Der Ehebund der Altgläubigen und der von der rechtgläubigen Kirche losgelösten Sekten erlangt die Kraft einer gesetzlichen Ehe mit dem Zeitpunkt, in dem der Religionsdiener der Gemeinde den Akt der Eheschließung in das Heiratsregister einträgt."

Auch hier überläßt der Staat es jeder einzelnen Sekte, sich bei der Eheschließung der ihrer Glaubenslehre entsprechenden Formalitäten zu bedienen, aber anders als bei den Heiden soll die Anerkennung der Gültigkeit der Ehe nicht erst im Falle eines Streites durch die gerichtliche Feststellung erfolgen, daß die durch die Glaubenslehre erforderten Formalitäten erfüllt seien; vielmehr liegt diese Fetstsellung gleich nach der Eheschließung dem Religionsdiener der Gemeinde ob, und sein Zeugnis macht die Ehe zu einer gesetzlichen.

Das war anders nach dem zur Zeit der Ausarbeitung des ersten Entwurfs geltenden Rechte; damals waren mit der Führung der Heiratsregister dieser Sekten die staatlichen Behörden betraut. Dabei ließ es auch § 85 des ersten Teilentwurfs betreffend das Familienrecht bewenden.

Jedoch die Staatsgrundgesetze in der Fassung vom Jahre 1906 enthielten in ihrem § 81 folgende Bestimmung:

„Die russischen Untertanen genießen Freiheit des Glaubens. Die Bedingungen der Ausübung dieser Freiheit werden durch das Gesetz bestimmt."

In Ausführung dieser Bestimmungen wurde am 17. Oktober 1906 ein Namentlicher Allerhöchster Ukas erlassen über die Bildung von Gemeinden und über die Rechte und Pflichten der hier genannten Sekten, der im Kapitel I § 39 und Kapitel II § 38 anordnete, daß die Heiratsregister von den Religionsdienern zu führen seien. In Übereinstimmung mit diesem Gesetze, welches bei Abfassung des zweiten Entwurfs des Zivilgesetzbuches wohl schon im Entwurfe vorlag, erhielt der § 208 die obige Fassung.

3. In betreff „der Sekten der andersgläubigen Konfessionen", also insbesondere der protestantischen bestimmt § 209:

„Die Ehe der Personen, die solchen Sekten andersgläubiger Konfessionen angehören, welche keine von der Regierung bestätigten Geistlichen oder Religionsdiener haben, erlangt die Kraft einer gesetzlichen Ehe in dem Zeitpunkte, in dem der Akt der Eheschließung in das von der Polizeibehörde oder der Gemeindebehörde geführte Heiratsregister eingetragen wird."

Nach der Auffassung der Kommission (Mot. II. 1 S. 125 ff.) handelt es sich hier nicht um eine Zivilehe, denn die Eintragung erscheine nicht als Akt der Eheschließung, sondern nur als eine durch die Behörde erfolgte öffentliche Feststellung der Tatsache, daß eine Ehe geschlossen sei. Das mag dahingestellt bleiben.

Einige protestantische Sekten, wie z. B. die Baptisten, haben von der Regierung bestätigte Religionsdiener (Mot. II. 1 S. 130). Auf diese findet der § 209 daher nicht Anwendung, vielmehr hat es in bezug auf sie bei der allgemeinen Vorschrift des § 183 (vgl. oben S. 35) sein Bewenden.

4. Entsprechend dem geltenden Rechte (X. 1 § 65) bestimmt § 201:

„An Orten, an denen sich kein Geistlicher der Konfession des Bräutigams oder der Braut befindet, kann eine Eheschließung zwischen Altgläubigen oder Angehörigen von Sekten, die sich von der rechtgläubigen Kirche losgelöst haben, oder andersgläubigen Christen, wenn sie dieses wünschen, vollzogen werden von einem rechtgläubigen Priester nach den Regeln der rechtgläubigen Kirche."

Die Ehegatten treten dadurch nicht in die Gemeinschaft der rechtgläubigen Kirche ein, jedoch kann in diesen Fällen eine Ehescheidung nur beantragt werden, wenn sie nach den für die rechtgläubige Kirche geltenden Vorschriften zulässig ist (§ 304); auch erfolgt die Ehescheidung durch Urteil der rechtgläubigen geistlichen Behörde (§ 280).

5. In den Vorschriften über die Mischehen kommt zunächst deutlich die Stellung der griechisch-katholischen Kirche als der Vertreterin „des an erster Stelle stehenden, herrschenden Glaubens" (Staatsgrundgesetze § 62) zum Ausdruck. So bestimmt § 197:

> „Die Eheschließung einer Person rechtgläubiger Konfession und einer Person einer anderen christlichen Konfession muß vollzogen werden von einem rechtgläubigen Priester nach den Regeln der rechtgläubigen Konfession."

Noch entschiedener tritt das in die Erscheinung in § 198:

> „Kinder, die aus einer konfessionell gemischten Ehe stammen, müssen, wofern nur ein Ehegatte rechtgläubiger Konfession ist, in dieser Konfession getauft werden."

Auf den ersten Blick mag auffallend erscheinen, daß die letztgenannte Bestimmung, wenigstens in dieser Form, dem geltenden Rechte fremd ist. Zwar muß auch heute ein Kind aus einer solchen gemischten Ehe rechtgläubig getauft werden, indessen wird diese Verpflichtung den Eltern nicht durch das Gesetz selbst auferlegt; vielmehr soll nach X. 1 § 67 der rechtgläubige Priester die Ehe erst dann vollziehen, wenn der andersgläubige Nupturient sich ihm gegenüber schriftlich verpflichtet hat, „die in dieser Ehe geborenen Kinder nach den Vorschriften der rechtgläubigen Kirche taufen und erziehen zu lassen".

Die übrigen christlichen Konfessionen sind untereinander gleichberechtigt. Sind daher die Verlobten verschiedenen Bekenntnisses, so kann je nach Übereinkunft die Eheschließung nach dem Ritus dieser oder jener Konfession erfolgen. Desgleichen ist es der freien Übereinkunft der Eltern überlassen, ob sie ihr Kind nach der Konfession des Vaters oder der Mutter oder einer sonstigen christlichen Konfession taufen lassen. Können sie sich nicht einigen, so folgt der Sohn dem Bekenntnisse des Vaters, die Tochter dem der Mutter (§ 200 Abs. 1).

Ist nur einer der Ehegatten Christ, „so müssen die Kinder nach dem Ritus eines der christlichen Bekenntnisse getauft werden" (§ 200 Abs. 2). Gemäß X. 1 § 328 werden nach dem geltenden Rechte auch in diesen Fällen Verpflichtungsscheine abgenommen.

Die §§ 211—216 enthalten einige Regeln über den Beweis der Eheschließung.

Nach § 217 hat eine Glaubensänderung während Bestehens der Ehe im allgemeinen keinen Einfluß auf die Fortdauer der Ehe, jedoch statuiert der Entwurf einige Ausnahmen von dieser Regel, die wohl zweckmäßiger im Kapitel über die Ehescheidung zu behandeln wären. Insbesondere bestimmt § 218, daß, wenn von zwei nichtchristlichen Ehegatten nur der eine das Christentum annimmt, sowohl er selbst als auch der andere Ehegatte das Recht hat, auf Scheidung der Ehe zu klagen.

Ehen, die von russischen Untertanen im Auslande geschlossen werden, unterliegen im allgemeinen den russischen Gesetzen (§§ 223—226).

Ausländer können in Rußland untereinander eine Ehe eingehen entweder nach ihren heimischen Gesetzen oder nach den Vorschriften des russischen Gesetzes. Jedoch statuiert der Entwurf von dieser Regel einige Ausnahmen; insbesondere sollen einzelne Vorschriften des Entwurfs auch für Ausländer zwingende Kraft haben (§§ 227—229).

### Persönliche Beziehungen der Ehegatten.

In bezug auf diese gelten nach dem Entwurf, wie auch nach dem heutigen Zivilgesetzbuch, für alle Konfessionen die gleichen Grundsätze, die auch im wesentlichen mit den Vorschriften des BGB. übereinstimmen.

Die Ehe begründet für beide Ehegatten die Pflicht der ehelichen Treue, der gegenseitigen Fürsorge und Hilfe (§ 230). Dem Manne als dem Haupte der Familie gebührt die entscheidende Stimme im Familienleben; bei Mißbrauch dieser Gewalt ist die Frau nicht verpflichtet, sich unterzuordnen (§ 231). Die Frau ist die Wirtin des Hauses und hilft ihrem Manne nach Möglichkeit bei seiner Arbeit und in seinem Gewerbe (§ 232). Die Ehegatten sind verpflichtet zusammen zu wohnen. Die Frau muß dem Manne folgen, wenn er seinen Wohnsitz ändert, es sei denn, daß die Erfüllung dieser Pflicht eine offenbare Gefahr für ihr Leben oder ihre Gesundheit oder eine Zerrüttung des Familienlebens herbeiführen würde (§ 234). Der Mann trägt die onera matrimonii, jedoch ist die Frau zu einer Beisteuer verpflichtet entsprechend den Einkünften aus ihrem Vermögen (§ 235). Der Mann hat der Frau Unterhalt zu gewähren gemäß seiner gesellschaftlichen Stellung und seinen Mitteln. Teilt die Frau infolge ihres eigenen Verschuldens den Wohnsitz des Mannes nicht, dann hat sie Anspruch nur auf „notdürftigen Unterhalt", und dieses auch nur dann, wenn sie außerstande ist, sich selbst durch ihre Arbeit zu unterhalten (§ 236). Die Frau hat dem Manne Unterhalt nur dann zu gewähren, wenn er sich „in Not befindet" und nicht imstande ist, sich selbst durch seine Arbeit zu unterhalten.

In zwei wichtigen Punkten weicht der Entwurf resp. das zurzeit geltende russische Gesetz vom BGB. ab:

1. Eine dem § 1357 BGB. entsprechende Vorschrift betreffend die Schlüsselgewalt der Frau fehlt im Entwurf. Die Motive (II. 1 S. 163) halten eine solche Vorschrift für entbehrlich, denn „eine Haftung des Mannes aus Rechtsgeschäften, die die Frau im Interesse des Haushalts geschlossen hat, kann auch beim Fehlen einer solchen Sondervorschrift gegründet werden auf eine nach den Umständen zu vermutende Vollmacht oder auf das Prinzip der Bereicherung".

2. Eine eigentümliche Erweiterung der auch in das BGB. § 1362 übergegangenen praesumtio Muciana enthält die heute geltende Zivilprozeßordnung § 976:

> „Bei einer Vollstreckung gegen den Mann oder die Frau gilt das im Mitbesitz beider Ehegatten befindliche Vermögen als demjenigen gehörig, gegen den die Vollstreckung betrieben wird, es sei denn, daß ein anderes bewiesen wird."

## Eheliches Güterrecht.

Seit etwa Mitte des 18. Jahrhunderts wird das russische eheliche Güterrecht von dem Prinzip der vollständigen Gütertrennung beherrscht. Zwar kennt das geltende Gesetz auch den Begriff der Mitgift (pridanoje). Indessen bleibt auch diese Eigentum der Frau und regelmäßig in ihrer freien Verwaltung und Verfügung. Eheverträge, durch welche dieses gesetzliche System geändert werden könnte, sind nicht zulässig. Verträge können zwischen den Ehegatten nur in Ansehung bestimmter Vermögensstücke oder Vermögensmassen geschlossen werden; insbesondere können dem Manne Rechte an der Mitgift eingeräumt werden. Selbstverständlich kann die Frau ihrem Manne Generalvollmacht erteilen, jedoch ist diese jederzeit frei widerruflich. Eine Haftung des einen Ehegatten für die Schulden des anderen findet nicht statt, es sei denn, daß eine solche tatsächlich eintritt auf Grund des soeben zitierten § 976 ZPO.

Auf denselben Standpunkt stellt sich der Entwurf § 236:

„Durch die Ehe wird eine Vermögensgemeinschaft unter den Ehegatten nicht begründet. Jeder Ehegatte behält das ihm bei der Eheschließung gehörige Vermögen und kann während der Ehe Vermögen erwerben und über dasselbe verfügen unabhängig vom anderen Ehegatten."

Ferner bestimmt § 239:

„Keiner der Ehegatten ist berechtigt, über das Vermögen des anderen zu verfügen ohne eine besondere ihm hierzu erteilte Ermächtigung."

Nach § 240 ist jede Haftung des einen Ehegatten für die Schulden des anderen Ehegatten ausgeschlossen. In betreff der Mitgift, gleichviel von wem sie herrührt, bestimmt § 252:

„Die Mitgift gehört der Frau, auch wenn sie dem Manne übergeben war."

Nach § 253 Abs. 1 hat der Mann an der Mitgift nur diejenigen Rechte, die ihm „vom Besteller" ausdrücklich eingeräumt sind. Da jedoch nach § 241 jeder Ehegatte das ihm gehörige Vermögen an den anderen Ehegatten veräußern kann, so wird man annehmen müssen, daß die Frau auch an einer von einer dritten Person bestellten Mitgift dem Manne Rechte jeder Art einräumen kann.

Demgemäß kann die Frau auch während Bestehens der Ehe jederzeit vom Manne die Herausgabe der in seinen Händen befindlichen Mitgift verlangen, es sei denn, daß das ihm an der Mitgift eingeräumte Recht ihn zum Besitze berechtigt (§ 253 Abs. 2). Ist dem Manne der Nießbrauch an der Mitgift eingeräumt, so hat er die Erträge gleichwohl für den Haushalt und die Familie zu verwenden (§ 257).

Die Frau kann auf Aufhebung des Nießbrauchs klagen — auch wenn derselbe dem Manne nicht von ihr eingeräumt war —, wenn der Mann seine Verwaltungspflichten verletzt oder seinen Unterhaltspflichten gegenüber der Frau und den Kindern nicht nachkommt (§ 259). Das Nießbrauchsrecht erlischt von selbst, wenn der Mann entmündigt wird oder der Konkurs über sein Vermögen eröffnet wird, oder wenn die Ehe geschieden oder für ungültig erklärt wird (§ 260).

### Ehescheidung und verwandte Institute.

Das ältere russische Recht legte der Ehescheidung und der Aufhebung der ehelichen Gemeinschaft keine besonderen Hindernisse in den Weg. Noch im 18. Jahrhundert erfolgte die Ehescheidung bei Vorliegen eines beachtenswerten Grundes durch einen vom Beichtvater der Ehegatten, ohne Mitwirkung einer höheren kirchlichen oder einer staatlichen Autorität, auszufertigenden Scheidebrief. Aber auch wenn ein Scheidungsgrund nicht vorlag, konnten die Ehegatten auf Grund beiderseitiger Übereinstimmung durch notarielle Urkunde eine Aufhebung der ehelichen Gemeinschaft herbeiführen. Desgleichen geschah es oft, daß die Konsistorien, wenn ein Scheidungsgrund nicht vorlag, den Ehegatten gestatteten, „fürderhin bis zur Einigung getrennt zu leben in gebührender Keuschheit, ohne eine neue Ehe einzugehen“ (Mot. II. 1 S. 209).

Erst im Jahre 1767 wurde den Geistlichen verboten, Scheidungsbriefe auszufertigen, und dieses Verbot ist noch im heutigen Zivilgesetzbuch (X. 1 § 46) wiederholt:

> „Auch wird den Geistlichen unter Androhung gerichtlicher Verfolgung und Verlust ihres Amtes verboten, Scheidungsbriefe auszufertigen, in welcher Form und für wen es auch immer sei.“

Durch das Allerhöchst bestätigte Reichsratsgutachten vom 26. März 1819 wurde bestimmt:

> „Keine Behörde und kein Beamter sollen Verträge unter den Ehegatten zulassen oder bestätigen, durch welche eine Aufhebung der ehelichen Gemeinschaft vereinbart wird, oder welche auf eine Lösung des Ehebundes hinzielen.“

Das ist wiederholt in X. 1 § 103.

Desgleichen wurde seit Anfang des 19. Jahrhunderts von den Konsistorien auch nicht mehr eine Gestattung getrennten Lebens ausgesprochen.

Nach dem heute geltenden Rechte kann eine Ehe, die nach den Regeln der griechisch-katholischen Kirche geschlossen ist, aufgelöst werden nur durch Urteil der höchsten geistlichen Behörde, bei Vorliegen der im Gesetz namhaft gemachten Gründe. Diese Gründe sind: Ehebruch, Unfähigkeit zur ehelichen Beiwohnung, Verlust der Standesrechte, Verschollenheit (X. 1 § 45).

Da das Verfahren vor dieser Behörde von Grundsätzen beherrscht wird, die aus alter Zeit stammen und die für das Verfahren vor den Zivilgerichten als veraltet und höchst unzweckmäßig längst beseitigt sind, so wird die Feststellung des wahren Tatbestandes sehr erschwert, die Verhandlungen ziehen sich ungemein in die Länge, und der Prozeß ist mit erheblichen Kosten verbunden. Aus diesem Grunde hat es in den letzten Jahrzehnten nicht an Versuchen gefehlt, die Ehescheidungen auf die Zivilgerichte zu übertragen, die sich seit der großen Justizreform unter Alexander II. im Jahre 1864 in weiten Kreisen der Bevölkerung größter Sympathie erfreuen (vgl. darüber Mot. II. 1 S. 309—325).

Der Entwurf schlägt hier einen Mittelweg ein: Die Klage auf Ehescheidung wird bei dem geistlichen Gerichte erhoben und auch das die Scheidung aussprechende Urteil wird vom geistlichen Gericht gefällt; die Feststellung des Tatbestandes aber ist in die Hände der weltlichen Gerichte gelegt, und zwar dergestalt, daß gewisse Verfehlungen nur dann das Recht geben auf Ehescheidung zu klagen, wenn wegen derselben seitens des weltlichen Kriminalgerichts eine Schuldigsprechung erfolgt ist, während bei Berufung auf andere Scheidungsgründe, die eine strafbare Handlung nicht in sich schließen, das geistliche Gericht nach Entgegennahme der Klage verpflichtet ist, die Sache behufs Feststellung des Tatbestandes dem weltlichen Zivilgerichte zu überweisen. Da nun ferner die im Entwurf statuierten Scheidungsgründe sämtlich zur Kategorie der sogenannten absoluten gehören, so wird die Tätigkeit der geistlichen Gerichte im wesentlichen eine rein formale sein, die lediglich beibehalten ist zur Wahrung des Prinzips, daß die Ehe ein konfessionelles Institut ist.

Neben der Ehescheidung läßt der Entwurf auch — abweichend vom geltenden Rechte — eine Aufhebung der ehelichen Gemeinschaft auf Zeit zu, oder, wie es in wörtlicher Übersetzung heißt, eine Gestattung getrennten Lebens. Diese Gestattung hängt lediglich von den weltlichen Zivilgerichten ab, und die Gründe, derentwegen sie erteilt werden kann, entsprechen im wesentlichen den relativen Scheidungsgründen des § 1568 BGB.

Beide Rechtsinstitute sind im Entwurf für alle Glaubensgemeinschaften in Vorschlag gebracht mit Ausnahme der römisch-katholischen Konfession. Sind beide Ehegatten römisch-katholisch, so soll, gleich wie nach geltendem Rechte, eine Ehescheidung ausgeschlossen sein. Jedoch hat der Entwurf für diese Konfession die kanonisch-rechtliche Trennung von Tisch und Bett aufgenommen.

Wir besprechen diese drei Institute getrennt.

I. Die Gestattung getrennten Lebens erfolgt durch Urteil des weltlichen Zivilgerichts ohne Mitwirkung der geistlichen Behörden (§ 261) und ist für alle Glaubensgemeinschaften einheitlich geregelt. Die Gründe sind hergezählt in §§ 261—263; einige derselben sind zugleich — wenigstens für einzelne Glaubensgemeinschaften — Ehescheidungsgründe. Bei Vorliegen eines solchen Grundes hat der Kläger die Wahl, ob er auf Ehescheidung oder Gestattung getrennten Lebens klagen will. Ist auf Trennung geklagt, so hat der beklagte Ehegatte nicht das Recht zu beantragen, „daß die Ehe, falls die Klage begründet ist, geschieden werde", wie das in § 1575 BGB. betreffend die Aufhebung der ehelichen Gemeinschaft bestimmt ist.

Die Trennung kann beantragt werden, wenn das eheliche Zusammenleben für den Kläger sich unerträglich gestaltet wegen Mißhandlungen gegen ihn selbst oder die Kinder, wegen ihm zugefügter schwerer Beleidigungen, wegen syphilitischer oder einer sonstigen ansteckenden und ekelerregenden Krankheit des anderen Ehegatten, wegen lasterhaften oder schimpflichen Lebens, wegen fortwährender Trunkenheit oder einer die Familie gefährdenden Verschwendungssucht des anderen

Ehegatten, sowie auch wegen einer solchen Krankheit der Frau, infolge deren ein eheliches Zusammenleben ihrem Leben oder ihrer Gesundheit Gefahr drohen würde (§ 261). Ferner wegen böslicher Verlassung (§ 262) und schließlich, wenn der Mann keinen ständigen Wohnsitz hat, seiner Unterhaltspflicht nicht nachkommt und die Frau hindert, sich durch eigene Arbeit ihren Lebensunterhalt zu verschaffen (§ 263).

Gewährt wird die Erlaubnis des getrennten Lebens entweder unbefristet oder auf eine Zeit von einem bis zu drei Jahren. Im letzteren Falle kann die Frist bei Fortdauer des Grundes erstreckt werden (§ 264), wogegen bei Fortfall des Grundes vor Ablauf der Frist auf Wiederherstellung der ehelichen Gemeinschaft geklagt werden kann (§ 272).

Lediglich auf Grund einer Übereinkunft der Ehegatten kann das Urteil nicht erlassen werden (§ 265). In dieser Bestimmung wollen die Motive (II. 1 S. 246) zugleich ausgesprochen sehen, daß das Urteil nicht lediglich auf Grund eines Geständnisses des beklagten Ehegatten ergehen kann. Es würde sich aber vielleicht doch empfehlen, diesen Satz im Gesetze selbst auszusprechen, wie das z. B. in § 300 in Ansehung der Ehescheidung wegen Ehebruchs geschehen ist.

Für den Verbleib der Kinder ist zunächst entscheidend eine Übereinkunft der Ehegatten; kommt eine solche nicht zustande, so kann der unschuldige Ehegatte verlangen, daß alle minderjährigen Kinder ihm überlassen werden. Jedoch kann die Vormundschaftsbehörde Abweichendes anordnen, wenn dieses im Interesse der Kinder geboten erscheint (§ 268). Die elterliche Gewalt steht dem Ehegatten zu, dem die Kinder überlassen sind (§ 269), jedoch wird dadurch die Unterhaltspflicht des anderen Ehegatten nicht berührt (§ 270). Die dem Ehemanne an der Mitgift der Frau eingeräumten Rechte erlöschen durch die unbefristete Gestattung getrennten Lebens (§ 260 Nr. 4).

Ist die Klage auf Gestattung getrennten Lebens abgewiesen, so kann nichtsdestoweniger unter Berufung auf denselben Tatbestand auf Ehescheidung geklagt werden, und die Feststellungen des ersten Urteils sind für das Scheidungsgericht nicht bindend. Dasselbe gilt, wenn die Klage auf Ehescheidung abgewiesen ist und der Ehegatte nunmehr auf Gestattung getrennten Lebens klagt (§ 276).

Das die Gestattung aussprechende Urteil wird kraftlos, wenn die Ehegatten nach Erlaß desselben auf Grund freier Übereinkunft die eheliche Gemeinschaft wiederherstellen (§ 274).

II. Die Scheidung der Ehe erfolgt nur auf Antrag eines Ehegatten (§ 277). Nach dem Tode eines der Ehegatten oder nachdem die Ehe für ungültig erklärt ist, kann ein Ehescheidungsprozeß nicht begonnen werden, ein vorher begonnener wird eingestellt (§ 279).

Da, wie bereits bemerkt, die Scheidungssachen formell der Kompetenz der geistlichen Behörden unterliegen, so wird die Zuständigkeit bestimmt durch die Konfession der Ehegatten. Der größeren Übersichtlichkeit wegen hat der Entwurf die hierauf bezüglichen Vorschriften, die, streng genommen, einen Platz in einem Zivilgesetzbuche kaum beanspruchen dürfen, an dieser Stelle zur Darstellung gebracht, und das ist mit Rücksicht auf das praktische Bedürfnis wohl zu billigen.

Im einzelnen bestimmt der Entwurf in §§ 280—283 hierüber folgendes:

1. Das geistliche Gericht rechtgläubiger Konfession ist zuständig, wenn beide Ehegatten oder auch nur einer derselben zur rechtgläubigen Kirche gehört, oder wenn beide Ehegatten zwar nicht rechtgläubig sind, die Eheschließung aber nach den Regeln der rechtgläubigen Kirche erfolgt ist (vgl. darüber oben S. 37).

2. Gehören beide Ehegatten derselben andersgläubigen christlichen Konfession an, so ist das geistliche Gericht dieser Konfession zuständig.

3. Das geistliche Gericht der Konfession des Beklagten ist zuständig, wenn die Ehegatten zu verschiedenen andersgläubigen christlichen Konfessionen gehören.

4. Gehört jedoch in diesem Falle der Beklagte zur römisch-katholischen Konfession, so ist das geistliche Gericht der Konfession des Klägers zuständig, weil, wie die Motive bemerken, bei Anwendung der unter 3 gegebenen Regel auch auf diesen Fall, Mischehen zwischen Protestanten und Gregorianern einerseits und Katholiken andrerseits unlösbar wären. Wie die Motive gleichfalls bemerken, ist diese Bestimmung in Anlehnung an § 1769 des Sächsischen BGB. in seiner ursprünglichen Fassung getroffen worden.

5. Gehört ein Ehegatte zu einer christlichen Konfession, der andere zu einer nichtchristlichen Glaubensgemeinschaft, so ist ausschließlich zuständig das geistliche Gericht der Konfession des christlichen Ehegatten.

6. Die Scheidung der Ehen von Altgläubigen oder Angehörigen der von der rechtgläubigen Kirche losgelösten Sekten unterliegt der Zuständigkeit der weltlichen Zivilgerichte.

7. Die Scheidung der Ehen der Angehörigen andersgläubiger Sekten sowie der Juden, Karaimen und Muhamedaner unterliegt der Zuständigkeit der weltlichen Zivilgerichte.

8. Die Ehescheidung der Lamaiten und Heiden erfolgt nach den Lehren des Glaubens, zu denen die Ehegatten sich bekennen. Jedoch können Lamaiten und Heiden auch bei den weltlichen Zivilgerichten auf Scheidung klagen bei Vorliegen eines der allgemeinen Scheidungsgründe. Hierzu bemerken die Motive (II. 1 S. 281 und 282): Diese Vorschrift (§ 283) wurde durch dieselben Erwägungen gerechtfertigt, wie die Vorschrift betreffend die Eheschließung der Lamaiten und Heiden. Wegen der großen Zahl der bei den verschiedenen heidnischen Stämme in Geltung befindlichen Scheidungsgründe, sowie wegen der Schwierigkeit, sie alle festzustellen, kann eine erschöpfende Darstellung derselben im Zivilgesetzbuche kaum in Frage kommen. Andererseits wäre es nicht zweckmäßig, eine Ehescheidung nur auf Grund der fünf allgemeinen, im Entwurfe vorgesehenen Scheidungsgründe zuzulassen; darin läge gegenüber dem heute unter den Heiden herrschenden Gebräuchen eine erhebliche Erschwerung der Ehescheidung, die bei der geringen Kultur der heidnischen Bevölkerung sehr unerwünschte Folgeerscheinungen zeitigen könnte. Auch eine Überweisung dieser Scheidungssachen an die weltlichen Zivilgerichte ließe sich im allgemeinen kaum rechtfertigen. Eine solche Bestimmung würde bei der großen Entfernung der Bezirksgerichte von den Sitzen der heidnischen Stämme ein toter Buchstabe bleiben und die Heiden würden nach wie vor, ohne das Gesetz zu beachten, Ehescheidungen ohne Mitwirkung der weltlichen Gerichte vollziehen. Deshalb solle auch in Zukunft sowohl in Ansehung der Scheidungs-

gründe als auch des Verfahrens bei der Ehescheidung im allgemeinen nur die Glaubenslehre der einzelnen heidnischen Stämme maßgebend sein. Andrerseits aber solle den etwas gebildeteren Heiden, die in Städten wohnen, wenigstens die Möglichkeit geboten werden, eine Ehescheidung in geordnetem Verfahren zu erzielen und hierüber einen sicheren Ausweis zu erlangen.

Was die Scheidungsgründe betrifft, so zählt der Entwurf zunächst die gemeinsam für alle Glaubensgemeinschaften — mit Ausnahme der römisch-katholischen Kirche — geltenden auf und knüpft daran die Darstellung der besonderen, außerdem noch für die einzelnen Glaubensgemeinschaften zugelassenen Gründe.

A. Die allgemeinen Scheidungsgründe. Der Entwurf kennt deren fünf. Das sind zunächst die vier auch heute in der rechtgläubigen Kirche anerkannten Gründe. Dazu kommt als fünfter die Lebensnachstellung und die ihr gleichgestellte schwere Mißhandlung. Hergezählt werden diese fünf Gründe in § 284 und eingehender erläutert in §§ 286 bis 303. Eine dem § 1570 BGB. entsprechende Bestimmung, nach welcher das Recht auf Ehescheidung durch Verzeihung erlischt, hat der Entwurf nicht aufgenommen (vgl. darüber Mot. II. 1 S. 327—328). Die einzelnen Scheidungsgründe sind:

1. Verschollenheit. Ein Ehegatte kann auf Scheidung klagen, wenn der andere nach den Vorschriften der Zivilprozeßordnung für verschollen erklärt ist (vgl. hierüber oben S. 17).

2. Verurteilung zu schweren Strafen. Ein Ehegatte kann auf Scheidung klagen, wenn der andere durch rechtskräftiges Urteil des weltlichen Kriminalgerichts zu Zwangsarbeit (Katorga), Verbannung zur Ansiedelung oder zu Zuchthaus auf mindestens fünf Jahre verurteilt ist (§ 289). Wird der Verurteilte begnadigt, so fällt das Recht auf Scheidung zu klagen fort; erfolgt die Begnadigung jedoch erst nach Erlaß des Scheidungsurteils, so bleibt dasselbe in Kraft (§ 292). Nach § 290 kann unter Umständen auch der Verurteilte auf Scheidung klagen. Damit hat es folgende Bewandtnis: Gemäß dem heute geltenden Rechte wird im Falle der Verbannung zur Ansiede-

lung den unverheirateten Sträflingen regelmäßig nach Ablauf von zwei Jahren nach Rechtskraft des Urteils gestattet sich zu verheiraten. Ferner werden Personen, die zu Zwangsarbeit verurteilt sind, nach Verbüßung dieser Strafe an besonders hierzu bestimmten Verbannungsorten angesiedelt (Strafgesetzbuch vom Jahre 1903 § 16) und erhalten, falls sie unverheiratet sind, zwei Jahre nach ihrer Ansiedelung die Erlaubnis sich zu verheiraten. Ist nun gegen eine verheiratete Person auf eine der beiden genannten Strafen erkannt worden, und sind in Ansehung dieser Person die Voraussetzungen eingetreten, unter welchen einem unverheirateten Sträfling die Eingehung einer Ehe gestattet wird, so soll nach § 290 des Entwurfs der Verbannte, falls der andere Ehegatte sich weigert ihm an den Verbannungsort zu folgen, berechtigt sein auf Scheidung der Ehe zu klagen, um dadurch instand gesetzt zu werden, eine neue Ehe einzugehen.

3. Lebensnachstellung und schwere Mißhandlung. Hierüber bestimmt § 293:

„Lebensnachstellung und eine das Leben oder die Gesundheit gefährdende Mißhandlung bilden einen Scheidungsgrund, wenn die Schuld des beklagten Ehegatten durch ein rechtskräftiges Urteil des weltlichen Kriminalgerichts festgestellt ist. Eine Klage auf Ehescheidung, die vor Einleitung der Strafverfolgung erhoben ist, wird von dem für die Scheidung zuständigen Gerichte der Staatsanwaltschaft zum Zwecke der Strafverfolgung überwiesen. Das daraufhin ergangene rechtskräftige Urteil des Kriminalgerichts wird dem für die Scheidung zuständigen Gerichte zugestellt."

Man sieht also, daß diese Vorschrift sich wesentlich von § 1566 BGB. dadurch unterscheidet, daß eine Lebensnachstellung nur dann einen Scheidungsgrund bildet, wenn sie eine strafbare Handlung in sich schließt. Hierbei ist jedoch zu bemerken, daß nach § 50 und § 457 des Strafgesetzbuches von 1903 auch Vorbereitungshandlungen zu einer Tötung unter Strafe gestellt sind.

4. Ehebruch. Wie oben bereits erwähnt, ist für die Scheidung der Ehen von Altgläubigen, Sektierern, Juden, Karaimen und Muhamedanern das weltliche Zivilgericht zuständig; ist die Klage auf Ehebruch gegründet, so wird auch der

Beweis vom Zivilgerichte erhoben. Wird dagegen, wenn die Ehegatten zu einer andern Glaubensgemeinschaft gehören, die Klage gemäß § 280 bei einem geistlichen Gerichte erhoben, dann hat dasselbe den Klageantrag dem weltlichen Zivilgerichte zu überweisen, zur Feststellung der Tatsache, ob der Beklagte sich eines Ehebruchs schuldig gemacht habe. Die hierüber getroffenen Feststellungen des Zivilgerichts, die zur Kenntnis des geistlichen Gerichts gebracht werden, sind für das letztere verbindlich (§ 295). Ein Geständnis des Beklagten kann im Zivilgerichte nur dann Berücksichtigung finden, „wenn die Begehung des Ehebruchs noch durch andere Beweismittel wahrscheinlich gemacht wird" (§ 300).

Auf Antrag des Beklagten ist die Klage abzuweisen, wenn er beweist, daß auch der andere Ehegatte sich eines Ehebruchs schuldig gemacht (§ 298). Desgleichen ist die Klage abzuweisen, wenn der Kläger den Beklagten zur Begehung des Ehebruchs bestimmt oder dem Ehebruche zugestimmt hat (§ 297). Offenbar sind nach den Intentionen der Kommission auch diese Tatsachen durch das weltliche Gericht festzustellen. Da dieses sich jedoch aus der Fassung des Entwurfs nicht zweilfesfrei ergibt, wäre eine dahingehende ausdrückliche Bestimmung wohl zu empfehlen.

5. Unfähigkeit zur ehelichen Beiwohnung. Diese Unfähigkeit bildet einen Scheidungsgrund nur, wenn sie eine angeborene ist oder bereits vor der Eheschließung eingegetreten war, oder aber wenn sie durch eine vorsätzliche Selbstverstümmlung des beklagten Ehegatten herbeigeführt ist (§ 301); die letztgenannte Klausel soll insbesondere den Ehefrauen der zur Sekte der Skopzen übergetretenen Männer die Ehescheidung ermöglichen. Die Feststellung der Unfähigkeit erfolgt gleichfalls durch das weltliche Zivilgericht (§ 302).

Sind beide Ehegatten griechisch-katholischer oder armenisch-gregorianischer Konfession oder ist die Ehe gemäß § 201 von einem Geistlichen der griechisch-katholischen Kirche vollzogen worden, so sind ausschließlich die soeben dargestellten fünf Ehescheidungsgründe zugelassen. Im übrigen gelten folgende Sätze:

B. Sonderbestimmungen für einzelne Glaubensgemeinschaften.

1. Vorschriften über Mischehen:

a) Die Ehe eines andersgläubigen Christen mit einer Person rechtgläubiger Konfession kann lediglich nach den allgemeinen Vorschriften geschieden werden (§ 304).

b) Gehören die Ehegatten zu verschiedenen andersgläubigen christlichen Konfessionen, so wird die Ehe nach den für die Konfession der Beklagten geltenden Bestimmungen geschieden; gehört jedoch der Beklagte zur römisch-katholischen Kirche, so sind die für die Konfession des Klägers geltenden Bestimmungen maßgebend (§ 305).

c) Die Ehe eines Christen mit einem Nichtchristen wird geschieden nach den Vorschriften, die für die Konfession des christlichen Ehegatten gelten (§ 306).

2. Sondervorschriften für Protestanten. Dieselben sind im wesentlichen der zurzeit geltenden evangelisch-lutherischen Kirchenordnung (Zusammenfassung der Gesetze XI. 1 §§ 369—383) entnommen, unter Beseitigung einiger Bestimmungen der letzteren, die jedoch, wie die Motive hervorheben, „in keinem Zusammenhange mit der Lehre der protestantischen Kirche über die Ehe stehen“ (Mot. II. 1 S. 336). Außer den allgemeinen Scheidungsgründen sind hier noch folgende zugelassen: bösliche Verlassung, eine unheilbare ansteckende oder ekelerregende Krankheit, unheilbare Geisteskrankheit, lasterhaftes oder schimpfliches Leben, fortwährende Trunkenheit, eine die Familie gefährdende Verschwendungssucht, schwere Beleidigung (§ 307). Die Feststellung des Vorliegens eines der hier genannten Scheidungsgrundes ist gleichfalls den weltlichen Zivilgerichten vorbehalten (§ 310). Nur wenn die Klage sich auf bösliche Verlassung oder schwere Beleidigung gründet, findet eine Mitwirkung der weltlichen Gerichte nicht statt. Welche Erwägungen für diese Abweichung maßgebend waren, ist aus den Motiven nicht ersichtlich. Auf Ehescheidung wegen Geisteskrankheit kann nur erkannt werden, wenn der Kläger den Unterhalt des Beklagten sicherstellt, es sei denn, daß die Einkünfte aus dem Vermögen des letzteren zu dessen Unterhalt ausreichend sind (§ 309).

2. Sondervorschriften für Juden und Karaimen. Außer den allgemeinen Scheidungsgründen sind hier noch folgende zugelassen:

a) Die Ehe wird geschieden auf Antrag eines Ehegatten, wenn die Ehe nach zehnjähriger Dauer kinderlos geblieben ist, wegen einer unheilbaren ansteckenden oder ekelerregenden Krankheit des anderen Ehegatten, wenn dem Kläger von dem anderen Ehegatten eine schwere Beleidigung zugefügt oder er von letzterem zur Begehung einer strafbaren oder einer unsittlichen Handlung gezwungen worden ist (§ 311).

b) Die Frau kann auf Scheidung der Ehe klagen, wenn der Mann sich weigert, ihr Unterhalt zu gewähren (§ 312).

c) Die Ehe kann geschieden werden auf Grund freier Übereinkunft beider Ehegatten. In diesem Falle bedarf es keiner Mitwirkung des Gerichts, vielmehr wird die Scheidung vollzogen vor dem mit der Führung der Personenstandesregister betrauten Geistlichen. In dem von beiden Ehegatten gemeinschaftlich zu stellenden Antrage muß angegeben sein, bei welchem Ehegatten die Kinder verbleiben sollen, desgleichen können mit dem Antrage etwaige Vereinbarungen der Ehegatten in betreff ihres Vermögens zur Kenntnis des Geistlichen gebracht werden. Bleiben die vom Geistlichen anzustellenden Versöhnungsversuche erfolglos, so erklärt er die Ehe für geschieden und fertigt hierüber eine Urkunde aus, in welche auch die Vereinbarungen aufzunehmen sind, die die Ehegatten in Ansehung der Kinder und des Vermögens getroffen haben (§ 313).

3. Sondervorschriften für Muhamedaner. Außer den allgemeinen Scheidungsgründen sind hier noch folgende zugelassen:

a) Die Ehe wird geschieden auf Antrag eines der Ehegatten wegen einer unheilbaren ansteckenden oder ekelerregenden Krankheit oder wegen unheilbarer Geisteskrankheit des anderen Ehegatten; im letzteren Falle hat der Kläger den Unterhalt des Beklagten sicherzustellen, es sei denn, daß die Einkünfte aus dem Vermögen des Beklagten zu dessen Unterhalt ausreichend sind (§ 314).

b) Die Ehe kann geschieden werden auf Grund freier Übereinkunft der Ehegatten, gemäß § 315, der wörtlich übereinstimmt mit dem soeben besprochenen, für Juden und Karaimen geltenden § 313.

Eine Neuerung gegenüber dem geltenden Rechte enthalten die §§ 317—319 unter der Überschrift:

*Rechtsstellung der Ehegatten und Kinder während des Scheidungsprozesses.* Darnach kann nach Erhebung der Klage auf Antrag eines der Ehegatten demselben gestattet werden, getrennt voneinander zu leben. Auch können auf Verfügung des Gerichts die minderjährigen Kinder während des Prozesses der Mutter überlassen werden. Die gegenseitigen Unterhaltspflichten der Ehegatten sowie auch die dem Vater zustehende elterliche Gewalt, soweit sie die Verwaltung des Kindesvermögens und die Vertretung der Person der Kinder betrifft, werden durch eine solche Verfügung nicht berührt.

Der Entwurf sagt zwar nicht ausdrücklich, ob solche Verfügungen vom geistlichen oder vom weltlichen Gerichte zu treffen sind; da jedoch die Ehescheidung im allgemeinen der Kompetenz der geistlichen Gerichte unterliegt, und die weltlichen Gerichte hierbei nur gewisse, ihnen besonders eingeräumte Befugnisse ausüben, so wird man aus dem Schweigen des Entwurfs wohl folgern müssen, daß sowohl diese Verfügungen, als auch die zum Erlaß derselben erforderlichen tatsächlichen Feststellungen Sache der geistlichen Gerichte sind.

Wirkungen der Ehescheidung. Die Ehe gilt als aufgelöst mit dem Zeitpunkte, in welchem das Urteil Rechtskraft erlangt, resp. — wenn es sich um die Scheidung einer jüdischen, karaischen oder muhamedanischen Ehe auf Grund freier Übereinkunft handelt — mit Ausfertigung der Urkunde durch den Geistlichen (§ 320).

Die geschiedene Frau behält den Familiennamen des Mannes. Sie kann aber auch um „Wiedererteilung des Namens bitten, den sie vor Eingehung der Ehe trug“. Welch eine Behörde zu diesem Zwecke angegangen werden müsse, sagt der Entwurf nicht. Nach dem geltenden Gesetze bedarf es zu einer solchen Wiederannahme des früheren Familiennamens der Allerhöchsten Genehmigung (Mot. II. 1 S. 385). Der erste Entwurf (§ 201 Abs. 4) enthielt die Bestimmung, daß hierzu das Bezirksgericht des Wohnorts der Ehefrau zuständig sei. Im zweiten Entwurf ist diese Bestimmung gestrichen.

Ist die Frau als der schuldige Teil erkannt, so kann der Mann darum bitten, daß der Frau untersagt werde, seinen Namen zu tragen. Auch hier fehlt es an einer Bezeichnung der zuständigen Behörde (§ 321).

Die entsprechende Vorschrift des § 1577 Abs. 3 BGB. beschränkt dieses Recht des Ehemanns auf den Fall, daß die

Frau „allein für schuldig erklärt" ist. Der Entwurf spricht stets nur von schuldigen und von unschuldigen Ehegatten und trifft überhaupt keinerlei allgemeine Vorschriften für den Fall, daß jeder der beiden Ehegatten durch sein Verhalten dem andern Grund zur Erhebung einer Scheidungsklage gegeben hat. Nur für einen Einzelfall entscheidet der oben erwähnte § 297 diese Frage, indem er bestimmt, daß eine Klage wegen Ehebruchs auf Antrag des Beklagten abzuweisen ist, wenn dieser den Nachweis erbringt, daß auch der Kläger sich des Ehebruchs schuldig gemacht habe. Der Entwurf sagt aber nicht, daß der Beklagte in diesem Falle Widerklage erheben und beantragen könne, daß auch der Kläger für schuldig erklärt werde. Desgleichen ist überhaupt nichts bestimmt für den Fall, daß die Klage auf eine andere Verfehlung des Beklagten, z. B. Lebensnachstellung oder schwere Mißhandlung gegründet ist, und der Beklagte dem Kläger eine gleiche Verfehlung oder Ehebruch nachweist. Soll hier nur der Beklagte für schuldig erklärt werden? Und soll überhaupt die Prävention entscheiden? Diese Frage bedürfte meines Erachtens noch eingehender Erwägungen.

Der unschuldige Ehegatte behält gegenüber dem schuldigen das bisherige Recht auf Gewährung des Unterhalts (§ 322). Der unschuldige Ehegatte kann eine Schenkung widerrufen, die er dem schuldigen während der Ehe oder der Verlobung zugewendet hat (§ 323).

Abweichend vom geltenden Rechte sind auch die Bestimmungen des Entwurfs über das Recht der geschiedenen Ehegatten, eine neue Ehe einzugehen. Der erste Entwurf bestimmte hierüber in § 204:

> Eine Person rechtgläubigen oder armenisch-gregorianischen Bekenntnisses, deren Ehe infolge eines von ihr begangenen Ehebruchs geschieden ist, ist nicht berechtigt, eine neue Ehe einzugehen".

Das entsprach dem geltenden Rechte (X. 1 § 34 Nr. 4 und Statut der geistlichen Konsistorien § 253), nach welchem bei der Ehescheidung im Urteile dem schuldigen Ehegatten die Eingehung einer neuen Ehe zu untersagen war. Nur darin wich der erste Entwurf vom geltenden Rechte ab, daß er eine trotz dieses Verbotes eingegangene Ehe nicht für ungültig erklärte. Viel weiter geht der zweite Entwurf, indem er dieses Eheverbot nur für die armenisch-gregorianische Konfession aufrecht erhält (§ 325), im übrigen aber in § 324 bestimmt:

„Einer Person rechtgläubigen Bekenntnisses, deren Ehe infolge eines von ihr begangenen Ehebruchs geschieden ist, wird das Recht eingeräumt eine zweite Ehe einzugehen. Falls jedoch auch die Heiligkeit der zweiten Ehe durch Ehebruch verletzt werden sollte, so verliert der schuldige Ehegatte das Recht, eine neue Ehe einzugehen."

Auch in betreff der protestantischen Ehe weicht der Entwurf vom geltenden Rechte ab. Zwar bestimmt § 326 entsprechend den §§ 331 und 375 der evangelisch-lutherischen Kirchenordnung, daß bei Scheidung der Ehe wegen Ehebruchs oder böslicher Verlassung dem schuldigen Ehegatten durch das Konsistorium v e r b o t e n w e r d e n k a n n, eine neue Ehe einzugehen, dagegen fehlt im Entwurfe eine dem § 332 desselben Statuts entsprechende Bestimmung. Der § 332 lautet:

„Einem Ehegatten, der die eheliche Treue verletzt hat und deshalb geschieden ist, ist es nicht erlaubt, eine Ehe einzugehen mit der Person, mit der er die Verletzung der Treue begangen hat."

Indessen beruht diese Abweichung vielleicht nur auf einem Versehen. Denn der erste Entwurf enthielt in § 205 dasselbe Eheverbot für alle Glaubensgemeinschaften; als man dann bei Abfassung des zweiten Entwurfs diese Vorschrift als eine allgemeine beseitigte, hat man möglicherweise vergessen, sie als Sondervorschrift für die protestantischen Ehen aufrecht zu erhalten.

Schließlich bestimmt § 327 gemeinsam für alle Glaubensgemeinschaften, daß es den geschiedenen Ehegatten gestattet ist, unter Beobachtung der hierfür geltenden Vorschriften wiederum miteinander eine Ehe einzugehen.

T r e n n u n g v o n T i s c h u n d B e t t. Oben wurde bereits darauf hingewiesen, daß der Entwurf gleich dem geltenden Rechte eine Ehescheidung nicht zuläßt, wenn beide Ehegatten römisch-katholischen Bekenntnisses sind. In diesem Falle kann nur auf Trennung von Tisch und Bett erkannt werden. Die einschlägigen Bestimmungen des Entwurfs (§§ 328—335) sind dem polnischen Gesetze über den Ehebund vom Jahre 1836 entnommen, welcher seinerseits im wesentlichen die Grundsätze des kanonischen Rechts reproduziert. Ein näheres Eingehen auf dieses Kapitel erscheint daher überflüssig.

### Ungültigkeit der Ehe.

Die Regelung dieser Frage war, da natürlich auch hier jede Glaubensgemeinschaft Berücksichtigung finden mußte, mit großen Schwierigkeiten verbunden. Die Darstellung ist denn auch nicht sehr übersichtlich und einige Vorschriften lassen es an der erwünschten Klarheit und Bestimmtheit fehlen. Es würde uns zu weit führen, wenn wir auf alle Einzelheiten eingehen wollten. Ich werde mich daher auf die Hervorhebung der wichtigsten Grundsätze beschränken.

1. Terminologisch unterscheidet der Entwurf nicht Anfechtbarkeit und Nichtigkeit. Jede Klage auf Ungültigkeitserklärung heißt Anfechtung (wörtlich: Anstreitung). Das Verfahren auf Ungültigkeitserklärung kann, je nachdem welch ein Ungültigkeitsgrund vorliegt, eröffnet werden entweder durch eine Klage eines bestimmten Ehegatten oder jedes der beiden Ehegatten, oder auf Antrag der Staatsanwaltschaft, oder schließlich ex officio vom zuständigen Gerichte selbst.

2. Eine Ehe kann für ungültig erklärt werden nur in den im Gesetze ausdrücklich vorgesehenen Fällen (§ 336). Aus den einzelnen hierauf bezüglichen Vorschriften ergibt sich, daß keineswegs in jedem Falle, wo eine Ehe trotz Vorliegen eines Ehehindernisses geschlossen ist, die Ehe für ungültig erklärt werden kann. Der Entwurf unterscheidet also gleichfalls zwischen trennenden und aufschiebenden Ehehindernissen.

3. Mit einer Ausnahme, die nur für die römisch-katholischen Ehen gilt (§ 362 Nr. 1), beziehen sich die Ungültigkeitsgründe des Entwurfs überhaupt nicht auf Formmängel bei der Eheschließung. Hierzu bemerken die Motive (II. 1 S. 394): „Die Vorschriften dieses Abschnittes berühren nicht die Frage, inwieweit Formmängel bei Schließung der Ehe die Gültigkeit der letzteren beeinflussen. Diese Frage ist zu entscheiden gemäß den Vorschriften der Glaubensgemeinschaft, der die Eheschließenden angehören. Eine Ehe, bei deren Eingehung die wesentlichen Formalitäten und Ritualakte nicht beobachtet sind und die von der geistlichen Behörde daher als Ehe nicht an-

erkannt werden kann, fällt nicht unter den Begriff der ungültigen Ehe im Sinne dieses Abschnittes. Eine solche Ehe ist in jeder Beziehung nichtig, ohne daß es dazu irgendeiner gerichtlichen Verfügung bedürfte; sie erzeugt keinerlei aus der Ehe entspringende rechtliche Wirkungen und zieht daher auch nicht die zahlreichen Folgen nach sich, die mit einer Ehe verbunden sind, die aus materiellen Gründen als ungültig zu betrachten ist".

Wir haben es also in diesen Fällen mit einer sogenannten Nichtehe zu tun.

Eine dem § 1324 Abs. 2 BGB. entsprechende Bestimmung, nach welcher eine nicht formgerecht geschlossene Ehe, die ins Heiratsregister eingetragen ist, unter Umständen sich in eine gültige Ehe verwandeln kann, fehlt im Entwurf.

4. Zuständig sind hier dieselben Gerichte, wie bei der Ehescheidung. Ist ein geistliches Gericht zuständig, so erfolgt — anders als bei der Ehescheidung — auch die Feststellung des Tatbestandes durch das geistliche Gericht. Nur wenn eine strafbare Handlung den Grund der Ungültigkeit bildet, kann die Ungültigkeitserklärung erst erfolgen, nachdem das Urteil des weltlichen Kriminalgerichts Rechtskraft erlangt hat.

5. Die Ungültigkeitserklärung hat rückwirkende Kraft. Jedoch genießt der Ehegatte, der bei Eingehung der Ehe gutgläubig war, im allgemeinen die gleichen Rechte wie ein geschiedener Ehegatte, der für unschuldig erklärt ist.

## Rechtsverhältnisse zwischen Eltern und Kindern.

### Die ehelichen Kinder.

Das geltende Zivilgesetzbuch enthält über die Ehelichkeit der Geburt nur einige spärliche Regeln (X. 1 §§ 119—122, § 125, § 131). Beweisregeln stellt die Zivilprozeßordnung (XVI. 2 §§ 1347—1356) auf. Andere Vorschriften über diese Materie, die aber freilich nur für die Angehörigen der griechisch-katholischen Kirche gelten, finden sich im Statut der geistlichen Konsistorien (§§ 264—268).

Der Entwurf vereinigt diese Vorschriften und bleibt im wesentlichen auf dem Boden des geltenden Rechts; Lücken werden ausgefüllt und Einzelheiten hinzugefügt unter Benutzung der in der Praxis des Senats anerkannten Grundsätze. Indessen ist der Entwurf hier, abweichend von der sonst befolgten Methode, kasuistisch und sehr ins Detail gehend, so daß es nicht ganz leicht ist, sich in den Einzelbestimmungen zurecht zu finden.

Ich will versuchen, den Stoff in etwas veränderter Anordnung zugänglich zu machen.

Zunächst bestimmt § 379, daß alle Kinder, die von einer Ehefrau während der Ehe oder früher als 306 Tage nach Auflösung der Ehe geboren sind, als eheliche Kinder des Ehemanns der Mutter zu gelten haben.

Alle übrigen Vorschriften lassen sich in zwei Gruppen teilen: die einen betreffen die Klage auf Feststellung der Ehelichkeit, die anderen die Klage auf Feststellung der Unehelichkeit, oder nach der Terminologie des Entwurfs, „der Anfechtung der Ehelichkeit".

A. Die Klage auf Feststellung der Ehelichkeit einer bestimmten Person kann, solange diese Person am Leben ist, von ihr selbst jederzeit erhoben werden. Hat diese Person oder deren gesetzlicher Vertreter Klage erhoben, so kann die Klage von den Erben fortgesetzt werden. Ist dagegen die Klage bei ihren Lebzeiten nicht erhoben worden, so können die Erben die Klage überhaupt nur dann erheben, wenn ihr Erblasser vor Vollendung des sechsundzwanzigsten Lebensjahres verstorben ist und seit dessen Tode noch nicht zehn Jahre verflossen sind (§ 385). Diese Bestimmung, die vom geltenden Rechte abweicht (ZPO. § 1347), lehnt sich an Art. 209 Code civil an.

Bewiesen wird die eheliche Geburt durch eine Eintragung in das Geburtsregister, in welchem das Kind als ein eheliches bezeichnet ist (§ 381). Kann der Beweis in dieser Weise nicht erbracht werden, so genügt der Nachweis, daß das Kind dem Ehemann der Mutter gegenüber beständig die tatsächliche Stellung eines ehelichen Kindes eingenommen hat. Dies ist zu entnehmen aus der Gesamtheit der Umstände, welche sowohl auf die Abstammung des Kindes von dem Ehemann als auch auf die Zugehörigkeit des Kindes zur Familie des letzteren schließen lassen; insbesondere kommen hierbei folgende Umstände in Betracht: wenn das Kind stets den Familiennamen des Ehemanns getragen hat; wenn es in Urkunden und von seiten der Behörden als dessen eheliches Kind bezeichnet ist; wenn nicht nur die Mutter, sondern auch deren Ehemann es stets als eheliches Kind behandelt und es der Außenwelt gegenüber für ein solches ausgegeben haben. Über alle diese Tatsachen können auch Zeugen vernommen werden, jedoch nur dann, wenn außerdem noch Urkunden vorliegen, welche eine gewisse Wahrscheinlichkeit der ehelichen Geburt ergeben (§§ 382—383).

Die gerichtlich erfolgte Feststellung der ehelichen Geburt bewirkt nicht die Wiederherstellung der verjährten Vermögensrechte und berührt nicht Vermögensrechte, die dritte Personen durch Ersitzung erworben haben (§ 386).

B. Für die Anfechtung der Ehelichkeit (Klage auf Feststellung der Unehelichkeit) gelten folgende Regeln:

1. Ist ein Kind als ehelich in das Geburtsregister eingetragen, so kann die Ehelichkeit angefochten werden nur durch eine gegen das Kind oder dessen Erben zu richtende Klage. Die Mutter kann an dem Prozesse teilnehmen zur Verteidigung der Ehelichkeit des Kindes (§ 387).

2. Die Klage auf Feststellung, daß ein Kind nicht von einer bestimmten Frau geboren ist, kann erhoben werden von dieser Frau selbst, ihrem Ehemann, den Erben der beiden genannten Personen, sowie von jedem, dessen Rechte von dieser Feststellung abhängen (§ 399).

3. Wird nicht bestritten, daß das Kind von einer bestimmten verheirateten Frau während der Ehe oder früher als 306 Tage nach Auflösung der Ehe geboren ist, dann kann niemand die Ehelichkeit anfechten, wenn der Ehemann dieser Frau durch seine Unterschrift im Geburtsregister oder durch schlüssige Handlungen das Kind als sein eheliches anerkannt hat (§ 388). Ist letzteres nicht geschehen, so kann, solange als der Ehemann am Leben ist, nur er die Klage erheben (§ 389) und zwar nur innerhalb eines Jahres nach der Geburt des Kindes, es sei denn, daß die Mutter ihm die Geburt verheimlicht hat; in diesem Falle beginnt die einjährige Frist mit dem Zeitpunkt, in welchem er Kenntnis von der Geburt erhielt (§ 392). Nach dem Tode des Mannes kann die von ihm er-

hobene Klage von seinen Erben fortgesetzt werden (§ 393). Ist der Mann verstorben vor der Geburt des Kindes oder vor Ablauf der ihm gewährten einjährigen Frist, ohne die Klage erhoben zu haben, dann können seine Erben die Klage erheben, und zwar nur innerhalb einer Frist von drei Monaten, die regelmäßig vom Zeitpunkte des Todes des Mannes an gerechnet wird (§ 394). Jedoch haben weder die Mutter des Kindes noch deren Abkömmlinge das Recht, die vom Ehemanne begonnene Klage fortzusetzen oder von sich aus Klage zu erheben (§ 395).

Interessant sind die Verhandlungen der Kommission in betreff des § 395. Einig war man darin, der Mutter das Recht auf die Klage zu versagen, und zwar aus folgenden Gründen: Das Bestreben der Mutter, die Rechte des eigenen Kindes zu schmälern, sei als unnatürlich zu bezeichnen und könne nur durch den Wunsch hervorgerufen werden, sich von einem lästigen Miterben zu befreien; das Gesetz könne aber nicht einer Mutter schützend zur Seite stehen, die sich nicht entblödet, ihr eigenes Verschulden zum Nachteil ihres Kindes geltend zu machen. Ob aber auch den Abkömmlingen der Mutter dieses Recht zu versagen sei, darüber waren die Ansichten geteilt. Zwei Mitglieder der Kommission sprachen sich entschieden dagegen aus. Die Mehrzahl entschied sich dafür: man wolle lieber den Abkömmlingen den Schutz ihrer Vermögensinteressen schmälern, als ihnen an die Hand geben, zur Vergrößerung ihres Vermögens ihre eigene Mutter zu verunehren (Mot. II. 1 S. 477—480).

Beweisregeln enthalten die §§ 390, 391, 397. Ist das Kind früher als 180 Tage nach Eingehung der Ehe geboren, so hat die Partei, welche die Ehelichkeit geltend macht, zu beweisen, daß das Kind von dem Ehemanne der Mutter abstammt; dazu genügt der Nachweis, daß der Mann in der Zeit vom 306. bis zum 180. Tage vor der Geburt des Kindes der Mutter beigewohnt habe; ausreichend ist auch die Feststellung, daß der Mann vor der Eheschließung Kenntnis von der Schwangerschaft seiner Braut hatte (§ 390). Ist das Kind dagegen nicht früher als 180 Tage nach der Eheschließung geboren, so muß die Partei, die die Unehelichkeit geltend macht, beweisen, daß während der ganzen Zeit vom 306. bis zum 180. Tage vor der Geburt des Kindes der Mann getrennt von der Mutter des Kindes gelebt hat oder daß es ihm aus einem sonstigen Grunde nicht möglich gewesen ist, der Mutter beizuwohnen (§ 391). Ist eine Frau gerichtlich des Ehebruchs überführt, so ist daraus allein noch nicht zu folgern, daß die von ihr geborenen Kinder nicht von ihrem Ehemanne erzeugt sind. Hat jedoch die Frau die Geburt eines Kindes vor ihrem Manne verheimlicht, dann kann die Unehelichkeit des Kindes durch Beweisgründe jeder Art dargetan werden (§ 397).

4. Abweichende Regeln gelten, wenn die Ehelichkeit des Kindes sich nicht aus dem Geburtsregister ergibt, und wenn nicht feststeht, daß das Kind dem Ehemanne der Mutter gegenüber beständig die tatsächliche Stellung eines ehelichen Kindes eingenommen hat, oder aber, wenn die Ehe der Mutter geschieden ist wegen einer vor Eingehung der Ehe eingetretenen Unfähigkeit des Ehemanns zur ehelichen Beiwohnung, sowie schließlich, wenn das Kind später als 306 Tage nach Auflösung oder Ungültigkeitserklärung der Ehe geboren ist. In diesen Fällen kann die Unehelichkeit von jedem Interessenten geltend gemacht werden, und zwar auch in anderer Weise als durch Erhebung der Klage; die Beweislast trifft dann den, der sich auf die Ehelichkeit beruft; auch ist die Geltendmachung der Unehelichkeit durch keine Frist beschränkt (§ 396 und § 398).

C. Rechte und Pflichten der Eltern und Kinder. Der Entwurf weicht auch hier in vielen Beziehungen vom geltenden Rechte ab, welches noch manche Spuren des ältesten Rechtszustandes an sich trägt. Nach dem Gesetzbuche des Zaren Alexej Michailowitsch vom Jahre 1649 waren die Kinder nahezu schutzlos der Willkür der Eltern preisgegeben; freilich war den Eltern ausdrücklich verboten, ihre Kinder zu töten, indessen traf sie für ein solches Verbrechen lediglich eine Gefängnisstrafe von einem Jahre, wogegen die geringsten Vergehen der Kinder gegen ihre Eltern mit den schwersten Strafen belegt wurden; ja sogar Beschwerden und Klagen der Kinder wegen Mißhandlung seitens der Eltern galten als strafbar.

Erst Peter der Große gestattete den Kindern, den Eltern den Gehorsam zu verweigern, wenn diese sie zu verbrecherischen Handlungen zu bewegen suchten, und erst das Strafgesetzbuch vom Jahre 1845 stellte — in das entgegengesetzte Extrem verfallend — die Tötung der Kinder durch die Eltern gleich der Tötung der Eltern durch die Kinder.

Auch nach heutigem Rechte dauert die elterliche Gewalt bis zum Tode der Eltern und ist inhaltlich nur insoweit beschränkt, als das Gesetz hierüber besondere Vorschriften enthält (X. 1 § 179). Ausdrücklich wiederholt auch das geltende Gesetzbuch die alte Regel, daß die Kinder wegen ihnen zugefügter Beleidigungen keine Klage erheben dürfen weder bei den Zivilgerichten noch bei den Kriminalgerichten; es fügt jedoch hinzu, daß die Obrigkeit darüber zu wachen habe, daß die Eltern keinerlei Verbrechen gegen ihre Kinder verüben und daß die schuldigen Eltern zur gesetzlichen Verantwortung gezogen werden (X. 1 § 168). Ein Nießbrauchsrecht steht den Eltern an dem Vermögen ihrer Kinder nicht zu, vielmehr sind sie lediglich berechtigt und verpflichtet, dieses Vermögen wie ein Vormund zu verwalten.

Der Entwurf trifft folgende Bestimmungen:

Zunächst wird allgemein ausgesprochen, daß die Kinder in jedem Lebensalter verpflichtet sind, den Eltern Achtung und Ehrerbietung zu erweisen (§ 402), sowie daß auch die volljährigen Kinder, wenn sie bei den Eltern wohnen oder ihren Unterhalt von den Eltern beziehen, verpflichtet sind, ihnen zu gehorchen und ihnen nach Möglichkeit im Haushalte und im Gewerbe behilflich zu sein (§ 403).

Ferner haben nach § 404 die Eltern an dem Vermögen der Kinder kein Nießbrauchsrecht.

Die §§ 405—407 regeln die gegenseitige Unterhaltspflicht:

> § 405. „Solange die Kinder zu dem ihnen von den Eltern bestimmten Beruf noch nicht vorbereitet sind und sich durch ihre Arbeit nicht zu unterhalten vermögen, haben die Eltern die Kosten des Unterhalts zu tragen. Mit der Verheiratung der Tochter erlischt diese Pflicht ihr gegenüber. Der Verlust der elterlichen Gewalt befreit die Eltern nicht von der Unterhaltspflicht."

Diese Fassung scheint mir zu einigen Zweifeln Anlaß zu geben. Soll etwa der Sohn, nachdem er selbständig geworden und sich selbst seinen Unterhalt verschafft hat, dann aber durch Krankheit in Not gerät, keinen Unterhaltsanspruch gegen die Eltern haben? Oder sollten die Eltern nicht verpflichtet sein, ihrer verheirateten Tochter bei Arbeitsunfähigkeit des Mannes oder nach dem Tode desselben Unterhalt zu gewähren? Diese Fragen lassen sich auf Grund des § 405 nicht zweifelsfrei beantworten, und auch die später zu besprechenden Vorschriften über die Unterhaltspflicht der Verwandten geben keinen sicheren Aufschluß.

§ 406. „Haben die Kinder eigenes Vermögen, so sind zu ihrem Unterhalte zunächst die Einkünfte aus diesem Vermögen zu verwenden. Reichen die Einkünfte nicht aus, und fehlt es den Eltern an eigenen Mitteln, dann kann zur Bestreitung des Unterhalts mit Genehmigung der Vormundschaftsbehörde auch ein Teil des Vermögens des Kindes verwendet werden."

§ 407. „Die Kinder sind verpflichtet, den Eltern Unterhalt zu gewähren, wenn diese dessen bedürftig sind."

Die elterliche Gewalt besteht bis zur Volljährigkeit des Kindes (§ 408). Sie steht beiden Eltern zu. Bei Meinungsverschiedenheit in Ansehung der Erziehung und anderer Fragen gibt die Meinung des Vaters den Ausschlag (§ 409). Die Vertretung der Person des Kindes und die Verwaltung des Vermögens des Kindes steht dem Vater allein zu; er hat das Vermögen wie ein Vormund zu verwalten (§§ 413—417), jedoch gehen auch diese Rechte und Pflichten auf die Mutter über beim Tode des Vaters oder wenn er diese Rechte verwirkt hat; in diesem Falle kann die Mutter um die Bestellung eines Vormundes nachsuchen (§ 420).

Beide Eltern sind verpflichtet, für die Person des Kindes und für dessen religiöse und sittliche Erziehung zu sorgen sowie auch das Kind zu einem nützlichen Lebensberufe vorzubereiten (§ 410). Das minderjährige Kind ist nicht berechtigt, ohne Erlaubnis der Eltern das elterliche Haus oder die ihm von den Eltern angewiesene Unterkunft zu verlassen. Zur Wiedererlangung des Kindes können die Eltern die Mithilfe der Polizei in Anspruch nehmen oder eine gerichtliche Klage gegen jeden erheben, der das Kind ungesetzlich den Eltern vorenthält (§ 411).

Bei Erfolglosigkeit der häuslichen Erziehung kann die Obervormundschaftsbehörde auf Antrag der Eltern und nach

Anhörung des Kindes die Unterbringung desselben in eine Besserungsanstalt verfügen (§ 413).

Dieser Vorschrift steht gegenüber der § 422:

„Wenn der Vater seine Erziehungspflicht gröblich vernachlässigt oder das Kind mißhandelt, oder wenn er ein lasterhaftes Leben führt, so daß die Sittlichkeit oder die Gesundheit des Kindes gefährdet erscheint, dann kann die Obervormundschaftsbehörde anordnen, daß das Kind auf Kosten des Vaters in einer Familie, einer Lehranstalt oder in einem Asyl untergebracht werde; auch kann die Behörde dem Vater die elterliche Gewalt entziehen und, wenn auch die elterliche Gewalt der Mutter das Kind nicht vor dem schädlichen Einfluß des Vaters zu bewahren vermag, dem Kinde einen Vormund ernennen."

Auffallend ist, daß der Entwurf hier nur von Verfehlungen des Vaters redet. Offenbar nimmt er an, daß die Autorität des Vaters stets ausreichend sein werde, um einer schädlichen Beeinflussung des Kindes durch die Mutter entgegenzuwirken. Das erscheint mir doch sehr zweifelhaft.

Außerdem kann die elterliche Gewalt aus mannigfachen Gründen dauernd oder zeitweilig beschränkt oder gänzlich entzogen werden (§§ 423—430).

**Kinder aus einer geschiedenen oder für ungültig erklärten Ehe.**

Sehr summarisch bestimmt § 431, daß Kinder aus einer geschiedenen oder für ungültig erklärten Ehe alle Rechte ehelicher Kinder „behalten" und unter der Gewalt ihrer Eltern verbleiben. Das gilt also auch dann, wenn beiden Eltern bei Eingehung der Ehe das Vorliegen eines Ungültigkeitsgrundes bekannt war. War jedoch nur einer der Ehegatten bei Eingehung der Ehe „nicht gutgläubig", dann kann nach § 431 Abs. 2 der andere verlangen, daß ihm die Kinder überlassen werden.

**Außereheliche Kinder.**

Bis vor wenigen Jahren gründeten sich fast alle Rechte der außerehelichen Kinder gegenüber ihrem Vater auf eine einzige Bestimmung, die sich auffallenderweise im Strafgesetzbuch befand. Der § 994 dieses Gesetzes, der den außerehelichen

Geschlechtsverkehr als strafbare Handlung betrachtete und mit Verhängung der Kirchenbuße bedrohte, verordnete hierüber:

„Wenn ein solch lasterhaftes Leben die Geburt eines Kindes zur Folge hat, so ist der Vater verpflichtet, entsprechend seinem Vermögen, dem Kinde und der Mutter einen anständigen Unterhalt zu gewähren."

In der juristischen Literatur der letzten Jahrzehnte bildete die Lage der außerehelichen Kinder eines der am meisten behandelten Themata. Allseitig verlangte man gesetzgeberische Maßnahmen zur Verbesserung derselben. Als im Jahre 1890 der Justizminister einen Entwurf eines Gesetzes über die Zulässigkeit der Legitimation außerehelicher Kinder im Reichsrat einbrachte, sprach der letztere sich dahin aus, daß eine durchgreifende Regelung der Beziehungen der außerehelichen Kinder zu ihren Eltern unbedingt erforderlich erscheine. Durch das Allerhöchst bestätigte Reichsgutachten vom 12. März 1891 wurde die Lösung dieser Aufgabe als „unaufschiebbar" bezeichnet. In einem anderen, bald darauf ergangenen Reichsratsgutachten wurde der Justizminister aufgefordert, dem Reichsrat zur Begutachtung vorzulegen die Vorschläge, die von der Kommission zur Ausarbeitung eines Entwurfs eines Zivilgesetzbuches in betreff der außerehelichen Kinder in Aussicht genommen seien. Im Jahre 1898 kam der Justizminister dieser Aufforderung nach, und die von der Kommission im ersten Entwurf dargelegten Grundsätze wurden im Jahre 1903 mit einigen Abänderungen und Weglassungen zum Gesetze erhoben und dem geltenden Zivilgesetzbuche eingefügt (X. 1 §§ 132—$132^{14}$).

Diese gesetzlichen Bestimmungen sind mit einigen Abänderungen und Zusätzen im zweiten Entwurf reproduziert.

Zunächst zählt § 432 alle Fälle her, in denen ein Kind als außerehelich zu betrachten ist. Diese Herzählung erscheint überflüssig, denn aus den Bestimmungen, die den Begriff des ehelichen Kindes festsetzen, ergibt sich zwingend, welche Kinder als außerehelich zu betrachten sind. In einem Punkte scheint mir dieser Paragraph auch eine offenbare Ungenauigkeit zu enthalten, wodurch er sich in Widerspruch zu jenen anderen Bestimmungen des Entwurfs setzt. Es heißt nämlich daselbst:

„Außerehelich ist ein Kind ....., welches von einer verheirateten Frau während der Ehe geboren ist oder vor

Ablauf von 306 Tagen nach der Auflösung der Ehe, wenn es nicht vom Ehemann erzeugt ist."

Das widerspricht der uns bekannten Bestimmung, nach welcher ein solches Kind nur dann als außerehelich zu betrachten ist, wenn die Ehelichkeit desselben mit Erfolg angefochten ist; die bloße Tatsache aber, daß das Kind nicht vom Ehemanne abstammt, steht der Ehelichkeit nicht entgegen.

Abweichend vom BGB. sind die Bestimmungen des Entwurfs über den Familiennamen des außerehelichen Kindes. Hierbei ist zunächst zu bemerken, daß im russischen Reiche jedermann offiziell drei Namen trägt: den Vornamen, das Patronym und den Familiennamen. Regelmäßig soll nun ein außereheliches Kind sein Patronym nach dem Vornamen seines Taufpaten erhalten und dieses Patronym zugleich auch als Familiennamen tragen. Nur mit Zustimmung der Mutter und, wenn deren Vater noch am Leben ist, auch mit Zustimmung des letzteren, kann dem Kinde der Familienname beigelegt werden, den die Mutter durch die Geburt erhalten hat (§§ 433 bis 434).

Die elterliche Gewalt über das außereheliche Kind steht der Mutter zu, und zwar in gleichem Umfange wie dem Vater über sein eheliches Kind (§ 435). Im allgemeinen sagt mir diese Regelung mehr zu als die abweichende Bestimmung in § 1707 BGB., die auf einem grundsätzlichen Mißtrauen gegenüber der Mutter beruht. Indessen scheint mir der Entwurf in dieser Beziehung doch etwas zu weit gegangen zu sein. Denn während die Mutter eines ehelichen Kindes, wenn nach dem Tode des Vaters die unbeschränkte Gewalt ihr zugefallen ist, gemäß § 420 Abs. 2 um Bestellung eines Vormundes bitten kann, ist dieses Recht der unehelichen Mutter, wie sich aus § 435 Abs. 2 ergibt, nicht eingeräumt. Das scheint mir nur auf einem Versehen zu beruhen, welches sich leicht gutmachen ließe durch einen in den § 435 Abs. 2 aufzunehmenden Hinweis auf § 420 Abs. 2.

Ferner müßte der Vormundschaftsbehörde das Recht eingeräumt werden, auch ohne Antrag der Mutter dem Kinde einen Vormund zu ernennen, wenn das Interesse des Kindes dieses zu erfordern scheint. Zwar kann gemäß § 435 Abs. 2 in Verbindung mit dem daselbst zitierten § 422 bei gröblicher

Verletzung der Erziehungspflicht seitens der Mutter das uneheliche Kind in Fürsorgeerziehung gegeben werden. Aber diese Bestimmung trifft nur die krassesten Fälle; denn auch wenn derartige schwere sittliche Verfehlungen nicht vorliegen, wird die Mutter des unehelichen Kindes, infolge jugendlichen Alters, mangelnder Festigkeit des Charakters, insbesondere aber infolge der unsicheren, sozialen Stellung, in der sich ein Mädchen mit einem Kinde befindet, sehr oft nicht als die geeignete Person erscheinen, die Rechte des Kindes mit dem erforderlichen Nachdruck zu vertreten. Dies gilt insbesondere von dem Unterhaltsanspruche des Kindes gegenüber dem Vater. Ergibt die Prüfung des Sachverhalts, daß solche Umstände vorliegen, so müßte die Vormundschaftsbehörde auch ohne Antrag der Mutter zur Bestellung eines Vormundes ermächtigt sein.

Im Zusammenhange mit dieser Frage möchte ich vorgreifend schon hier darauf hinweisen, daß die Bestimmung des § 466 Nr. 2, nach welcher zur Adoption eines unehelichen Kindes die Zustimmung der Mutter ausreichend sei, wohl kaum Billigung verdient; hier scheint mir eine Prüfung seitens der Vormundschaftsbehörde, ob die Adoption dem Interesse des Kindes entspreche, unerläßlich.

Bezüglich des Beweises der Vaterschaft gelten die allgemein verbreiteten Regeln: Beiwohnung während der kritischen Zeit und exceptio plurium concumbentium (§ 436).

Nach § 437 ist der Vater des außerehelichen Kindes verpflichtet, entsprechend seinen Mitteln und der Lebensstellung (wörtlich: der gesellschaftlichen Stellung) der Mutter des Kindes, bis zur Volljährigkeit des Kindes die Unterhaltskosten zu tragen, wenn das Kind dessen bedürftig ist. Die Mutter nimmt an der Bestreitung des Unterhalts entsprechend ihren Mitteln teil, welche bei der Bemessung des vom Vater zu tragenden Unterhalts überhaupt zu berücksichtigen sind.

Nach § 438 erlischt die Unterhaltspflicht des Vaters vor der Volljährigkeit des Kindes in zwei Fällen, und zwar a) wenn die außereheliche Tochter sich verheiratet, b) wenn das außereheliche Kind zu dem ihm bestimmten Berufe vorbereitet ist und imstande ist, sich durch eigene Arbeit zu unterhalten.

Hier finden wir also zwei Abweichungen vom BGB., die beide vollste Billigung verdienen: Nicht nur die Lebensstellung der Mutter, sondern auch die Mittel des Vaters sind zu berücksichtigen. Die abweichende Bestimmung des § 1708 BGB. hat in der deutschen Literatur eine so einmütige abfällige Kritik erfahren, daß sich jedes nähere Eingehen auf diese Frage erübrigt. Indessen scheint mir die Fassung des § 438 in einem Punkte nicht ganz einwandsfrei zu sein: Der Ausdruck „gesellschaftliche Stellung der Mutter“ könnte zu Mißverständnissen Anlaß geben, und in einer so wichtigen Frage wäre es doch erwünscht, sich möglichster Genauigkeit zu befleißigen. Es unterliegt keinem Zweifel, daß ein Mädchen dadurch, daß es ein Kind zur Welt gebracht hat, ja auch schon dadurch, daß es zu einem Manne in unerlaubten Verkehr getreten ist, regelmäßig in ihrer gesellschaftlichen Stellung schwere Einbuße erleidet. Sollte nun der Vater des Kindes in Ansehung des von ihm zu leistenden Beitrages sich auf die durch sein Mitverschulden herabgeminderte gesellschaftliche Stellung der Mutter berufen dürfen? Darauf kann es wohl nur eine Antwort geben. Es erscheint daher zweckmäßiger, um jeden Zweifel auszuschließen, die Worte „gesellschaftliche Stellung“ zu ersetzen durch „Herkunft und Erziehung“.

Der zweite Punkt, in welchem der Entwurf hier vom BGB. abweicht, betrifft die Dauer der Unterhaltspflicht; dieselbe erlischt nicht schon mit dem vollendeten sechzehnten Lebensjahre des Kindes, wie nach § 1708 BGB., sondern regelmäßig erst mit der Volljährigkeit des Kindes. Der § 1708 BGB. enthält einen eklatanten inneren Widerspruch: Befindet sich die Mutter in höherer Lebensstellung, so soll der Unterhalt dieser Lebensstellung gemäß gewährt werden; das kann doch nur heißen: in einem solchen Betrage, daß das Kind zu einem dieser höheren Lebensstellung entsprechenden Berufe vorgebildet werden kann; nach unseren heutigen Lebensverhältnissen aber ermöglicht eine Erziehung, die mit dem sechzehnten Lebensjahre abschließt, eine Vorbildung nur zu den allergeringsten Berufsarten.

Vor der Erreichung der Volljährigkeit erlischt der Unterhaltsanspruch nach dem Entwurfe insbesondere, wenn das Kind bereits zu dem ihm bestimmten Berufe vorgebildet ist. Da die elterliche Gewalt der Mutter zusteht, so bestimmt sie den Beruf. Es hat daher den Anschein, als läge es stets in ihrer Macht, dem Kinde einen Beruf zu bestimmen, zu welchem die Vorbildung die ganze Zeit bis zum vollendeten einundzwanzigsten Lebensjahre in Anspruch nimmt. Dem ist aber nicht so, denn der § 440 schreibt vor:

„Der Vater, der seinem außerehelichen Kinde Unterhalt gewährt, ist berechtigt, Aufsicht zu üben über die Erziehung und Verpflegung des Kindes. Meinungsverschiedenheiten, die in dieser Veranlassung zwischen dem Vater und der Mutter oder dem Vormunde entstehen, werden von der zuständigen Vormundschaftsbehörde entschieden."

Selbstverständlich wird die Behörde auch in Ansehung der Berufswahl die Verhältnisse des Vaters und der Mutter zu berücksichtigen haben.

Soll eine Vormundschaft angeordnet werden, so ist der Vater des außerehelichen Kindes, wofern er demselben Unterhalt gewährt, nach § 441 auf seinen Wunsch zum Vormund zu ernennen. Meines Erachtens sollte diese Bestimmung nur dann Anwendung finden, wenn der Vater das Kind freiwillig als das seinige anerkannt und freiwillig sich zur Gewährung eines angemessenen Unterhalts bereit erklärt hat. Eine Person, die durch gerichtliches Erkenntnis zum Vater gestempelt ist oder zur Gewährung eines angemessenen Unterhalts gerichtlich verurteilt ist, scheint mir unter allen Umständen zum Vormunde völlig ungeeignet zu sein.

Der § 442 statuiert die Verpflichtung des Vaters, der Mutter die Entbindungskosten zu erstatten und ihr bis zu ihrer Genesung „notdürftigen" Unterhalt zu gewähren. Vielleicht könnte hier, entsprechend dem schweizerischen Zivilgesetzbuche § 317 Nr. 2, die Unterhaltspflicht auch auf einige Wochen vor der Geburt erstreckt werden. Desgleichen könnte das Wort „notdürftig" gestrichen werden.

Nun aber kommen wir zu einer Bestimmung, die sich meines Wissens in keinem anderen Gesetzbuche befindet, und durch deren Aufnahme die Kommission sich die höchste Anerkennung und den Dank aller natürlich empfindenden Menschen und aller Freunde wahren Fortschritts — d. h. höherer Gesittung — erworben hat, und wir wollen hoffen, daß dieser

Grundsatz auch in anderen Ländern sich allmählich Geltung verschaffen wird.

Wie erwähnt, legte § 994 des alten Strafgesetzbuches dem Vater des außerehelichen Kindes die Verpflichtung auf, auch der Mutter des Kindes „anständigen Unterhalt" zu gewähren. Diese Vorschrift ging weit über das Ziel hinaus. Sie wurde daher durchweg einschränkend interpretiert, ohne daß sich in der Praxis sichere und feste Schranken ihrer Anwendung herausbildeten. Der diesem unbeholfenen Gesetze zugrunde liegende gesunde Gedanke ist nun in § 443 auf das richtige Maß zurückgeführt. Die Vorschrift lautet:

> „Wenn die Mutter des unehelichen Kindes kein eigenes ausreichendes Vermögen hat und durch die Pflege des Kindes behindert ist, ihren Unterhalt sich durch eigene Arbeit zu verschaffen, so kann das Gericht den Vater verurteilen, außer dem Unterhalte des Kindes auch den notdürftigen Unterhalt der Mutter zu bestreiten."

Das geheiligte Recht des Kindes von der eigenen Mutter genährt und gepflegt zu werden, und das geheiligte Recht der Mutter, ihre Kraft und ihre Mühen in allererster Reihe ungeschmälert der Pflege ihres Kindes widmen zu können, findet hier in der modernen Gesetzgebung zum erstenmal Anerkennung und Schutz.

Weniger befriedigend ist die Regelung der Unterhaltspflicht nach dem Tode des Vaters. Hierüber bestimmt § 444:

> „Die Haftung für den dem außerehelichen Kinde und dessen Mutter zu gewährenden Unterhalt bleibt nach dem Tode des Vaters auf dessen Nachlaß ruhen, jedoch nur in dem Maße, das dem Teile des Nachlasses entspricht, welcher dem Kinde zugefallen wäre, wenn es ein eheliches wäre.
>
> Die Erben können sich von der Unterhaltspflicht gegenüber dem Kinde und von der durch § 443 begründeten Unterhaltspflicht gegenüber der Mutter befreien, wenn sie dem außerehelichen Kinde die Hälfte des Teils der Erbschaft überlassen, der dem Kinde zugefallen wäre, wenn es ein eheliches wäre."

Hier soll also, trotzdem die Mittel des Nachlasses hinreichend sind, der Unterhalt von Kind und Mutter geschmälert werden im Interesse von entfernten Verwandten des Erblassers oder gar im Interesse von Testamentserben. Das entspricht weder der Billigkeit noch auch der sonstigen Stellung des Entwurfs in Ansehung der außerehelichen Kinder. Ich möchte daher folgende Fassung in Vorschlag bringen:

> Die Haftung gemäß §§ 437, 439, 442 und 443 erlischt nicht mit dem Tode des Vaters des außerehelichen Kindes.
>
> Ist ein Erbe pflichtteilsberechtigt, so kann er die Leistung insoweit verweigern, als sein Pflichtteil durch dieselbe geschmälert würde.
>
> War ein Erbe gegenüber dem Erblasser unterhaltsberechtigt, so kann er, solange als seine Bedürftigkeit besteht, zur Gewährung des Unterhalts nur unter Berücksichtigung seines eigenen Unterhalts verurteilt werden.

Bedenklich ist auch die Vorschrift des § 445. Sie atmet den dem außerehelichen Kinde feindlichen Geist des Code civil, an dessen Art. 432 sie sich anlehnt. Darnach soll nämlich ein Kind, wenn es gegenüber einer Frau auf Anerkennung als deren außereheliches Kind klagt, den Beweis erbringen dürfen lediglich durch das Geburtsregister oder durch andere schriftliche Beweismittel, also wohl insbesondere durch Urkunden oder Briefe, in denen die Beklagte sich zur Mutterschaft bekennt.

Das bedeutet aber nichts anderes, als es dem guten Willen der Frau anheimzustellen, ob sie ihr außereheliches Kind als solches gelten lassen will oder nicht. Will sie das nicht, so ist ein solches Wesen vollkommen rechtlos, denn wenn nicht festgestellt werden darf, von wem es geboren ist, so ist es auch absolut unmöglich festzustellen, von wem es erzeugt ist.

Diese bedauerliche Vorschrift findet sich zuerst im zweiten Entwurf. Man wird vielleicht hoffen dürfen, daß der Gesetzgeber sie durch die entsprechende Vorschrift des ersten Entwurfs (§ 314) ersetzt. Dieselbe lautete:

> „Ein außereheliches Kind kann, wenn im Geburtsregister die Angabe der Mutter fehlt, oder wenn behauptet wird, daß die Angabe unrichtig sei, gerichtlich den Beweis seiner Geburt von einer bestimmten Frau erbringen. Das Recht eine solche Klage zu erheben erlischt, wenn fünf Jahre verflossen sind, nachdem das Kind die Volljährigkeit erreicht hat.“

Die Motive zu dieser Vorschrift (Mot. II. 1 S. 567—569) wenden sich ausdrücklich und mit guten Gründen gegen eine Regelung dieser Frage, wie sie der zweite Entwurf in Vorschlag bringt.

## Legitimation.

Außer der Legitimation regelte der erste Entwurf (§§ 325 bis 326), in Anlehnung an den Code civil, auch noch die „freiwillige Anerkennung". Darnach sollte ein außereheliches Kind, wenn der Vater sich freiwillig und in der vorgeschriebenen Form zur Vaterschaft bekannt hatte, dem Vater gegenüber in Ansehung der Erziehung und des Unterhalts dieselben Rechte haben wie ein eheliches, es sollte den Familiennamen (nicht aber Geburtstitel und Standesrechte) des Vaters erhalten und schließlich war ihm, gegenüber dem Vater, auch ein beschränktes Erbrecht eingeräumt. Diese Bestimmungen sind im zweiten Entwurf nicht wiederholt.

Die Legitimation eines außerehelichen Kindes erfolgt entweder durch nachfolgende Ehe oder auf Allerhöchsten Ukas.

Gleich wie nach BGB. § 1719 erlangt das uneheliche Kind durch die Eheschließung seiner Eltern die Rechte eines ehelichen Kindes (§ 446 und § 451). Jedoch kann ein volljähriges Kind den Erwerb dieser Rechte ablehnen (§ 448 Abs. 3). Die Legitimation erstreckt sich nicht auf ein Kind, welches im Geburtsregister als einer anderen Ehe entstammend eingetragen ist, es sei denn, daß dessen eheliche Geburt rechtswirksam angefochten ist (§ 447). Die „Beurkundung der Legitimation", d. h. eine dahingehende Änderung des Geburtsregisters, erfolgt auf Grund eines Urteils des zuständigen Bezirksgerichts, welches nach Anhörung des Staatsanwalts erlassen wird (§ 737). Beantragt werden kann diese Beurkundung von den Eltern, von dem Kinde selbst, sowie von dessen Nachkommen (§ 448). Solange das Kind am Leben ist, kann der Antrag jederzeit gestellt werden; nach dessen Tode nur, wenn das Kind vor Vollendung des 26. Lebensjahres verstorben ist, und auch dann nicht später als 10 Jahre nach dessen Tode (§ 449). Die Beurkundung kann angefochten werden von jedem Interessenten bis zum Ablauf einer zweijährigen Frist. Ein durch Allerhöchsten Ukas legitimiertes Kind gilt als ein eheliches mit dem Erlasse dieses Ukases (§ 454). Soweit in dem Ukase nicht Abweichendes bestimmt ist hat die Legitimation folgende Wirkungen: Das legitimierte Kind nebst seiner Nachkommenschaft und der Vater des Kindes haben einander gegenüber dasselbe Erbrecht, welches das Gesetz den Adoptivkindern nebst deren Nachkommenschaft und dem Adoptivvater einander gegenüber einräumt. Dagegen haben das legitimierte Kind und die Verwandten des Vaters einander gegenüber weder ein Erbrecht noch auch sonstige aus der ehelichen Verwandtschaft fließende Rechte (§ 455).

## Adoption.

Hier steht der Entwurf im wesentlichen auf demselben Standpunkte wie das BGB. Nur in einigen Punkten finden Abweichungen statt. Insbesondere braucht der Adoptierende bloß das dreißigste Lebensjahr vollendet haben (§ 461). Dagegen gewährt der Entwurf erhebliche Erleichterungen für die Adoption eigener außerehelicher Kinder. Darüber bestimmt § 467:

> „Für die Adoption eigener außerehelicher Kinder gelten folgende Abweichungen: 1. Adoptieren kann ein Volljähriger auch vor Vollendung des dreißigsten Lebensjahres und auch dann, wenn er nicht um achtzehn Jahre älter ist als das zu adoptierende Kind; 2. die Adoption ist auch zulässig, wenn der Adoptierende eigene eheliche oder legitimierte Kinder hat.

## Pflegekinder.

Abweichend vom BGB. und dem schweizerischen Zivilgesetzbuche, aber in Übereinstimmung mit dem preußischen Landrechte und dem Code civil trifft der Entwurf auch einige Bestimmungen über die rechtlichen Verhältnisse der Pflegekinder (§§ 475—477).

Die Pflegeeltern sind verpflichtet, dem Kinde bis zur Volljährigkeit Unterhalt zu gewähren, für seine Person, seine sittliche und religiöse Erziehung Sorge zu tragen und es zu einer nützlichen Tätigkeit vorzubereiten. Die Vertretungsmacht und die Verwaltung des Vermögens des Kindes steht dem Pflegevater nicht zu, es sei denn, daß er zum Vormunde ernannt ist. Das Kind hat den Pflegeeltern Ehrerbietung zu erweisen und ist, solange als es bei den letzteren wohnt oder auf deren Kosten lebt, verpflichtet, ihnen zu gehorchen und ihnen nach Möglichkeit in ihrem Haushalte, ihrer Arbeit oder ihrem Gewerbe behilflich zu sein.

Die Eltern können ihr Kind von den Pflegeeltern zurückverlangen, wenn dessen Verbleiben bei den letzteren einen schädlichen Einfluß auf die Gesundheit oder die Sittlichkeit des Kindes ausübt.

Leider bestimmt der Entwurf nichts über die Voraussetzungen und die Form einer solchen „Annahme als Pflegekind". Er beschränkt sich lediglich auf die Bemerkung, daß, falls das Kind Eltern hat, die Zustimmung der letzteren zur Annahme erforderlich sei. Sollte man etwa eine Waise ohne Zustimmung des Vormundes resp. der Vormundschaftsbehörde als Pflegekind annehmen dürfen?

## Verwandtschaft.

Hier wird zunächst der Begriff der Verwandtschaft in seinem allgemeinsten Sinne behandelt und zwar lediglich als Blutsgemeinschaft ohne Rücksicht darauf, ob dieselbe vermittelt ist durch Geburt in der Ehe oder außerhalb der Ehe. Wo das Gesetz gewisse Folgen nur an die eheliche Verwandtschaft knüpfen will, hebt es dieses ausdrücklich hervor. Demgemäß bestimmt § 478 Satz 1 ganz allgemein:

> „Personen, deren eine von der anderen abstammt, oder die von einem gemeinsamen Stammvater abstammen, stehen zueinander in Verwandtschaft."

Im folgenden werden erörtert die Unterscheidungen von vollbürtigen und halbbürtigen Geschwistern, von aufsteigender und absteigender Linie von gerader Linie und Seitenlinie, ferner die Bedeutung des Grades und die Berechnung der Gradesnähe; in letzter Beziehung gibt der § 481 sowohl die römische als auch die im Eherechte der Katholiken zu verwendende kanonische Berechnung.

§ 484 erörtert die Arten und Grade der Schwägerschaft.

## Unterhaltspflicht der Verwandten und Ehegatten.

Allgemein bestimmt zunächst § 485:

„Zur Gewährung des Unterhalts sind verpflichtet zunächst der Ehegatte und dann nacheinander die Deszendenten, die Aszendenten und die Geschwister."

Die Aszendenten und Deszendenten werden von der Unterhaltspflicht in derselben Reihenfolge getroffen, in der sie zur Erbfolge berufen sind (§ 486).

Personen, die nebeneinander von der Unterhaltspflicht getroffen werden, haften zu gleichen Teilen. Jedoch kann das Gericht unter Berücksichtigung der verschiedenen Vermögenslage der Verpflichteten oder aus sonstigen beachtenswerten Gründen das Maß der Haftung in anderer Weise festsetzen. Das Gericht kann auch, wenn die in erster Reihe Verpflichteten nicht sofort zu erreichen sind, vorläufig die Unterhaltspflicht den erst bei Fortfall dieser Personen Verpflichteten auferlegen, indem es diesen das Recht vorbehält, von den in erster Reihe Verpflichteten Ersatz zu verlangen (§ 487).

Nach § 488 sind von der Unterhaltspflicht befreit Personen, die selbst über so geringe Mittel verfügen, daß sie bei Erfüllung der Unterhaltspflicht die ihren eigenen Bedürfnissen und ihrer Lebensstellung entsprechende Lebenshaltung nicht bestreiten könnten.

Nach § 489 sind unterhaltsberechtigt nur Personen, die kein eigenes ausreichendes Vermögen haben und nicht imstande sind, durch ihre Arbeit sich zu unterhalten.

Diese beiden Vorschriften (§ 488 und § 489) finden jedoch keine Anwendung im Verhältnisse von Ehegatten sowie auch von Eltern und Kindern zueinander (§ 490).

Werden gegenüber einer Person von mehreren Personen Unterhaltsansprüche geltend gemacht und ist dieselbe nicht imstande, allen Ansprüchen gerecht zu werden, so sind die Unterhaltsberechtigten in folgender Reihenfolge zu befriedigen: 1. der Ehegatte und die minderjährigen, unverheirateten Kinder, 2. die übrigen Kinder und die anderen Deszendenten, 3. die Aszendenten, 4. die minderjährigen Geschwister. Die Ansprüche der in Punkt 2 und 3 genannten Personen sind in derselben Reihenfolge zu befriedigen, in der diese Personen zur gesetzlichen Erbfolge gegenüber dem Unterhaltspflichtigen berufen wären (§ 491).

Die soeben dargestellten Vorschriften leiden an einiger Unklarheit. Nach § 405 erlischt der Anspruch der Kinder gegen die Eltern, wenn jene selbständig geworden sind resp. wenn die Tochter sich verheiratet hat. Nach § 491 Nr. 2 scheint aber auch den bereits selbständig gewordenen Kindern resp. der verheirateten Tochter ein Anspruch auf Unterhalt zuerkannt zu sein, und zwar — gemäß dem Wortlaute des § 490 — auch dann, wenn sie eigenes Vermögen haben und imstande sind, sich durch eigene Arbeit zu unterhalten. Hier liegt offenbar eine nicht beabsichtigte irreführende Ausdrucksweise vor, die sich leicht beheben ließe.

Hat ferner jemand Kinder und von verstorbenen Kindern Enkel, so scheint mir durch die Billigkeit geboten, daß die letzteren denselben Anspruch auf Unterhalt haben wie die Kinder; nach § 491 Punkt 1 gehen aber die minderjährigen Kinder den Enkeln vor.

Über den Umfang der Unterhaltspflicht bestimmt § 492, daß der Unterhalt zu gewähren ist entsprechend den Vermögensverhältnissen des Verpflichteten und den persönlichen Bedürfnissen sowie auch der gesellschaftlichen Stellung des Berechtigten. Zum Unterhalt eines Minderjährigen gehören auch Erziehung und Unterricht. Der Unterhaltspflichtige hat auch die Kosten der Bestattung des Unterhaltsberechtigten zu tragen, soweit sie der Erbe nicht zu tragen hat.

Lediglich notdürftigen Unterhalt haben die Geschwister zu beanspruchen und auch nur während der Zeit ihrer Minderjährigkeit. Desgleichen ist nur notdürftiger Unterhalt zu gewähren den Personen, die sich dem Unterhaltsverpflichteten gegenüber eines Verhaltens schuldig gemacht haben, das diesen berechtigen würde, ihnen den Pflichtteil zu entziehen, sowie auch den Personen, die durch Faulheit oder Laster in Not geraten sind (§ 493).

Der Verpflichtete kann nach seiner Wahl den Unterhalt in Geld oder in Natur (Wohnung, Kleidung, Nahrung und Pflege) gewähren; bei Vorliegen eines beachtenswerten Grundes kann das Gericht jedoch auf Bitte des Berechtigten anordnen, daß der Unterhalt in Geld zu gewähren sei (§ 494).

Bei veränderten Umständen kann das Gericht den Betrag des zu gewährenden Unterhalts erhöhen oder herabsetzen oder den Verpflichteten gänzlich von der Leistung befreien (§ 495).

Ein Verzicht auf in Zukunft zu gewährenden Unterhalt ist nicht zulässig (§ 499).

Die Unterhaltspflicht erlischt mit dem Tode des Verpflichteten (§ 500). Durchbrochen ist dieser Satz zu Gunsten der unehelichen Kinder (§ 444), wie oben dargelegt ist; zu Gunsten des Ehegatten, der Abkömmlinge und der Eltern wird seine Wirkung gemildert durch das diesen Personen zustehende Pflichtteilsrecht; in Ansehung der entfernteren Aszendenten und der Geschwister erscheint die Vorschrift in dieser Allgemeinheit als der Billigkeit nicht entsprechend.

## Handlungsfähigkeit der Minderjährigen und der Entmündigten.

Das heute geltende Recht (X. 1 § 213) unterscheidet innerhalb der Minderjährigkeit drei Altersstufen: von der Geburt bis zur Vollendung des vierzehnten Lebensjahres, von da ab bis zum vollendeten siebenzehnten Lebensjahre und schließlich von diesem Zeitpunkte an bis zum vollendeten einundzwanzigsten Lebensjahre. In der ersten Altersstufe ist das Kind vollkommen geschäftsunfähig (X. 1 § 217 und § 218), an Stelle desselben handelt der gesetzliche Vertreter, also der Vater, die Mutter oder der Vormund, welch letzter im Gesetz als opekun (etwa tutor) bezeichnet wird. Die Erreichung der zweiten Altersstufe gibt dem Kinde ausschließlich e i n Recht: es kann an Stelle des bisherigen Vormundes sich selbst einen anderen wählen; diesen nennt das Gesetz popetschitelj (etwa curator); er hat aber genau dieselben Rechte und Pflichten wie der bisherige opekun. Mit Vollendung des siebenzehnten Lebensjahres wird die Stellung des Minderjährigen freier: er kann selbständig „sein Gut (imenije) verwalten“. Diese Redewendung des Gesetzes (X. 1 § 220) ist nicht ganz klar. Erwägt man jedoch, daß derselbe Paragraph ausdrücklich für jede Verfügung und Verpflichtung die Zustimmung des popetschitelj verlangt, daß das Wort imenije, gleich dem deutschen Worte „Gut“, zwar auch das Vermögen im allgemeinen bezeichnen kann, regelmäßig aber nur im Sinne von Landgut oder Grundstück gebraucht wird, und daß schließlich diese Vorschrift aus einer Zeit stammt, in welcher als Vermögen überwiegend nur Landgüter in Betracht kamen, so wird man die herrschende Auffassung wohl als zutreffend bezeichnen können, wenn sie in dem Worte „verwalten“ nur eine Bewirtschaftung des Landgutes erblickt unter Ausschluß aller Rechtsgeschäfte, die nicht in unmittelbar notwendiger Beziehung zu dieser Bewirtschaftung stehen.

Schon ein Reichsratsgutachten vom Jahre 1864 brachte die Beseitigung dieser drei Stufen in Vorschlag; auf denselben Standpunkt stellten sich auch drei nicht Gesetz gewordene Entwürfe einer Vormundschaftsordnung aus den Jahren 1865, 1876 und 1896, und schließlich auch der uns hier vorliegende Entwurf. Nach den Motiven (II. 2 S. 77) soll jeder Minderjährige in seiner Handlungsfähigkeit wie folgt beschränkt sein: Der Vater resp. die Mutter oder der Vormund verwalten das Vermögen des Minderjährigen, schließen in seinem Namen Verträge, erfüllen seine Verbindlichkeiten, erheben Kapitalien, Einkünfte und sonstige ihm gebührende Beträge, klagen und „stehen Antwort vor Gericht“. Der Minderjährige selbst kann kein Geschäft vornehmen, soweit nicht das Gesetz Abweichendes bestimmt. Der Vormund heißt stets opekun; den Ausdruck popetschitelj gebraucht der Entwurf im Sinne des deutschen Wortes Pfleger, analog der Auffassung des BGB.

Eine sehr wichtige Abweichung vom BGB. liegt darin, daß der Entwurf regelmäßig nur von Minderjährigen schlechthin redet und nur für Personen, die das achtzehnte Lebensjahr vollendet haben, besondere Vorschriften trifft, während die Vollendung des siebenten Lebensjahres ohne Einfluß auf die Handlungsfähigkeit ist. Da jedoch der bereits oben (S. 25) besprochene § 93 ein Geschäft für schlechthin nichtig erklärt, das in einem Zustande vorgenommen ist, in welchem die handelnde Person „nicht imstande war, verständig zu handeln und die Bedeutung seiner Handlung zu ermessen“, so wird bei allen Geschäften der Minderjährigen jedesmal zu untersuchen sein, ob der Minderjährige gemäß seinem jugendlichen Alter überhaupt imstande war, sich Rechenschaft über sein

Tun zu geben. Immerhin aber läßt sich aus dem Entwurfe nicht der unbedingte Grundsatz entnehmen, daß die Geschäfte eines Kindes unter sieben Jahren ausnahmslos nichtig sein sollen. Und das ist vielleicht nicht so übel.

Die einschlägigen Bestimmungen des Entwurfs sollen hier in Gegenüberstellung zu den entsprechenden Vorschriften des BGB. zur Darstellung gelangen.

An die Spitze dieses Abschnittes stellt der Entwurf den Satz, daß ein Minderjähriger von seinen Eltern oder seinem Vormunde vertreten wird, sowie daß letzteren die Verwaltung des Vermögens des Minderjährigen obliegt (§ 501).

Ähnlich wie BGB. erklärt der Entwurf alle unentgeltlichen Erwerbsgeschäfte des Minderjährigen für wirksam, auch ohne daß eine Mitwirkung jener gesetzlichen Vertreter erforderlich wäre (§ 502). Zur Wirksamkeit aller anderen Geschäfte bedarf es der Zustimmung des gesetzlichen Vertreters, soweit nicht das Gesetz eine Abweichung bestimmt (§ 508).

Dieses wird im folgenden ausgeführt und näher präzisiert:

1. Dem unentgeltlichen Erwerb stellt der Entwurf (§ 502) gleich, was der Minderjährige „durch seine Arbeit erwirbt". Dieser Zusatz ist meines Erachtens entbehrlich und kann leicht zu Mißverständnissen Anlaß geben, wie denn der § 502 überhaupt etwas unklar gefaßt ist. Er lautet:

> „Der Minderjährige kann auch ohne Mitwirkung der Eltern oder des Vormundes Vermögen erwerben durch seine Arbeit oder unentgeltlich durch Erwerbsarten, die vom Gesetze zugelassen sind und durch die ihm keinerlei Verbindlichkeit auferlegt wird."

Soll damit gesagt sein, daß der Minderjährige, nachdem er bereits den übernommenen Dienst geleistet hat, den Anspruch auf die zugesagte Vergütung erwirbt, ohne daß es einer Genehmigung des gesetzlichen Vertreters bedarf, so erscheint mir das ganz überflüssig, denn schwerlich wird sich ein gesetzlicher Vertreter finden, der in einem solchen Falle bei Erteilung der Genehmigung Schwierigkeiten machen würde. Ist dagegen gemeint, daß die durch die Arbeit des Minderjährigen verdiente Vergütung diesem selbst gezahlt werden kann, dann läge darin ein Widerspruch zu der unten zu besprechenden Vorschrift des § 512, der eine solche Zahlung nur unter bestimmten Voraussetzungen wirksam sein läßt.

2. Ein Geschäft, durch welches der Minderjährige nicht lediglich einen unentgeltlichen Erwerb macht, ist nach § 508 für ihn nicht verbindlich, es sei denn, daß er selbst nach Erreichung der Volljährigkeit das Geschäft genehmigt, oder daß das Geschäft von dem gesetzlichen Vertreter und, wo solches erforderlich ist, vom Vormundschaftsgericht genehmigt wird. Die Genehmigung hat in beiden Fällen rückwirkende Kraft. Eine besondere Zustimmung des gesetzlichen Vertreters ist in folgenden Fällen nicht erforderlich:

a) Ein Minderjähriger, dem der gesetzliche Vertreter gestattet hat, „sich zu Diensten, Handarbeiten oder sonstigen Arbeitsleistungen zu vermieten", kann selbständig einen Dienstvertrag schließen. Der gesetzliche Vertreter kann die Gestattung widerrufen, jedoch unbeschadet der Rechte, die ein Dritter aus dem bereits geschlossenen Vertrage erworben hat. Gegen eine hieraus sich etwa ergebende Benachteiligung des Minderjährigen schützt ihn der sofort zu besprechende § 507 sowie auch die im Obligationenrecht beim Dienstvertrage zu behandelnden §§ 1950 und 1954.

b) Ein Minderjähriger kann die Ersparnisse aus seinem Arbeitsverdienst, wie überhaupt Summen, die ihm zur persönlichen Verfügung überlassen sind, in einer Sparkasse oder einem anderen Kreditinstitut einzahlen und die eingezahlten Summen erheben ohne Zustimmung seines gesetzlichen Vertreters (§ 504). Dieser Paragraph ist meines Erachtens nicht sehr glücklich gefaßt: Soll die Sparkasse etwa verpflichtet sein, das Vorliegen dieser Voraussetzungen zu prüfen?

c) Ein Minderjähriger, der das achtzehnte Lebensjahr vollendet hat, ist berechtigt, Verträge zu schließen, die seine gewöhnlichen Lebensbedürfnisse betreffen und seiner Vermögenslage und Lebensstellung entsprechen. Das gilt auch für Personen unter achtzehn Jahren, die verheiratet sind oder getrennt von ihren Eltern, Vormündern, Lehrern, Meistern oder Dienstherren wohnen (§ 505).

Diese gewiß sehr empfehlenswerte Vorschrift ist nach einer Bemerkung der Motive (II. 2 S. 86) in Anlehnung an das englische Gesetz vom 12. 8. 1874 geschaffen, welches unter der gleichen Voraussetzung die von Minderjährigen geschlossenen „contracts for necessaries“ für wirksam erklärt.

d) Ein Vertrag, den ein Minderjähriger gemäß den vorstehenden Bestimmungen ohne Zustimmung seines gesetzlichen Vertreters geschlossen hat, kann für unwirksam oder „weiterer Erfüllung nicht unterliegend“ erklärt werden, wenn sich ergibt, daß der andere Teil die Unerfahrenheit des Minderjährigen mißbraucht hat. Eine dahinzielende Klage kann vom Minderjährigen selbst oder ohne dessen Zustimmung vom gesetzlichen Vertreter erhoben werden (§ 507).

e) Nur auf Grund der Minderjährigkeit eines Kontrahenten kann ein Vertrag nicht für unwirksam erklärt werden, wenn der Minderjährige den Vertrag mit Mitteln erfüllt hat, die ihm zu persönlicher Verfügung überlassen waren (§ 510). Diese Regel gilt also — abweichend von § 110 BGB. — auch dann, wenn die Mittel von einer dritten Person herrührten und dem Minderjährigen ohne Zustimmung des gesetzlichen Vertreters überlassen waren.

3. An einen Vertrag, der der Zustimmung des gesetzlichen Vertreters bedarf, ist der andere Teil, auch bevor die Zustimmung erfolgt, gebunden, es sei denn, daß der gesetzliche Vertreter auf eine von dem anderen an ihn gerichtete Aufforderung zur Erteilung der Genehmigung bis zum Ablauf eines Monats keine bestimmte Erklärung abgibt (§ 509).

4. Besondere Vorschriften gelten in betreff der von dem Schuldner des Minderjährigen an letzteren zu bewirkenden Leistungen. Hierüber bestimmt § 512:

> „Eine Schulderfüllung, die an einen Minderjährigen erfolgt, der zur Entgegennahme der Leistung nicht berechtigt ist, hat keine Wirkung, mit Ausnahme folgender Fälle:
>
> 1. wenn die gezahlte Summe oder die übergebene Sache an den gesetzlichen Vertreter gelangt oder sich noch bei dem Minderjährigen befindet;
> 2. wenn das Geleistete zum wirklichen Nutzen des Minderjährigen verwendet ist;
> 3. wenn die Leistung von dem gesetzlichen Vertreter oder — nach Erreichung der Volljährigkeit — von dem Minderjährigen selbst als Erfüllung anerkannt ist.

5. Nach § 513 soll ein Minderjähriger, der sich bewußt wahrheitswidrig für volljährig ausgibt und dadurch einen anderen ohne dessen Fahrlässigkeit bestimmt, mit ihm einen Vertrag zu schließen oder an ihn eine Leistung zu bewirken, dem anderen für den Schaden haften, der diesem infolge der Unwirksamkeit des Vertrages oder der Schulderfüllung erwächst.

Dieser Satz ergibt sich wohl schon aus den allgemeinen vom Entwurf an anderer Stelle ausgesprochenen Deliktsgrundsätzen. Da jedoch der Entwurf, wie erwähnt, solche Wiederholungen im Interesse der leichteren Übersichtlichkeit geradezu für wünschenswert erklärt, so soll gegen die Bestimmung an sich nichts eingewendet werden. Indessen wäre doch zu empfehlen, daß hier ausdrücklich betont würde, daß auf diese Haftung die Regeln über Delikte Anwendung finden, da sonst in der Praxis leicht die Auffassung entstehen könnte, es handle sich hier um eine besonders geartete Haftung, bei der das Vorliegen der für Delikte erforderten Voraussetzungen nicht zu prüfen sei.

In § 518 werden den Minderjährigen gleichgestellt die wegen Taubstummheit, Stummheit, Verschwendung oder Trunksucht entmündigten Personen. Die wegen Geisteskrankheit Entmündigten sind dagegen als vollkommen handlungsunfähig bezeichnet (§ 517). Die hiermit übereinstimmende Regelung des BGB. hat, wie bekannt, zu sehr ernsthaften und wohlbegründeten Ausstellungen Anlaß gegeben, und da der Entwurf nicht einmal eine besondere Entmündigung wegen Geistesschwäche, mit geringeren Wirkungen, kennt, so würde sich eine gründliche Revision dieser Frage wohl dringend empfehlen.

In diesem Abschnitt behandelt der Entwurf (§§ 514—516) auch die „Selbständigkeitserklärung“ eines Minderjährigen, die im wesentlichen entsprechend dem BGB. geregelt ist, mit nur zwei Abweichungen:

a) Zu Verfügungen über Grundstücke bedarf der für selbständig Erklärte der Genehmigung der Obervormundschaftsbehörde; .

b) wenn er die ihm „gewährte Selbständigkeit“ mißbraucht, kann ihm dieselbe von der Obervormundschaftsbehörde wieder entzogen werden.

## Vormundschaft und Pflegschaft.

Im Gegensatz zur bisherigen Darstellung glaube ich mich hier sehr kurz fassen zu dürfen. Das Vormundschaftsrecht des Entwurfs (§§ 519—694) ist nach seinem ganzen Aufbau und auch inhaltlich dem Vormundschaftsrechte des BGB. sehr verwandt. Die grundlegenden Gedanken sind weder neu noch originell. Die Einzelbestimmungen haben überwiegend einen mehr formalen Charakter und regeln in sehr detaillierter Weise die Einsetzung der Vormundschaft, die Geschäftsführung des Vormundes und seine Kontrolle durch die Staatsgewalt; eine erschöpfende Darstellung derselben wäre kaum geeignet, das Interesse des Lesers wach zu erhalten.

Aus diesen Gründen will ich mich darauf beschränken, nur die wesentlichsten Neuerungen gegenüber dem geltenden russischen Rechte und einige wichtige Abweichungen vom BGB. kurz hervorzuheben.

Wie bemerkt, unterscheidet der Entwurf nicht wie das bisherige Gesetz innerhalb der Minderjährigkeit drei verschiedene Altersstufen. Vielmehr schafft er eine einheitliche Vormundschaft: vom ersten Augenblicke des Lebens des Minderjährigen bis zu dem Zeitpunkte, in welchem er die Volljährigkeit erreicht, hat der Vormund seine Aufgaben im wesentlichen nach den gleichen Grundsätzen zu erfüllen.

Einige Modifikationen erfährt die Regelung des Vormundschaftsrechts in Ansehung der Personen, die dem Bauernstande angehören (§§ 673 ff.); hier gelten vereinfachte Grundsätze für die Führung der Geschäfte, und einige Pflichten, die sonst dem Vormunde obliegen, werden hier dem Gemeindeältesten zugewiesen.

Vormund kann sein sowohl ein Mann wie eine Frau; auch wird nicht erfordert, daß der Vormund russischer Staatsangehöriger sei (§ 534). Für die Geschäftsführung kann der Vormund stets eine Vergütung von mindestens 5 % der reinen Einkünfte aus dem Vermögen des Bevormundeten beanspruchen (§ 589).

Bezüglich der entmündigten Volljährigen ist bestimmt, daß die Einkünfte aus dem Vermögen derselben in erster Reihe auf ihren Unterhalt zu verwenden sind. Der Rest kann den volljährigen Kindern zur freien Verfügung ausgehändigt werden. Mit Genehmigung der Obervormundschaftsbehörde kann auch das Kapital des Entmündigten angegriffen werden, um einer Tochter desselben eine Mitgift oder einem sonstigen Abkömmling eine Beihilfe zur Begründung einer selbständigen Lebensstellung zu gewähren (§ 656 und § 657).

Auch das Institut des Familienrates ist dem Entwurfe bekannt. Ein solcher ist insbesondere dann einzusetzen, wenn es sich um die Verwaltung ausgedehnter Vermögenskomplexe handelt. Er berät unter dem Vorsitze des Vormundschaftsbeamten und ist über alle Angelegenheiten zu hören, die regelmäßig der Kompetenz des letzteren unterstehen (§§ 622—646). Besteht kein Familienrat, so hat der Vormundschaftsbeamte in besonders wichtigen Fällen die ihm bekannten männlichen und weiblichen Verwandten des Bevormundeten zu laden und sie um ihre Meinung zu befragen (§§ 647—652).

Die Anordnung einer Pflegschaft erfolgt nach dem Entwurfe im wesentlichen aus denselben Gründen und zu denselben Zwecken wie nach BGB. (§§ 661—672).

## Akte des Zivilstandes.

Auch hier kann es nicht die Aufgabe des Berichterstatters sein, eine eingehende Darstellung der Bestimmungen dieses Abschnittes (§§ 695—739) zu geben, um so mehr, als dieselben ganz überwiegend den Charakter von Dienstvorschriften tragen, die sich auf den sogenannten „inneren Dienst" beziehen. Bemerkt sei nur folgendes:

Die Führung der Zivilstandes-Register liegt ob den Geistlichen, welche „die Religionsakte vollziehen, die verbunden sind mit der Geburt, der Eheschließung und dem Tode". Die Register werden also für die Angehörigen der einzelnen Glaubensgemeinschaften getrennt geführt. Nur für die Sekten, welche keine von der staatlichen Obrigkeit bestätigten Religionsdiener haben, sowie für die Lamaiten und Heiden wird das Register von der Ortspolizeibehörde geführt (§ 696).

Die Eintragung in das Geburtsregister erfolgt unverzüglich nach der Taufe oder des an die Stelle derselben tretenden religiösen Aktes. Die Eintragung in das Heiratsregister erfolgt unverzüglich nach der Eheschließung; die Eintragung in das Sterberegister, nachdem der Geistliche sich von dem Tode desjenigen überzeugt hat, bei dessen Bestattung er mitzuwirken hat.

Eine Berichtigung der Eintragung kann nur erfolgen auf Verfügung des Bezirksgerichts, die nach Anhörung des Staatsanwalts getroffen wird (§ 737).

Entscheidungen der Gerichte betreffend die Ehelichkeit oder Außerehelichkeit eines Kindes, sowie Entscheidungen, durch welche eine Ehe für geschieden oder für ungültig erklärt wird, sind dem Geistlichen, dem die Führung des Registers obliegt, mitzuteilen.

# Erbrecht.

Am meisten der Reform bedürftig, weil in vielen grundlegenden Fragen gänzlich veraltet und in vielen wichtigen Partien nur höchst fragmentarisch geregelt, ist das heute in Rußland geltende Erbrecht. Hier greift denn auch der Entwurf am tiefsten ein, ohne jedoch völlig mit dem historisch Gegebenen zu brechen: wenngleich fast in jedem einzelnen Teile wesentliche Umgestaltungen und Neuerungen nachzuweisen sind, so trägt das Erbrecht des Entwurfs doch nicht den Charakter eines neu ersonnenen oder rezipierten Rechts, sondern läßt vielmehr deutlich erkennen, daß es unmittelbar aus dem heute geltenden, auf Gesetz und Senatsentscheidungen sich gründenden, russischen Erbrechte erwachsen ist. Da nun aber das letztere fast in allen grundlegenden Fragen vom Rechte des BGB., vom gemeinen Rechte und von den früheren deutschen Partikularrechten abweicht, so wird es zum Verständnisse des Entwurfs unerläßlich sein, daß wir in dieser Materie in höherem Maße als dieses beim Familienrechte geschehen ist, auch die Vorschriften des heute geltenden Rechts zum Gegenstand der Darstellung machen, und es wird sich empfehlen, schon hier in der Einleitung die wichtigsten Grundsätze desselben hervorzuheben.

Die successio in universitatem ist in das russische Recht nicht eingedrungen, vielmehr unterliegt die Nachfolge von Todes wegen verschiedenen Grundsätzen in Ansehung der einzelnen Bestandteile des Nachlasses. Insbesondere unterscheidet das Gesetz Stammgüter und wohlerworbenes Vermögen. Stammgüter sind Grundstücke, die der Erblasser ab intestato erlangt hat oder — zwar auf Grund eines Testaments — jedoch von einer Person, nach deren Tode ihm dieses Grundstück auch ab intestato zugefallen wäre. Über ein Stammgut kann der Eigentümer zwar unter Lebenden frei verfügen, jedoch (mit einer entlegenen Ausnahme in X. 1 § 1068) nicht von Todes wegen; es vererbt sich nur ab intestato und zwar in der Seitenlinie nach dem Satze paterna paternis — materna maternis. Alles, was nicht Stammgut ist, heißt wohlerworbenes Vermögen. Auch Mobilien und Immobilien erfahren eine verschiedene Behandlung bei der gesetzlichen Erbfolge. Darüber später.

Der Satz „nemo pro parte testatus pro parte intestatus decedere potest" ist dem russischen Rechte fremd geblieben.

Ganz eigenartig ist die Haftung des Erben für die Nachlaßschulden gestaltet. Der Alleinerbe haftet für jede Schuld im ganzen mit seinem gesamten Vermögen. Ein Miterbe haftet für jede Schuld pro rata mit seinem gesamten Vermögen; der Anteil, zu dem er haftet, wird berechnet nach dem Verhältnis, in welchem der Wert des ihm Zugefallenen (eine Unterscheidung zwischen Erwerb durch Erbfolge oder durch Vermächtnis wird nicht gemacht) zu dem Werte des ganzen Nachlasses steht. Hierbei ist die Beweislast nach konstanter Praxis (vgl. Entscheidungen des Senats 1876 Nr. 549, 1877 Nr. 330, 1885 Nr. 36) in folgender Weise geregelt: Der Gläubiger kann jeden, der aus dem Nachlaß von Todes wegen etwas erlangt hat, auf die Schuld im ganzen belangen; dem Beklagten ist anheimgestellt, seine Haftung auf einen Teil der Schuld zu beschränken, indem er nachweist, daß außer ihm auch noch andere Personen den Verstorbenen beerbt haben und daß er nach Maßgabe des Wertes desjenigen, was diesen anderen zugefallen ist, für die Schuld nur zu einem bestimmten Teile hafte. Irgendwelche Mittel, die Haftung auf den Nachlaß resp. auf das aus dem Nachlaß Erlangte zu beschränken, stehen dem Erben nicht zu Gebote.

Erbverträge und gegenseitige Testamente werden vom geltenden Gesetz ausdrücklich für unwirksam erklärt. Auch eine Nacherbfolge ist ausgeschlossen. Desgleichen besteht kein Pflichtteilsrecht; soweit die Vorschriften über Stammgüter keine Schranken setzen, kann der Erblasser ohne jede Beschränkung über sein Vermögen von Todes wegen verfügen.

Sehr abweichend vom deutschen Recht ist auch die Intestaterbfolge. Sind nur Söhne vorhanden, so erben sie zu gleichen

Teilen. Dasselbe gilt, wenn jemand nur von Töchtern beerbt wird. Konkurrieren Söhne mit Töchtern, so erhalten letztere von Immobilien ein Vierzehntel und vom beweglichen Vermögen ein Achtel, es sei denn, daß sie auf diese Weise mehr erhielten als die Söhne; in solch einem Falle erben Söhne und Töchter zu gleichen Teilen. Praktisch wird diese Ungleichheit gemildert durch die in Rußland weitverbreitete Sitte, der Tochter bei ihrer Verheiratung eine Mitgift auszusetzen, die ihrem Betrage nach gewöhnlich so berechnet wird, daß die Tochter unter Hinzurechnung ihres Erbteils ihren Brüdern ungefähr gleichgestellt ist.

Der überlebende Ehegatte erhält stets, ohne Rücksicht darauf, mit wem er konkurriert, von den Immobilien ein Siebentel und vom beweglichen Vermögen ein Viertel.

Stirbt ein Ehegatte bei Lebzeiten seines Vaters, so kann der überlebende Ehegatte verlangen, daß der Vater des verstorbenen Ehegatten ihm ein Siebentel resp. ein Viertel desjenigen auszahle, was der Verstorbene ab intestato erhalten hätte, wenn sein Vater vor ihm verstorben wäre.

Für die Erbfolge der Seitenverwandten gilt die Parentelordnung, jedoch mit einer erheblichen Einschränkung zuungunsten der weiblichen Seitenverwandten; in betreff dieser gilt der Satz: „Die Schwester ist neben dem Bruder nicht Erbin“; und zwar erstreckt sich diese Regel auf sämtliche Parentelen: jede weibliche Seitenverwandte wird von jedem an sich gleichberechtigten männlichen Seitenverwandten von der Erbfolge ausgeschlossen.

Aszendenten sind von der „Erbfolge“ im Sinne des römischen Rechts regelmäßig ausgeschlossen; nur das Vermögen, das die Aszendenten ihrem Deszendenten bei dessen Lebzeiten zugewendet haben, fällt nach dem Tode des letzteren an sie zurück. An dem übrigen Vermögen des Erblassers können sie nur den Nießbrauch erhalten; quoad dominium werden sie von den entferntesten Seitenverwandten ausgeschlossen.

Die Abweichungen des Entwurfs lassen sich in Kürze wie folgt zusammenfassen: Die Unterscheidung zwischen Stammgütern und wohlerworbenem Vermögen sowie auch die unterschiedliche Behandlung von Immobilien und Mobilien wird aufgehoben. Den Abkömmlingen des Erblassers sowie dessen Ehegatten und Eltern ist ein Pflichtteilsrecht eingeräumt. Im Intestaterbrecht ist das weibliche Geschlecht dem männlichen vollkommen gleichgestellt. Die Parentelordnung ist beibehalten, doch werden nur die Verwandten der fünf ersten Parentelen berufen. Fehlt es an solchen, so wird der Nachlaß „erblos“. Das Erbrecht des überlebenden Ehegatten sowie auch das Erbrecht der Aszendenten ist fast genau so geregelt wie im BGB.

Gleich dem geltenden Rechte läßt auch der Entwurf weder das gemeinschaftliche Testament noch auch den Erbvertrag zu. Desgleichen ist die Anordnung einer Nacherbfolge — abgesehen von einem singulären Falle (§ 1417) — nicht zugelassen.

Die Haftung für die Schulden des Nachlasses kann durch Errichtung eines Inventars auf den Wert des Nachlasses beschränkt werden; bei einer Mehrheit von Erben wird der Anteil des einzelnen an der Schuldenhaftung in derselben Weise bestimmt wie nach geltendem Rechte: alle Personen, die aus dem Nachlasse irgend einen Vermögensvorteil — gleichviel in welcher Form — erlangt haben, heißen Erben und unterstehen den gleichen Grundsätzen.

Überblickt man das Erbrecht des Entwurfs im ganzen, so läßt sich sagen, daß es — abgesehen von einzelnen Partien, die mir sehr reformbedürftig erscheinen — den gelungensten Teil des Entwurfs bildet und daß es auch unter den übrigen heute in Europa geltenden Erbrechtssystemen keineswegs die letzte Stelle einnimmt. Überall zeigt sich ein erfolgreiches Streben nach möglichst einfach gestalteten Rechtsinstituten, nach klarer, gemeinverständlicher Darstellung; und trotz der tief einschneidenden Reformen ist doch überall Rechnung getragen den im Volke befestigten Rechtsanschauungen und den in der Praxis bewährten Erfahrungen; nirgend ist eine Entscheidung getroffen, nur um einer Theorie Genüge zu leisten oder um bestimmten Denkformen gerecht zu werden; ja noch mehr: mancher Satz, der vielleicht einem hie und da vorhandenen Bedürfnisse hätte entsprechen können, ist nicht aufgenommen unter der in den Motiven ausdrücklich ausgesprochenen Begründung, man wolle das Gesetz nicht zu kompliziert gestalten. Darin ist meines Erachtens ein gesunder gesetzgeberischer Takt zu erblicken, denn Einfachheit ist das erste Erfordernis eines jeden Gesetzes, welches als Richtschnur für das gesamte Volk dienen und nicht lediglich eine Beamteninstruktion bleiben will.

## Allgemeine Vorschriften.

Gemäß § 1343 wird die Erbfolge eröffnet nicht nur durch den Tod einer physischen Person, sondern auch infolge einer Verurteilung zu einer Strafe, die „Verlust aller Standesrechte" nach sich zieht, d. h. Todesstrafe, Verbannung zur Zwangsarbeit und Verbannung zur Ansiedelung. Der Verlust aller Standesrechte steht aber nicht dem bürgerlichen Tode im herkömmlichen Sinne gleich, dergestalt, daß der Verurteilte nunmehr aufhörte, ein vermögensfähiges Rechtssubjekt zu sein. Es hat vielmehr nur die Wirkung, daß ein von dem Verurteilten vorher errichtetes Testament hinfällig wird (§ 1433) und die gesetzliche Erbfolge eintritt, d. h. also: das gesamte Vermögen, das der Verurteilte im Zeitpunkt der Rechtskraft des Urteils hatte, geht auf seine gesetzlichen Erben über. Desgleichen verliert der Verurteilte auch für die Folge die Fähigkeit, ab intestato zu erben (§ 1346). Im übrigen aber bleibt er voll rechtsfähig; er kann insbesondere in einem Testament bedacht werden und über das Vermögen, das er in der Folge erworben, testamentarisch verfügen. Eine zum Verlust aller Standesrechte verurteilte Person wird also zweimal beerbt: einmal im Zeitpunkte der Rechtskraft des Urteils, das andere Mal bei ihrem Tode.

Nach § 1345 geht der Nachlaß auf die Erben über auf Grund des Gesetzes oder eines Testaments. Damit ist die Unzulässigkeit der Erbverträge ausgesprochen. Das verdient volle Billigung, denn der praktische Endzweck solcher Verträge — einer Person ein gesichertes Recht auf das Vermögen einer anderen Person nach deren Tode zu gewähren — kann sowohl nach der Regelung des BGB. als auch nach der des schweizerischen Zivilgesetzbuches von dem Verfügenden mit Leichtigkeit im wirtschaftlichen Ergebnis völlig vereitelt werden.

In diesem Abschnitt (§§ 1347—1351) wird auch die Erbnnwürdigkeit geregelt. Eines entsprechenden technischen

Ausdruckes bedient der Entwurf sich aber nicht, sondern redet nur von einer „Ausschließung von der Erbfolge" und von dem „Ausgeschlossenen". Nur an einer entlegenen Stelle (§ 1468) findet sich der Ausdruck „der Unwürdige".

Nach § 1347 wird von der Erbfolge ausgeschlossen:

1. Wer den Erblasser vorsätzlich ums Leben gebracht oder dessen Gesundheit dergestalt geschädigt hat, daß er bis zu seinem Tode nicht fähig war, ein Testament zu errichten oder aufzuheben.

2. Wer den Erblasser durch Zwang oder Betrug zur Errichtung oder Aufhebung eines Testaments bestimmt hat oder ihn durch Zwang oder Betrug von der Errichtung eines Testaments abgehalten hat, oder wer ein zugunsten eines anderen errichtetes Testament verborgen oder vernichtet hat, oder wer ein Testament gefälscht oder verfälscht hat.

Die Ausschließung erfolgt nur auf eine Klage derjenigen Person, die zur Erbschaft berufen wäre, wenn der Unwürdige nicht vorhanden wäre. Die Klage kann erhoben werden nur innerhalb eines Jahres, nachdem der Kläger Kenntnis erlangt hat von den Umständen, auf Grund deren ihm dieses Recht gewährt wird, und jedenfalls nicht später als zehn Jahre nach der Eröffnung der Erbfolge. Der ausgeschlossene Erbe wird gleichgestellt einer Person, die vor der Eröffnung der Erbfolge gestorben ist. Die Ausschließung kann nicht erfolgen, wenn der Erblasser dem Unwürdigen verziehen hatte.

## Gesetzliche Erbfolge.

Nach § 1352 tritt die gesetzliche Erbfolge ein, „insoweit sie nicht durch Testament ausgeschlossen ist". Daraus ergibt sich, daß gesetzliche und testamentarische Erbfolge nebeneinander bestehen können. Auch wenn der Erblasser über seinen ganzen Nachlaß verfügt hat und einer der Bedachten fortfällt, findet keine Akkreszenz statt. Dagegen ist eine Vulgarsubstitution zulässig (vgl. unten zu § 1416).

Gesetzlicher Erbe kann nur eine Person sein, welche zur Zeit der Eröffnung der Erbfolge lebt oder doch bereits erzeugt ist (§ 1353 Abs. 1 und § 1354).

Der § 1353 Abs. 2, der eine dem § 20 BGB. entsprechende Bestimmung betreffend die Kommorienten enthält, würde seinen Platz besser im vorhergehenden Abschnitte ausfüllen, da er nicht nur für die gesetzliche, sondern auch für testamentarische Erbfolge von Bedeutung ist.

### Erbfolge der legitimen Verwandten.

§ 1355. „Zur gesetzlichen Erbfolge werden berufen die Verwandten, deren Verwandtschaft mit dem Erblasser auf Geburt in der Ehe gegründet ist."

Ausdrücklich hebt § 1356 im Gegensatz zum geltenden Rechte hervor, daß Personen weiblichen Geschlechts in gleicher Weise zur Erbfolge berufen werden wie Personen männlichen Geschlechts.

§ 1357. „Die Verwandten werden in folgenden fünf Ordnungen zur Erbfolge berufen:

die erste Ordnung bilden die Söhne und Töchter des Erblassers und deren Abkömmlinge;

die zweite Ordnung — Vater und Mutter des Erblassers und deren Abkömmlinge;

die dritte Ordnung — die Großväter und Großmütter und deren Abkömmlinge;

die vierte Ordnung — die Urgroßväter und Urgroßmütter und deren Abkömmlinge;

die fünfte Ordnung — die Ururgroßväter und Ururgroßmütter und deren Abkömmlinge.

Die Verwandten einer vorhergehenden Ordnung schließen die Verwandten der nachfolgenden Ordnung aus.

Verwandte, die zu keiner der genannten Ordnungen gehören, haben kein gesetzliches Erbrecht.

Die §§ 1358—1362 enthalten in sehr detaillierter Darstellung die Grundsätze, nach denen sich innerhalb der einzelnen Ordnungen die Erbfolge und die Bestimmung der Anteile vollzieht. Innerhalb der drei ersten Ordnungen findet Repräsentationsrecht statt; in der vierten und der fünften Ordnung entscheidet lediglich die Gradesnähe.

**Erbfolge der außerehelichen und der adoptierten Kinder.**

Der erste Entwurf gab im § 23 des Teilentwurfs, betreffend das Erbrecht, den außerehelichen Kindern, die von ihrem Vater freiwillig als solche anerkannt waren, gegenüber dem letzteren, ähnlich wie der Code civil, ein beschränktes Erbrecht, und zwar nach folgenden Grundsätzen: Bei Konkurrenz mit legitimen Verwandten der ersten Ordnung erhält das außereheliche Kind die Hälfte dessen, was ihm gebühren würde, wenn es ehelich wäre. Bei Konkurrenz mit legitimen Verwandten der zweiten Ordnung erhält das außereheliche Kind die Hälfte des nach Abzug des der Witwe gebührenden Teiles verbleibenden Restes der Erbschaft. Sind legitime Verwandte weder der ersten noch der zweiten Ordnung vorhanden, so erhält die Witwe die eine Hälfte, das außereheliche Kind die andere Hälfte der Erbschaft; hinterläßt der Erblasser keine Witwe, so erhält das außereheliche Kind die ganze Erbschaft. Ist das außereheliche Kind vor dem Erblasser verstorben, so treten an die Stelle des ersteren dessen legitime Abkömmlinge.

Wie oben (S. 65) erwähnt, haben die Vorschläge des ersten Entwurfs betreffend die außerehelichen Kinder den gesetzgebenden Faktoren bereits vorgelegen. Leider ist der Gesetzgeber damals den hier dargelegten Vorschlägen nicht gefolgt, sondern hat dieselben durchweg und ausdrücklich abgelehnt. Demgemäß lautet § 12 des Gesetzes vom 3. Juni 1902 (X. 1. § 132 [12]):

> „Eine gesetzliche Erbfolge der außerehelichen Kinder in das Vermögen ihres Vaters und dessen Verwandten ist ausgeschlossen."

Damit hat die Kommission sich abgefunden und die erwähnten Vorschläge in den zweiten Entwurf nicht aufgenommen.

Nach dem zweiten Entwurf gestaltet sich das Erbrecht der außerehelichen Kinder wie folgt: Die außerehelichen Kinder und deren Abkömmlinge beerben die Mutter in gleicher Weise wie eheliche Kinder. Auch beerbt die Mutter ihre außerehelichen Kinder gleich wie ihre ehelichen. Außereheliche Kinder derselben Mutter beerben einander (§ 1363).

Außereheliche Kinder, die von ihrem Vater adoptiert sind, und deren legitime Abkömmlinge beerben den Vater in gleicher

Weise wie eheliche Kinder (§ 1364). Ein von seinem Vater adoptiertes außereheliches Kind wird von ersterem nur dann beerbt, wenn das Kind weder Abkömmlinge, noch eine Mutter, noch einen Ehegatten, noch Geschwister hinterläßt (§ 1365).

Wenn außereheliche Kinder mit legitimen Verwandten konkurrieren, so haben die letzteren ein Vorzugsrecht in Ansehung der zum Nachlasse gehörigen Grundstücke, sind jedoch verpflichtet, die ersteren durch Geldzahlung schadlos zu halten (§ 1366).

Hat jemand ein fremdes Kind adoptiert, so behält dieses sein Erbrecht gegenüber seinen Blutsverwandten und beerbt den Adoptivvater wie ein Abkömmling desselben; das Kind hat aber kein Erbrecht gegenüber den Verwandten des Adoptivvaters. Hinterläßt das Kind weder einen Ehegatten noch auch Verwandte der drei ersten Ordnungen, so wird es von seinem Adoptivvater beerbt (§ 1367).

### Erbfolge der Ehegatten.

Hier ist der Anschluß an das BGB. unverkennbar. Der überlebende Ehegatte erbt, wenn er neben Verwandten der ersten Ordnung berufen ist, ein Viertel; bei Konkurrenz mit Verwandten der zweiten Ordnung — die Hälfte; neben Verwandten der dritten Ordnung — drei Viertel; er ist alleiniger Erbe, wenn keine Verwandten der drei ersten Ordnungen vorhanden sind (§ 1368).

Außerdem erhält der Ehegatte, wenn er neben Verwandten der zweiten oder der dritten Ordnung berufen ist, „alle zum Haushalte der Ehegatten gehörigen Mobilien" (§ 1369).

Gehört der Ehegatte zu den Verwandten des Erblassers, so wird er sowohl als Ehegatte wie auch als Verwandter zur Erbfolge berufen (§ 1370).

Das dem Ehegatten zustehende Recht der Erbfolge geht nicht auf seine Erben über, wenn er vor Annahme der Erbschaft stirbt (§ 1371). Es findet also in diesem Falle keine transmissio statt. Diese Bestimmung gilt auch schon nach heutigem Recht. Sie soll bewirken, daß die Erbschaft den Verwandten des Erblassers verbleibt und nicht unmittelbar an die Schwägerschaft des Erblassers fällt.

Ehegatten, deren Ehe geschieden oder für ungültig erklärt ist, beerben einander nicht (§ 1372).

## Erbloses Gut.

Die historische Entwicklung dieses Instituts in Rußland bietet insofern ein besonderes Interesse, als sie sich genau in der entgegengesetzten Richtung vollzieht wie in Deutschland und den meisten anderen westeuropäischen Staaten. Denn während hier sich das Bestreben zeigt, das gesetzliche Erbrecht des Fiskus auf eine breitere Basis zu stellen, ist dasselbe in Rußland seit Ende des 18. Jahrhunderts zugunsten anderer Anstalten und Korporationen immer mehr eingeengt worden, und der Entwurf will dasselbe ganz aufheben. In dieser Beziehung heißt es in den Motiven (IV. S. 108): „Im 17. und 18. Jahrhundert galt das Recht auf das erblose Gut als eines der wichtigsten Staatsregale. Aus Erwägungen mannigfacher Art begab sich der Staat nicht selten dieses Rechts zugunsten von Anstalten, die dem Erblasser näher standen. Diese Entwicklung ist schließlich dahin gelangt, daß der Staat zurzeit nur in Ausnahmefällen sich ein Recht auf das erblose Gut vorbehalten hat. Und obgleich X. 1 § 1167 allgemein ausspricht, daß dieses Recht regelmäßig dem Staate zusteht, so ist dasselbe durch Privilegien, die erteilt sind den Adelskorporationen, den Städten, den Landgemeinden, dem Kosakenheere, den Lehranstalten sowie anderen Ständen und Anstalten, so sehr eingeengt, daß dem Staate, praktisch betrachtet, das erblose Gut nur in seltenen Ausnahmefällen gebührt. Dieses Ergebnis erklärt sich wohl daraus, daß im Hinblick auf den ungeheuren Umfang des Reiches die erblosen Vermögen regelmäßig als überaus geringwertig erscheinen müssen. Auf Grund dieser Erwägungen entschloß die Kommission sich dazu, den letzten Schritt zu tun und den § 1167, der von dem Rechte des Fiskus redet, gänzlich aufzuheben und das erblose Gut ausnahmslos Anstalten zuzuwenden, die dem Erblasser näherstehen. Wenn also nicht gemäß dem Stande oder dem Beruf des Erblassers eine bestimmte Anstalt oder Korporation in Frage steht, soll das Vermögen denjenigen lokalen Anstalten zufallen, denen die allgemeine Fürsorge obliegt".

Im einzelnen trifft der Entwurf über das erblose Gut — oder wie es in wörtlicher Übersetzung heißt „den ausgestorbenen Nachlaß" — folgende Bestimmungen:

Sind keine Personen vorhanden, „denen ein Erbrecht zusteht, so gilt der Nachlaß als ausgestorben" (§ 1374) und fällt der Korporation des Standes zu, dem der Erblasser angehörte (§§ 1374—1377); gehörte der Verstorbene keinem der allgemeinen Stände an, so fällt sein Nachlaß an die „Anstalten, denen die allgemeine Fürsorge an dem Orte obliegt, an welchem die Erbfolge eröffnet ist".

Damit schließt dieses Kapitel, ohne irgendwelche Bestimmungen zu treffen, über die Rechtsstellung der juristischen Personen, denen das erblose Gut zufällt. Erwerben sie das Vermögen ipso jure oder durch Annahmeerklärung? Sind sie berechtigt, den Erwerb abzulehnen, und was geschieht dann mit dem Vermögen? Haften sie für die Nachlaßschulden und in welchem Umfange? Auf alle diese Fragen finden wir hier keine Antwort. Nur indirekt lassen sich einige derselben beantworten auf Grund der Vorschrift des § 1527 Abs. 2 Nr. 3, nach welcher die Anstalten, denen das erblose Gut zufällt, „die Erbschaft nicht anders annehmen können, als mit Errichtung eines Inventars". Darnach sind diese Korporationen also Erben, während der soeben besprochene § 1347 sie ausdrücklich zu den Erben in Gegensatz stellt. Hier liegt zweifellos eine Unklarheit vor, die sich leicht beseitigen ließe.

## Testamentarische Erbfolge.

Letztwillige Verfügungen begegnen uns schon im ältesten russischen Recht. Im 12. Jahrhundert tragen sie jedoch lediglich den Charakter einer divisio parentis inter liberos: nur Eltern konnten letztwillig verfügen und zwar nur in betreff des von den Kindern zu beobachtenden Teilungsmodus; Zuwendungen an extranei — mit Ausnahme der Kirche — waren nicht zulässig. Seit dem 14. Jahrhundert finden sich diese Beschränkungen nicht mehr; dafür aber kommt allmählich der Grundsatz auf, daß der Testator nur über wohlerworbenes Vermögen, nicht über Stammgüter verfügen dürfe. Das gilt auch heute noch. Abgesehen davon ist die Testierfreiheit nach heutigem Rechte unbeschränkt. Der Entwurf will das Institut der Stammgüter beseitigen und an Stelle dessen ein allgemeines Pflichtteilsrecht der nächsten Angehörigen einführen. In den §§ 1379—1385 werden zunächst einige allgemeine Vorschriften gegeben. § 1379 Abs. 1 bestimmt:

„Eine Verfügung, die von jemandem für den Fall seines Todes über sein ganzes Vermögen oder einen Teil desselben getroffen ist, heißt Testament (saweschtschanije).

Unter dem Ausdruck „Teil des Vermögens“ versteht der Entwurf nicht nur einen Bruchteil, sondern auch einzelne Vermögensstücke. Das russische Testament erfordert also nicht eine „Erbeinsetzung“ im Sinne des römischen Rechts. Im übrigen erscheint mir die Fassung dieses Paragraphen nicht sehr glücklich, um so mehr, als der Entwurf an anderer Stelle, in § 1406, noch eine zweite, viel weiter gehende Definition des Testaments gibt. Der § 1406 lautet:

„Eine testamentarische Verfügung kann bestehen in der Zuwendung von Vermögen zu Eigentum und in der Begründung eines Nießbrauchs oder anderer dinglicher Rechte. Im Testament können auch andere Verfügungen jeder Art getroffen werden, wofern sie nicht dem Gesetze, den guten Sitten oder der öffentlichen Ordnung zuwiderlaufen. Der Erblasser kann auch demjenigen, dem er Vermögen zuwendet, eine Verbindlichkeit gegenüber einer anderen Person auferlegen.“

Die Definition des § 1379 ist also gegenüber den sonstigen Bestimmungen des Entwurfs offensichtlich zu eng. Es ist auch nicht abzusehen, weshalb ein Vater nicht z. B., ohne an der gesetzlichen Erbfolge etwas zu ändern, eine testamentarische Verfügung treffen soll, in der er lediglich seinem Kinde einen Vormund ernennt oder Anordnungen über seine Bestattung trifft. Nach § 1379 aber hat es den Anschein, als müßte das Testament notwendig auch Verfügungen über das Vermögen enthalten.

Nach § 1379 Abs. 2 muß das Testament „bei Vermeidung der Unwirksamkeit in die vorgeschriebene Form gekleidet sein“. Zum Verständnis dieser Vorschrift ist auf das oben (S. 22) zu § 57 Gesagte zu verweisen, wonach die Formvorschriften des Entwurfs sich im Zweifel nur auf die Beweisbarkeit der Rechtsgeschäfte beziehen.

Der Erblasser kann nach seinem Gutdünken das Testament ganz oder zum Teil aufheben; ein in einem Vertrage oder im Testamente selbst ausgesprochener Verzicht des Erblassers auf das Recht, das Testament aufzuheben oder abzuändern, ist unwirksam (§ 1380).

Ein Testament kann vom Erblasser nur persönlich errichtet werden (§ 1381).

Ein Testament, das von zwei oder mehreren Personen gemeinschaftlich errichtet ist, ist unwirksam (§ 1382). Das entspricht dem geltenden Rechte.

§ 1383 bestimmt:

„Ein Testament muß errichtet sein bei gesundem Verstand und festem Gedächtnis.“

Trotz der schlichten und kernigen Fassung, die auf ein recht hohes Alter schließen ließe, und trotzdem diese Redewendung in der Sprache des täglichen Lebens längst festen Fuß gefaßt hat, stammt dieselbe, soweit ich sehe, doch erst aus der Testamentsordnung vom Jahre 1831. Man könnte nun meinen, diese Vorschrift sei überflüssig, da bereits in § 93 (siehe oben S. 25) derselbe Gedanke in allgemeiner Fassung für alle Rechtsgeschäfte ausgesprochen ist. Wir haben aber bereits mehrfach gesehen, daß der Entwurf keineswegs vor Wiederholungen zurückscheut, ja dieselben sogar für wünschenswert erachtet, wo sie zur Förderung der Klarheit und Übersichtlichkeit geeignet erscheinen. Letzteres ist hier ohne Zweifel der Fall: Bei der Testamentserrichtung haben regelmäßig Zeugen mitzuwirken; diese Zeugen haben in der Urkunde selbst das Vorliegen der Erfordernisse des § 1383 zu bestätigen sowie auch bei Eröffnung des Testaments ihr Zeugnis hierüber abzulegen. Nun aber wird wohl jedermann mit vollem Verständnis sein Zeugnis dahin ablegen können, daß er den Testator „bei gesundem Verstand und festem Gedächtnis“ angetroffen habe, während so mancher Zeuge im Zweifel darüber sein würde, was er eigentlich bestätigen soll, wenn man von ihm ein Zeugnis dahin fordern wollte, „daß der Testator sich nicht im Zustande geistiger Störung oder überhaupt in einem Zustande befunden habe, in welchem er nicht überlegt handeln und die

Bedeutung seiner Handlungen ermessen konnte“ (§ 93). Außerdem kann man in unserer Zeit, die von welken Abstraktionen und blutleeren Konstruktionen beherrscht wird, stets zufrieden sein, wenn man einer Vorschrift begegnet, die durch ihre urwüchsige Fassung ihrer Entseelung und Einschachtelung in wissenschaftlich-psychologische Begriffsschemata einen heilsamen Widerstand entgegensetzt.

Nach § 1384 „sind zum Testieren nicht berechtigt“ erstens die Minderjährigen, mit Ausnahme der für selbständig erklärten, und zweitens Personen, die wegen Geisteskrankheit, Taubstummheit, Stummheit, Verschwendung oder Trunksucht entmündigt sind.

Erwägt man aber, daß bereits einem Sechzehnjährigen nach Code civil Art. 904 eine beschränkte und nach BGB. § 2229 eine unbeschränkte Testierfähigkeit eingeräumt ist, und daß der Entwurf selbst dem Achtzehnjährigen den Abschluß zahlreicher Geschäfte unter Lebenden gestattet (§ 514, siehe oben S. 80) und ihn im Gegensatz zum BGB. sogar für ehemündig erklärt (§ 132, siehe oben S. 31), so erscheint es weder erforderlich noch auch folgerichtig, die Testierfähigkeit erst mit dem vollendeten einundzwanzigsten Lebensjahre eintreten zu lassen. Der Entwurf hätte sich hier sehr wohl eine Abweichung vom geltenden Rechte gestatten können.

Ferner bestimmt § 1385:

> „Eine testamentarische Verfügung, die infolge von Zwang oder Betrug getroffen ist oder infolge eines Irrtums in Ansehung des Gegenstandes oder der Person, zu deren Gunsten verfügt ist, kann für unwirksam erklärt werden auf eine Klage desjenigen, der unmittelbar an der Aufhebung dieser Verfügung interessiert ist.“

Die Formulierung ist in mehrfacher Beziehung recht unglücklich. Sollte nicht auch ein Irrtum in Ansehung einer Person, zu deren Ungunsten verfügt worden ist, zur Anfechtung genügend sein? Dann aber läßt sich aus dieser Fassung schwerlich ein Anfechtungsrecht wegen Irrtums im Beweggrunde herleiten, wie ein solches, wohl mit gutem Grunde, in BGB. § 2078 statuiert ist. Nur in einem Spezialfalle findet der Irrtum im Beweggrunde Berücksichtigung, und zwar kann nach § 1432 ein Testament angefochten werden, wenn der Testator einen

Abkömmling oder seinen Ehegatten übergangen hat, dessen Vorhandensein ihm bei der Errichtung des Testaments nicht bekannt war.

## Form der Testamente.

Das geltende Recht läßt zwei Testamentsformen zu: das notarielle Testament und das „häusliche", unter Mitwirkung zweier Zeugen errichtete Testament. Beide Formen werden vom Entwurf beibehalten; es wird jedoch noch eine dritte Form hinzugefügt: das eigenhändige häusliche Testament ohne Zeugen.

Im einzelnen ist darüber folgendes zu bemerken:

I. Das häusliche Testament.

1. Das dem geltenden Rechte entnommene Zeugentestament. Es muß vom Testator selbst und von mindestens zwei Zeugen unterschrieben sein. Die letzteren haben in der Urkunde die Identität des Testators zu bezeugen sowie auch, daß sie ihn „bei gesundem Verstand und festem Gedächtnis" angetroffen haben. Ist der Testator außerstande, seine Unterschrift selbst zu vollziehen, so kann das durch einen Dritten geschehen, wobei der Grund in der Urkunde anzugeben ist, weshalb der Testator nicht eigenhändig unterschrieben hat. Der Text kann vom Testator selbst, von einem Zeugen oder von einem beliebigen Dritten geschrieben werden. Im allgemeinen ist auch nicht erforderlich, daß die Zeugen und die an Stelle des Testators unterschreibende Person den Inhalt des Testaments kennen. Nur wenn der Testator Geschriebenes nicht zu lesen vermag, muß der Text in Gegenwart des Testators und der Mitwirkenden laut verlesen und von ersterem genehmigt werden; daß dieses geschehen ist, muß gleichfalls von den Zeugen in der Urkunde bestätigt werden. Zuwendungen, die im Testament an eine der mitwirkenden Personen gemacht sind, sind nichtig, soweit sie die diesen Personen ab intestato gebührende Erbportion übersteigen (§§ 1387—1396).

2. Über das eigenhändige Testament bestimmt § 1398:

„Ein häusliches Testament, welches durchweg vom Testator eigenhändig geschrieben und von ihm eigenhändig unterschrieben ist, ist wirksam, auch wenn es nicht von

Zeugen unterschrieben ist. Im Testament ist der Ort und die Zeit der Errichtung anzugeben.

Ein eigenhändiges Testament, insoweit es Ergänzungen zu einem notariellen oder Zeugentestament derselben Person enthält, kann auch auf derselben Urkunde niedergeschrieben werden."

II. Ein notarielles Testament wird errichtet nach den Vorschriften, die für die Errichtung notarieller Urkunden überhaupt gelten (§ 1400). Diese Vorschriften finden sich in der Notariatsordnung (XVI. 1 §§ 79—127; vgl. jedoch § 81 daselbst, wo bezüglich der Errichtung der Testamente auf die Zivilgesetze verwiesen wird).

Als Original des Testaments gilt die vom Notar in das Urkundenbuch gemachte Eintragung. Bei einer Nichtübereinstimmung zwischen dem Original und der Ausfertigung wird dem ersteren der Vorzug gegeben, es sei denn, daß in demselben sich Radierungen oder Korrekturen finden, über welche nicht ein ordnungsmäßiger Vermerk gemacht worden ist (§ 1401).

Ein Testament, welches nicht als notarielles gelten kann, bleibt wirksam, wenn die für das häusliche Testament bestehenden Vorschriften beobachtet sind (§ 1402).

III. Da der Entwurf durch Anerkennung des häuslichen Zeugentestaments eine so einfache, auch unter den schwierigsten Verhältnissen anwendbare, und auch für Personen, die nicht zu schreiben vermögen, zugängliche Form zur Verfügung gestellt hat, war es nicht erforderlich, noch besondere außerordentliche Testamente zuzulassen. Und auch die einzige Ausnahme, die sich in dieser Beziehung im Entwurf findet, scheint mir nicht nur entbehrlich, sondern auch in mancher Hinsicht höchst bedenklich zu sein. Der § 1403 bestimmt nämlich:

„Personen, die sich in Heilanstalten jeder Art (Krankenhäusern, Hospitälern, Lazaretten) oder in Armenhäusern oder sonstigen Fürsorgeanstalten befinden, können ein häusliches Zeugentestament auch unter Mitwirkung nur eines Zeugen errichten, wenn dieser Zeuge entweder der Leiter der Anstalt ist oder ein in der Anstalt tätiger Geistlicher, Arzt, Offizier du jour oder ein Krankenpfleger. Ist der Testator außerstande, seine Unterschrift zu vollziehen, dann muß das Testament auch noch von einer zweiten Person, die einer der oben genannten Kategorien angehört, an Stelle des Testators unterschrieben werden.

Beim Transport von Kranken oder Verwundeten während eines Krieges können auch der Kommandeur oder Kommissar des Militär-Sanitär-Transports als Zeuge oder an Stelle des Testators das Testament unterschreiben."

Sollte es auch selbst bei Vorliegen dieser Umstände wirklich nicht möglich sein, zwei resp. drei Zeugen aufzutreiben; und wäre nicht gerade umgekehrt in Erwägung zu ziehen, ob bei Testamenten von Personen, die sich in einer so hilflosen und abhängigen Lage befinden, nicht noch besondere, die Freiheit des Willens gewährleistende Kautelen zu schaffen sein, und ob nicht sogar als Zeugen solche Personen auszuschließen seien, denen gegenüber der Testator sich in einer so abhängigen Lage befindet? Dazu kommt noch, daß der § 1403 seinem Wortlaute nach auch Anwendung zu finden scheint, wenn der Testator sich in einer privaten Heilanstalt befindet.

Das alles ist sehr bedenklich.

Das Kapitel schließt mit einigen Bestimmungen über das internationale Privatrecht. Nach § 1404 kann ein russischer Staatsangehöriger im Auslande ein häusliches Testament nach den Vorschriften „dieses Gesetzes" errichten. Er kann aber auch ein notarielles Testament vor einem russischen Konsul errichten. Andererseits kann er aber auch, soweit die Form in Frage kommt, nach den Gesetzen des Landes testieren, in dem er sich befindet; jedoch soll ein mündliches Testament, auch wenn es in jenem Lande zulässig ist, in Rußland keine Wirkung haben.

### Inhalt des Testaments.

Der § 1406, durch welchen der Inhalt des Testaments im allgemeinen charakterisiert wird, ist bereits oben (S. 97) besprochen.

§ 1407 enthält die Regel: utile per inutile non vitiatur, in ähnlicher Fassung wie § 2085 BGB.

Nach § 1408 wird eine unter einer aufschiebenden Bedingung getroffene testamentarische Verfügung hinfällig, wenn die Bedingung nicht innerhalb dreißig Jahren nach Eröffnung der Erbfolge eintritt.

§ 1409 läßt die Anordnung einer Auflage zu.

Eine sehr wichtige Abweichung vom BGB. enthält § 1410, welcher ganz allgemein bestimmt:

„Der Testator kann den Erben in der Verfügung über das diesem zugewendete Vermögen beschränken, jedoch nur für eine bestimmte Frist und höchstens für die Lebenszeit des Erben. Im Falle dringender Notwendigkeit kann das Gericht den Erben zum Verkauf oder zur Verpfändung des Vermögens ermächtigen.“

Nach § 743 wirkt eine solche Beschränkung gegenüber jedermann, wenn sie ins Grundbuch eingetragen ist; anderenfalls wirkt sie nur gegenüber dem, der nicht in gutem Glauben ist. Um dem etwa zu erhebenden Einwande zu begegnen, daß hierin eine lästige Beengung des Vermögensverkehrs läge, bemerken die Motive (IV. S. 202) etwas sarkastisch, daß unter der Herrschaft des geltenden Gesetzes, das auf dem gleichen Standpunkte steht, „Verkehrsstörungen nicht beobachtet sind“.

Die §§ 1411—1421 enthalten Vorschriften über die Person des Bedachten. Ich will hier nochmals betonen, daß der Entwurf nicht zwischen Erben und Vermächtnisnehmern unterscheidet; weshalb denn auch die Ausdrücke „Erbe“, „die Person, der eine Zuwendung gemacht ist“ und „die Person, zu deren Gunsten verfügt ist“, überall promiscue gebraucht werden.

Zunächst bestimmt § 1411, daß die Person des Bedachten im Testament bezeichnet werden muß und daß die Bestimmung derselben nicht dem Ermessen eines Dritten überlassen werden kann. Jedoch ist nach § 1412 nicht erforderlich, daß der Bedachte mit seinem Namen genannt sei; es genügt vielmehr, wenn sich aus dem Testament ergibt, wen der Erblasser im Auge hatte.

Wie oben (S. 91) bemerkt, kann gesetzlicher Erbe nur werden, wer zur Zeit der Eröffnung der Erbfolge mindestens bereits erzeugt ist; das gilt für die testamentarische Erbfolge nicht uneingeschränkt. Vielmehr bestimmt § 1413: Hat der Testator die noch zu erwartenden Abkömmlinge einer bestimmten Person zu Erben eingesetzt, so wird die Verfügung nicht dadurch hinfällig, daß der eingesetzte Erbe zur Zeit der Eröffnung der Erbfolge noch nicht erzeugt ist. In diesem

Falle, sowie auch, wenn die Erbeinsetzung unter einer aufschiebenden Bedingung erfolgt ist und die Bedingung bei Eröffnung der Erbfolge noch nicht eingetreten ist, gelangt das dergestalt zugewendete Vermögen in den Nießbrauch der gesetzlichen Erben des Testators, es sei denn, daß im Testamente Abweichendes bestimmt ist (§ 1414). Also anders als nach § 2101 und § 2105 BGB., nach welchen die Eingesetzten — Nacherben, die gesetzlichen Erben — Vorerben sind. Diese Abweichung erklärt sich daraus, daß der Entwurf, wie bereits bemerkt, abgesehen von einer singulären, gleich zu erörternden Ausnahme, das Institut der Nacherbfolge ablehnt. Die Frage, wem das Vermögen während dieser Zwischenzeit quoad dominium gehöre, bleibt in der Schwebe, gleichwie in dem Falle, wenn der unbedingt berufene Erbe sich noch nicht über die Annahme erklärt hat. Daß die ruhende Erbschaft eine juristische Person sei, läßt sich aus den Vorschriften des Entwurfs nicht herleiten. Übrigens kann zur Wahrung der Interessen der zukünftigen Erben gemäß § 1541 Abs. 2 ein Pfleger bestellt werden.

In sehr zweckmäßiger Weise erweitert und verallgemeinert der § 1415 die Auslegungsregel des § 2068 Abs. 1 BGB. dahin, daß, wenn ein im Testament eingesetzter Erbe vor Eröffnung der Erbfolge stirbt, an seiner Stelle seine Abkömmlinge berufen sind, wofern im Testament nicht Abweichendes bestimmt ist. Sollte jedoch, so fährt § 1415 Abs. 2 fort, der eingesetzte Erbe wegen Erbunwürdigkeit ausgeschlossen sein, so geht die Erbschaft nicht auf seine Abkömmlinge über, „auch selbst, wenn die letzteren im Testament als seine Ersatzerben eingesetzt sind". Die unter Anführungszeichen stehenden Worte bilden eine sehr freie, aber, wie ich glaube, sinngemäße Wiedergabe der etwas mißverständlichen Wortfassung des Originals.

§ 1416 statuiert die Zulässigkeit der substitutio vulgaris.

Wie bereits mehrfach angedeutet, enthält § 1417 den einzigen Fall einer Nacherbfolge. Er lautet:

> „Der Testator, der dem überlebenden Ehegatten Vermögen zuwendet, kann bestimmen, daß im Falle der Wiederverheiratung des Ehegatten das diesem zugewendete Vermögen auf die Kinder des Testators übergehen soll."

Leider enthält der Entwurf keinerlei Bestimmungen, durch welche eine Sicherstellung der Nacherben gegen sie schädigende Verfügungen des Vorerben bezweckt wird. Da es nun kaum geraten erscheint, wegen dieses einen singulären Falles spezialisierte Bestimmungen zu treffen, so würde es sich vielleicht empfehlen, dem § 1417 folgenden Zusatz hinzuzufügen:

> In diesem Falle erhält der Ehegatte an dem zugewendeten Vermögen lediglich den Nießbrauch. Der Nießbrauch erlischt mit der Wiederverheiratung. Stirbt der überlebende Ehegatte, ohne eine neue Ehe eingegangen zu sein, so werden seine testamentarischen Verfügungen über dieses Vermögen als wirksam betrachtet.

Nach § 1418 kann auch eine juristische Person bedacht werden, die zur Zeit der Eröffnung der Erbfolge noch nicht existiert. Die Verfügung wird hinfällig, wenn die juristische Person innerhalb dreißig Jahren nach Eröffnung der Erbfolge noch nicht zur Entstehung gelangt ist. Es beruht wohl nur auf einem Versehen, daß der oben erwähnte § 1541 (S. 18) nicht auch für diesen Fall die Anordnung einer Pflegschaft während der Zwischenzeit zuläßt.

Eine testamentarische Verfügung zu wohltätigen oder gemeinnützigen Zwecken gilt auch dann als wirksam, wenn der Zweck im Testamente nicht näher bestimmt ist, sowie auch, wenn die Anstalt nicht angegeben ist, der das Vermögen zur Verfügung gestellt werden soll. In diesem Falle liegt die Bestimmung hierüber und die Überwachung der Ausführung der testamentarischen Verfügung der zuständigen Behörde ob (§ 1419).

§ 1420 behandelt die Auslegung einer testamentarischen Verfügung „zugunsten der Armen" und stimmt überein mit § 2072 BGB.

Nach § 1421 soll eine testamentarische Verfügung, die in einer Quarantäneanstalt oder in einem Gefängnisse zugunsten der Beamten dieser Anstalt getroffen ist, unwirksam sein, wenn der Testator sich bis zu seinem Tode in der Anstalt befunden hat.

Die folgenden §§ 1422—1427 geben einige Auslegungsregeln betreffend „das Vermögen, über welches verfügt ist". Von allgemeinerem Interesse scheinen mir nur zwei Vorschriften zu sein:

Nach § 1422 kann die Bestimmung des Gegenstandes der Zuwendung nicht dem Ermessen eines Dritten überlassen werden. Sodann bestimmt § 1427:

„Der zugewendete Gegenstand gebührt dem Erben, soweit nicht im Testamente Abweichendes bestimmt ist, in dem Zustande, in dem er sich zur Zeit der Eröffnung der Erbfolge befindet, nebst allem Zubehör und allen mit ihm verbundenen Rechten, desgleichen auch mit allen Belastungen, die zu jener Zeit bestanden."

### Kraftloswerden des Testamentes.

1. Das Testament wird kraftlos durch Widerruf. Der Widerruf kann in folgender Weise erklärt werden:

a) Durch Aufhebung des Testaments vermittelst Errichtung eines neuen Testaments (gemeint ist hier der Fall, daß der Testator im neuen Testamente ausdrücklich erklärt, daß er das frühere aufhebe und über sein Vermögen in anderer Weise verfüge) oder durch eine in Testamentsform verlautbarte Erklärung, in der lediglich die Aufhebung des Testaments ausgesprochen wird (§ 1428 Abs. 1). Aus dieser Gegenüberstellung ergibt sich, daß der Entwurf eine Erklärung der letzteren Art, im Gegensatz zum BGB., nicht als Testament bezeichnet sehen will. Diese terminologische Differenzierung erscheint mir aber nicht zweckmäßig, denn es könnte in Zweifel gezogen werden, ob die vom Gesetze aufgestellten materiellen Erfordernisse eines Testaments auch bei den Erklärungen der letzteren Art vorhanden sein müssen oder nicht.

b) Durch eine vom Erblasser vor Gericht abgegebene Erklärung, über welche ein Protokoll aufzunehmen ist, „und wobei das Gericht sich zu vergewissern hat über die Identität des Testators und das wirkliche Vorhandensein des Willens, das Testament aufzuheben" (§ 1428 Abs. 2). Der letzte Satz scheint mir selbstverständlich und daher vollkommen überflüssig zu sein.

c) Sind mehrere Testamente vorhanden, ohne daß eines derselben widerrufen ist, so bleiben alle in Kraft. Sind zwei Verfügungen miteinander nicht vereinbar, so wird die ältere kraftlos; läßt sich nicht feststellen, welche von beiden älter ist, so sind beide Verfügungen unwirksam (§ 1429).

d) Ein häusliches Testament gilt als widerrufen, wenn dasselbe vernichtet, zerrissen oder durchstrichen ist, es sei denn, daß dieses unabhängig vom Willen des Erblassers geschehen ist (§ 1430). In bezug auf notarielle Testamente ist nicht ein Gleiches bestimmt, denn die im Besitz des Testators befindliche Ausfertigung wird, wie erwähnt (oben S. 101), nicht als Original betrachtet. Hier bedarf es also stets eines Widerrufs gemäß § 1428 oder § 1429.

e) Eine testamentarische Verfügung über einen speziell bestimmten Gegenstand wird kraftlos, insoweit dieser Gegenstand bei der Eröffnung der Erbfolge sich im Nachlasse nicht vorfindet (§ 1431). Die Vorschrift bezieht sich also nicht auf Geldsummen. Aber auch in dieser Einschränkung scheint sie mir noch zu weit zu gehen, denn wenn der Testator sein Vermögen stückweise vergibt, so will er damit doch auch regelmäßig den einzelnen Bedachten einen bestimmten Wert aus seinem Vermögen zuwenden. Freilich könnte man einwenden, daß der Testator, wenn der vermachte Gegenstand untergegangen oder sonst aus seinem Vermögen ausgeschieden ist, ein neues Testament errichten kann. Wie aber, wenn er mittlerweile infolge von Krankheit oder Altersschwäche die Testierfähigkeit verloren hat? Ich glaube daher, daß eine Modifikation dieser Vorschrift, etwa in Anlehnung an § 2169 BGB. sich sehr empfehlen würde; auch im Corpus juris civilis findet sich schätzenswertes Material zu dieser Frage.

2. Der § 1432, dessen ersten Teil wir bereits oben (S. 99) kennen gelernt haben, lautet vollständig:

> „Hat der Testator sein Kind oder seinen Ehegatten im Testament übergangen, weil ihm bei der Testamentserrichtung das Vorhandensein derselben nicht bekannt war oder weil er erst nach der Testamentserrichtung die Ehe eingegangen ist oder ihm das Kind geboren ist, so kann das Testament auf eine Klage einer dieser Personen für kraftlos erklärt werden in Ansehung des Vermögens, welches dem Kläger auf Grund der gesetzlichen Erbfolge gebühren würde.“

Ein Mitglied der Kommission hatte eine etwas andere und vielleicht wohl auch zweifelsfreiere Fassung in Vorschlag gebracht.

3. Das Testament wird kraftlos, wenn der Testator zu einer Strafe verurteilt wird, die mit Verlust aller Standesrechte verbunden ist (§ 1433, vgl. dazu oben S. 90).

4. Eine testamentarische Verfügung wird kraftlos, wenn der Bedachte vor Eröffnung der Erbfolge ohne Hinterlassung von Abkömmlingen stirbt, oder wenn er bei Eröffnung der Erbfolge nicht fähig ist, die Erbschaft zu erwerben (§ 1434).

## Ausführung des Testaments.

### I. Die Personen, die das Testament auszuführen haben.

Zur Ausführung der testamentarischen Anordnungen kann der Testator einen oder mehrere Testamentsvollstrecker ernennen (§ 1435). Der Ernannte ist zur Übernahme des Amts nicht verpflichtet (§ 1439). Die Rechte und Pflichten des Testamentsvollstreckers werden durch das Testament bestimmt. Fehlt es an solchen Bestimmungen, so liegt dem Testamentsvollstrecker ob die Verwaltung des Nachlasses sowie auch die Führung der Prozesse „in Klagesachen des Nachlasses und gegen den Nachlaß", soweit das zur Ausführung der testamentarischen Anordnungen erforderlich ist (§ 1442); ferner hat der Testamentsvollstrecker ein Inventar zu errichten über diejenigen Nachlaßgegenstände, die in seine Verwaltung gelangen (§ 1443); er ist berechtigt, die seiner Verwaltung unterliegenden Nachlaßstücke zu veräußern und zu verpfänden, soweit dieses zur Ausführung der testamentarischen Anordnungen erforderlich ist (§ 1444). Hier hätte der Entwurf wohl einschalten können, daß dem Erben die Verfügung über diese Gegenstände entzogen ist. Abgesehen von den üblichen Gelegenheitsgeschenken darf der Testamentsvollstrecker keine Schenkungen vollziehen, wenngleich der Erblasser ihm das unbegrenzte Verfügungsrecht in Ansehung des Nachlasses eingeräumt hat (§ 1444 Abs. 2). Erachtet der Testamentsvollstrecker es für notwendig, von den Anordnungen des Testators in Ansehung der Verwaltung abzuweichen, so hat er die Erlaubnis des Gerichts einzuholen (§ 1445). Nach Erledigung seiner Aufgaben oder — wenn dieselbe mehrere Jahre in Anspruch nimmt — nach Ablauf eines jeden Jahres hat der Testamentsvollstrecker den Erben Rechnung zu legen

(§ 1446). Von der Pflicht der Inventarerrichtung und der Rechnungslegung kann der Testator den Testamentsvollstrecker nicht befreien (§ 1447).

Die Erben können Herausgabe des ganzen Nachlasses verlangen, wenn sie dem Testamentsvollstrecker die zur Ausführung aller Anordnungen erforderlichen Mittel zur Verfügung stellen (§ 1448).

Hat der Testamentsvollstrecker seine Verpflichtungen verletzt, so hat er den Erben allen ihnen daraus erwachsenen Schaden zu ersetzen. Mehrere Testamentsvollstrecker haften als Gesamtschuldner (§ 1450).

Der Testamentsvollstrecker kann sein Amt niederlegen durch Erklärung gegenüber dem Gericht; tut er es zur Unzeit, so macht er sich den Erben gegenüber ersatzpflichtig (§ 1452).

Auf Antrag der Interessenten kann das Gericht den Testamentsvollstrecker entlassen wegen „wesentlicher" Verletzung seiner Pflichten, wegen Unfähigkeit oder aus anderen „beachtenswerten" Gründen (§ 1453).

Die Rechtsverhältnisse zwischen dem Testamentsvollstrecker und den Erben regeln sich, soweit in diesem Abschnitt nichts Abweichendes bestimmt ist, nach den Vorschriften über den Vollmachtsvertrag (§ 1454).

Hat der Testator keinen Testamentsvollstrecker ernannt oder hat der ernannte die Übernahme des Amts abgelehnt oder sein Amt niedergelegt, dann wird das Testament von denjenigen Erben ausgeführt, denen das Vermögen zugefallen ist, aus welchem die testamentarischen Anordnungen zu erfüllen sind (§ 1437). Zum Verständnisse dieser Vorschrift ist es unerläßlich, sich mit den Bestimmungen des folgenden Abschnitts bekannt zu machen.

### II. Das Vermögen, aus welchem die testamentarischen Anordnungen zu erfüllen sind.

Zum Verständnis der hier folgenden Vorschriften müssen wir uns zunächst dessen entsinnen, daß der Entwurf, gleich dem geltenden Rechte, keinen Unterschied macht zwischen Erbeinsetzung und Vermächtnis: Alle Personen, die irgend einen Vermögensvorteil aus dem Nachlasse von Todes wegen erlangen, werden als Erben bezeichnet und unterliegen im allgemeinen den gleichen Bestimmungen. Nur nach einer Richtung hin unterscheidet der Entwurf zwischen den verschiedenen Bedachten. Ist nämlich jemand auf einen Bruchteil eingesetzt oder ist ihm ein im Nachlaß befindlicher Gegenstand (z. B. ein Landgut, ein Haus, ein Guthaben bei einer Bank) zugewendet, so bezeichnen die Motive — nicht aber der Entwurf selbst — eine solche Person als unmittelbar bedacht. Als mittelbar bedacht aber wird derjenige bezeichnet, dem lediglich ein Wertbetrag zugewendet ist, so daß es also regelmäßig erforderlich ist, vorhandene Nachlaßstücke zu versilbern, um die entsprechende Summe zu erzielen. Hierbei entsteht nun die Frage, ob in einem solchen Falle die Leistung allen unmittelbar Bedachten oder nur einem derselben obliegt, resp. ob die mittelbare Zuwendung voll zu entrichten ist oder einem Abzuge unterliegt. Hat z. B. der Testator verfügt: A und B sollen Erben zu je $\frac{1}{2}$ sein, C erhält 1000 Rubel, so ist C nicht etwa Legatar im Sinne des römischen Rechts oder des BGB., vielmehr erscheinen alle drei, insbesondere auch gegenüber den Nachlaßgläubigern, als Erben, und wenn der Wert des Nachlasses etwa 7000 Rubel beträgt, so haftet C den Gläubigern gegenüber zu einem Siebentel; andererseits aber haben A und B dem C je 500 Rubel auszuzahlen; hat der Erblasser dagegen verfügt: „Mein Haus erhält A, mein Guthaben bei der Reichsbank B; aus diesem Guthaben sind dem C 1000 Rubel auszuzahlen“, dann fällt alles, worüber der Testator keine Verfügung getroffen hat, den gesetzlichen Erben zu und C hat seine 1000 Rubel lediglich von B zu verlangen; reicht das Guthaben hierzu nicht aus, so erhält er weniger und nimmt an der Schuldenhaftung nach dem Verhältnisse teil, in dem der Wert des von ihm Erlangten zum Werte des ganzen Nachlasses steht.

Die hier folgenden Vorschriften reden demgemäß nur über die Frage, von wem und in welchem Betrage derartige mittelbare Zuwendungen zu erfüllen sind.

Zunächst schreibt § 1455 vor:

„Ist im Testament ein bestimmter Erbe benannt, der zur Erfüllung der testamentarischen Anordnung verpflichtet sein soll, dann erfolgt die Erfüllung aus dem Vermögen, das diesem Erben zugewendet ist, es sei denn, daß der Testator Abweichendes bestimmt hat."

Eine abweichende Bestimmung wäre etwa in folgender Art möglich: Der Testator hat „dem bestimmten Erben" ein Haus, eine Fabrik und ein Bankguthaben zugewendet und angeordnet, daß die mittelbare Zuwendung aus dem Bankguthaben zu erfüllen sei; dann erhält der mittelbar Bedachte eben nicht mehr als dieses Bankguthaben beträgt.

Ferner bestimmt § 1456:

„Ist im Testament weder ein bestimmter Erbe bezeichnet, der zur Erfüllung verpflichtet sein soll, noch auch ein bestimmtes Vermögensstück, aus welchem die Anordnung zu erfüllen ist, dann geschieht die Erfüllung aus dem ganzen Nachlaßvermögen."

Hier ist etwa der Fall gemeint, daß der Testator schlechthin angeordnet hat: der C erhält 1000 Rubel.

§ 1457. „Ist das Vermögensstück, aus welchem nach der Bestimmung des Erblassers die Anordnung zu erfüllen ist, mehreren Personen zugewendet, so hat die Erfüllung aus jedem den einzelnen Erben zukommenden Teile entsprechend dem Werte des Teiles zu erfolgen."

Bezüglich der Frage, ob der unmittelbar Bedachte, der die Erbschaft angenommen hat, verpflichtet sei, eine ihm auferlegte mittelbare Zuwendung nur bis zum Betrage des von ihm Erlangten oder aber stets in vollem Betrage zu erfüllen habe, schwankte die bisherige Praxis (Mot. IV. S. 266). Der Entwurf entscheidet sich für das erstere, verlangt jedoch, daß hierzu nicht bloß die unmittelbare Zuwendung selbst, sondern auch die bis zur Erfüllung aufgelaufenen Erträge derselben zu verwenden seien. Dies wird in nicht ganz klarer Weise wie folgt ausgedrückt:

§ 1458. „Die testamentarische Anordnung ist aus dem Vermögen, auf welches sich die Erfüllung bezieht, unter Hinzurechnung der aus diesem Vermögen erhaltenen Erträge zu erfüllen."

Etwas dunkel und zweifelhaft ist auch der § 1459. An der Hand der Motive läßt der Sinn desselben sich etwa wie folgt wiedergeben: Hat der Testator zwei oder mehrere mittelbare Zuwendungen angeordnet, ohne zu bestimmen, welche von ihnen vor der anderen einen Vorzug genießen solle, und reicht das Vermögen, aus dem dieselben zu erfüllen sind, zur vollen Erfüllung aller nicht aus, so sind alle, entsprechend ihrem Wertverhältnisse, herabzusetzen. Hierbei werden auch befristete und bedingte Zuwendungen — erstere nach Abzug des Interusuriums, letztere zum vollen Betrage — in Anschlag gebracht.

## Pflichtteil.

Wie erwähnt, will der Entwurf den Grundsatz des geltenden Rechts, nach welchem über Stammgüter testamentarisch nicht verfügt werden darf, und der heute die einzige Beschränkung der Testierfreiheit bildet, beseitigen. Indessen ist diese tiefgreifende Neuerung in der Kommission nicht ohne Widerspruch geblieben. Der Vorsitzende und zwei Mitglieder der Kommission haben sich in eingehend begründeten Darlegungen wenigstens für eine teilweise Aufrechterhaltung der hierauf bezüglichen Vorschriften ausgesprochen. Die Mehrheit schloß sich dem nicht an, von der Auffassung ausgehend, daß diese Vorschriften den bestehenden wirtschaftlichen und sozialen Verhältnissen nicht mehr entsprächen und auch nicht einmal die Sympathie der zunächst beteiligten Kreise für sich hätten (Mot. IV Einleitung S. XL—CXLIV). Anstatt dessen bringt der Entwurf ein den nächsten Angehörigen allgemein zu gewährendes Pflichtteilsrecht in Vorschlag. Hierbei folgt er nicht dem Code civil (Art. 1004), nach welchem auf die Noterben kraft Gesetzes die Gesamtheit des Nachlasses übergeht, während der legataire universel darauf angewiesen ist, von ihnen die Herausgabe des ihm Zugewendeten zu verlangen. Vielmehr stellt der Entwurf sich hier prinzipiell auf den Standpunkt des BGB., wonach die im Testamente eingesetzten Personen Erben sind und bleiben, und der Pflichtteilsberechtigte darauf angewiesen ist, von ihnen die Zahlung einer Geldsumme zu verlangen, wobei jedoch dem Testamentserben die facultas alternativa gewährt ist, den Pflichtteilsberechtigten durch Überlassung des entsprechenden Teiles der Erbschaft abzufinden.

In Ansehung des Pflichtteilsberechtigten durchbricht der Entwurf das von ihm allgemein befolgte Prinzip, nach welchem jeder, der aus dem Nachlasse etwas von Todes wegen erlangt, als Erbe zu betrachten ist. Der Pflichtteilsberechtigte ist nicht Erbe. Zwar behaupten die Motive das Gegenteil und auch der Text des Entwurfs nennt sie „Noterben". Aber wohl mit Unrecht. In dieser Beziehung heißt es in den Motiven (IV. S. 284): „Diese Terminologie würde unrichtig erscheinen vom Standpunkte der Gesetzgebungen, die einen Unterschied zwischen Erben und Legataren statuieren, und nach welchen das Pflichtteilsrecht sich in einen Geldanspruch gegenüber den Erben erschöpft. In der Tat redet denn auch das deutsche Bürgerliche Gesetzbuch nicht von Noterben, sondern von Pflichtteilsberechtigten, und einige Schriftsteller charakterisieren das Pflichtteilsrecht als ein gesetzliches Vermächtnis. Der vorliegende Entwurf aber kennt gleich dem geltenden Gesetze keinen prinzipiellen Unterschied zwischen Erben und Vermächtnisnehmern; deshalb bestand auch kein Hindernis, die Abkömmlinge, die Eltern und den Ehegatten als Noterben zu bezeichnen".

Erwägt man jedoch, daß — wie die Motive a. a. O. durchaus folgerichtig bemerken — „die Noterben" nur einen persönlichen Anspruch gegen den Testamentserben und keinen dinglichen Anspruch in Ansehung des Nachlaßvermögens, also auch keine hereditatis petitio haben (ein Schicksal, das sie übrigens mit den mittelbar Bedachten teilen), und berücksichtigt man ferner, daß nach § 1463 der Pflichtteil „aus dem Nachlaßvermögen nach Abzug der Nachlaßschulden" zu berechnen ist — woraus wohl mit Notwendigkeit folgt, daß die Nachlaßgläubiger ihre Forderungen nicht gegenüber den „Noterben" geltend zu machen berechtigt sind —, so fragt man vergeblich, worin sich denn die Erbenqualität dieser „Noterben" äußern soll. Indessen werde ich natürlich diese Terminologie des Entwurfs in der folgenden Darstellung beibehalten und von Noterben reden.

Im einzelnen ist folgendes zu bemerken:

Nach § 1460 ist der Pflichtteil der Teil (hier also im Sinne von Wertteil) der Erbschaft, der den legitimen Abkömmlingen, dem Ehegatten und den Eltern des Testators von diesen willkürlich nicht entzogen werden darf. Ferner haben ein Pflichtteilsrecht gegenüber der Mutter — deren uneheliche Kinder, gegenüber dem Vater — dessen uneheliche von ihm adoptierte Kinder. Sonstige Adoptivkinder haben kein Pflichtteilsrecht (§ 1463).

Der Pflichtteil besteht in der Hälfte des Wertes des gesetzlichen Erbteils (§ 1461).

Den Eltern des Testators kommt ein Pflichtteil nur dann zu, wenn der Testator keine Abkömmlinge hat (§ 1462).

Der Pflichtteil wird berechnet „aus dem Nachlaßvermögen nach Abzug der Schulden des Testators und der dinglichen Rechte, die das Nachlaßvermögen belasten“ (§ 1464). Bei der Abschätzung dinglicher Rechte wird der Nießbrauch dem halben Werte des von ihm belasteten Gegenstandes gleichgesetzt, wenn der Nießbraucher jünger als einundzwanzig Jahre ist, — dem vierten Teile des Werts, wenn er älter als einundzwanzig Jahre ist, — dem achten Teile, wenn er älter als vierzig Jahre ist (§ 1465). Das ist etwas sprunghaft.

Bilden den Gegenstand des dinglichen Rechts periodisch wiederkehrende Leistungen, so erfolgt die Abschätzung gleichfalls nach sehr summarisch gefaßten Regeln (§ 1466).

Der Berechnung des Pflichtteils wird nicht nur der Nachlaß zugrunde gelegt, sondern auch das Vermögen, welches der Erblasser nicht früher als ein Jahr vor seinem Tode verschenkt hat, gemäß dem Werte, den dieses Vermögen zu jener Zeit hatte (§ 1468). Zweckmäßiger erscheint mir hier die vom BGB. (§ 2325 Abs. 2) statuierte Frist von zehn Jahren. Nach der Regelung, die der Entwurf trifft, ist eine Vereitelung des Pflichtteilsrechts sehr erleichtert.

Bei der Berechnung des Pflichtteils werden auch die Noterben mitgezählt, denen der Testator rechtmäßig den Pflichtteil entzogen hat, sowie auch die wegen Erbunwürdigkeit ausgeschlossenen Erben und die Erben, die die Erbschaft ausgeschlagen haben, nicht jedoch diejenigen Personen, die gegen Entgelt auf ihr Erbrecht verzichtet haben (§ 1468).

Die Geltendmachung des Pflichtteilsrechts geschieht in folgender Weise:

Ist dem Noterben mehr hinterlassen, als sein Pflichtteil beträgt, das Hinterlassene aber mit einem Nießbrauche oder mit wiederkehrenden Leistungen oder mit sonstigen dinglichen Rechten belastet, oder sind ihm vom Testator irgendwelche Verbindlichkeiten auferlegt worden, so ist er berechtigt, das ihm Hinterlassene auszuschlagen und seinen Pflichtteil zu verlangen (§ 1469 Abs. 1).

Das gleiche Recht steht dem Noterben zu, wenn ihm lediglich ein Nießbrauch oder wiederkehrende Leistungen oder sonstige dingliche Rechte an Nachlaßstücken zugewendet sind (§ 1469 Abs. 2).

Der Testator, welcher seinem Noterben nicht mehr hinterläßt, als dessen Pflichtteil beträgt, ist nicht berechtigt, ihm irgend welche Verbindlichkeiten aufzuerlegen oder das ihm hinterlassene Vermögen mit dinglichen Rechten zu belasten (§ 1470). Der Noterbe, dem im Testament nichts zugewendet ist oder weniger als sein Pflichtteil beträgt, kann sowohl von dem Erben sowie auch, wenn das diesem hinterlassene Vermögen nicht ausreicht, von den Personen, denen der Erblasser im letzten Jahre vor seinem Tode Vermögen geschenkt hat, die Zahlung einer Geldsumme verlangen, die dem Werte des ganzen Pflichtteils resp. des am Pflichtteil fehlenden Betrages nebst den gesetzlichen Zinsen vom Tage der Eröffnung der Erbfolge entspricht (§ 1471). Der Erbe resp. der Beschenkte kann anstatt der Zahlung der Geldsumme dem Noterben „einen entsprechenden Teil des ihm zugewandten Vermögens in natura“ gewähren (§ 1472).

Nach § 1473 können die Gläubiger des Noterben den Pflichtteilsanspruch „nicht an seiner Stelle geltend machen“, d. h. der Anspruch ist nicht pfändbar.

Die Noterben haben sich auf ihren Pflichtteil anrechnen zu lassen, was sie bei Lebzeiten des Erblassers von diesem als Geschenk, Abfindung oder Mitgift erhalten haben (§ 1475).

Gleich dem BGB. und im wesentlichen aus denselben Gründen läßt der Entwurf auch eine Entziehung des Pflichtteils zu. Hierüber bestimmt zunächst § 1476:

„Der Testator kann seinem Noterben den Pflichtteil ganz oder zum Teil entziehen:

1. wenn der Noterbe vorsätzlich eine verbrecherische Handlung begangen hat, die gerichtet ist gegen das Leben, die Gesundheit oder die Freiheit des Testators selbst oder dessen Ehegatten, Abkömmlinge oder Vorfahren;

2. wenn er eine der in Punkt 1 genannten Personen wissentlich der Wahrheit zuwider eines Verbrechens angeschuldigt hat;
3. wenn er den Testator in hilfloser Lage zurückließ, während er imstande war, ihn aus derselben zu befreien;
4. wenn er ein verschwenderisches oder lasterhaftes Leben führt."

Das sind die allgemeinen, für alle Noterben geltenden Gründe. Außerdem kann der Testator seinem Abkömmling den Pflichtteil entziehen, wenn dieser, ohne die vom Gesetz geforderte Erlaubnis der Eltern einzuholen, eine Ehe eingegangen ist oder einem der Eltern eine schwere Beleidigung zugefügt hat (§ 1477).

Ferner kann der Testator seinem Ehegatten den Pflichtteil entziehen, wenn dieser sich einer Verletzung der ehelichen Treue schuldig gemacht hat (§ 1478).

Schließlich bringt der Entwurf auch einen Entziehungsgrund in Vorschlag, der meines Wissens keinem anderen Gesetzbuche bekannt ist, den ich aber durchaus nicht mißbilligen möchte. Darüber bestimmt § 1479:

„Der Testator kann den Pflichtteil eines Noterben den anderen Noterben zuwenden, und zwar allen zusammen oder aber nur einigen oder einem einzigen von ihnen, wenn der Noterbe schon über ein Vermögen verfügt, das das Vermögen der übrigen so bedeutend übersteigt, daß er im Vergleich zu den anderen Noterben des Pflichtteils nicht bedürftig erscheint."

Der Grund der Entziehung des Pflichtteils ist im Testament anzugeben und muß, falls er bestritten wird, gerichtlich bewiesen werden (§ 1480).

Die Noterben, denen der Pflichtteil rechtmäßig entzogen ist, werden den Personen gleichgestellt, die vor Eröffnung der Erbfolge gestorben sind (§ 1481).

Die auf die Vorschriften über den Pflichtteil gegründeten Klagen können erhoben werden nur bis zum Ablauf von zwei Jahren nach dem Zeitpunkte, in dem der Noterbe Kenntnis erlangt hat von der Eröffnung der Erbfolge sowie von der zu seinen Ungunsten vom Testator getroffenen Verfügung, jedenfalls jedoch nicht später als nach Ablauf von zehn Jahren seit der Eröffnung der Erbfolge.

Der Abschnitt 5 dieses Buches (§§ 1483—1506), der die Erbfolge in Familienfideikommisse und in Bauerngüter betrifft, soll im Sachenrecht behandelt werden.

## Erwerb der Erbschaft.

Hier folgt der Entwurf, gleich dem geltenden Gesetze, im wesentlichen dem römischen Rechte: Die Eröffnung der Erbfolge begründet für den Berufenen nur eine facultas adquirendi; der Erwerb der Erbschaft vollzieht sich durch die Annahmeerklärung; die Berufung wird hinfällig durch die Ausschlagung; der Annahme und der Ausschlagung werden bestimmte Handlungen und Unterlassungen des Berufenen gleichgestellt. Beide haben rückwirkende Kraft (§ 1512). Der Entwurf nennt den Berufenen auch schon vor der Annahme „Erbe" (§ 1507). Die transmissio ist allgemein (nur eine Ausnahme gilt nach § 1371, vgl. oben S. 94) und unbefristet zugelassen (§ 1508), jedoch kann sowohl dem zunächst Berufenen wie auch dem Transmissar auf Antrag der Interessenten vom Gericht „eine den Umständen entsprechende Frist" zur Erklärung bestimmt werden. Wenn der Berufene nicht innerhalb dieser Frist die Erbschaft durch Erklärung gegenüber dem Gerichte annimmt, so gilt er als ausschlagend (§ 1511). Nach § 1509 kann der Berufene, der die ihm auf Grund eines Testaments deferierte Erbschaft ausgeschlagen hat, „das ihm testamentarisch zugewendete Vermögen nicht als gesetzlicher Erbe fordern"; daraus ergibt sich, daß er durch eine solche Ausschlagung nicht seiner Rechte auf dasjenige Vermögen verlustig geht, über welches der Erblasser überhaupt nicht testamentarisch verfügt hat.

### Annahme der Erbschaft.

Regelmäßig kann die Annahme formlos erklärt werden; nur wenn dem Berufenen auf Antrag der Interessenten vom Gericht eine Frist gesetzt ist, hat die Erklärung gemäß § 1511 gegenüber dem Gerichte zu erfolgen. Hierüber bestimmt § 1514:

„Eine Person, die zur Erbfolge berufen ist, gilt als annehmend, wenn sie eine dahingehende Erklärung dem Gerichte gegenüber abgibt oder in Kenntnis der Berufung als Erbe Nachlaßvermögen besitzt, es benutzt oder über dasselbe verfügt, sowie überhaupt, wenn sie in Ansehung des Nachlasses Handlungen vornimmt, zu denen nur der Erbe befugt ist."

Trotz der kasuistischen Fassung ist diese Bestimmung nicht erschöpfend; insbesondere wird durch sie nicht der wichtige Fall gedeckt, daß der Berufene einem Erbschaftsgläubiger gegenüber erklärt, er sei Erbe.

Als Annahme soll nach § 1515 Abs. 1 nicht gelten ein Antrag auf Bestätigung des Testaments (darüber siehe unten zu §§ 1547 ff.), Vornahme von Maßregeln, die zum Schutze des Nachlasses erforderlich sind, Zahlung dringender Nachlaßschulden, Ausrichtung des Begräbnisses „und dem ähnliches".

Der Absatz 2 desselben Paragraphen statuiert implizite und gewissermaßen nur im Vorübergehen ein Recht der Hausgenossen, das dem deutschen „Rechte der dreißig Tage" ähnlich ist.

„Den Erben" — (also nicht allen Familiengliedern wie nach § 1969 BGB.) —, „die bis zum Tode des Erblassers mit diesem zusammen und auf dessen Kosten gelebt haben, wird das Recht eingeräumt, sechs Wochen nach dem Tode des Erblassers in der bisherigen Weise die Wohnungseinrichtung desselben zu benutzen und ihren Unterhalt aus dem Nachlasse zu beziehen, ohne daß darin eine Annahme der Erbschaft zu erblicken wäre."

Ein Fall fingierter Annahme der Erbschaft, die mit sehr empfindlichen Nachteilen für die davon Betroffenen verbunden sein kann, wird in § 1516 behandelt:

„Der Erbe gilt als annehmend, wenn er bei der Versiegelung des Nachlasses oder bei der Errichtung des Inventars in gewinnsüchtiger Absicht Nachlaßstücke verbirgt, oder wenn er im Besitze von Nachlaßstücken ist und innerhalb sechs Monaten nach Eröffnung der Erbfolge nicht für die Versiegelung des Nachlasses oder die Aufnahme eines Inventars sorgt."

Schließlich erklärt § 1517 eine Ausschlagung der Erbschaft gegen Entgelt als Annahme derselben.

### Ausschlagung der Erbschaft.

Wie nach § 1945 BGB. so kann auch nach § 1518 die Ausschlagung der Erbschaft nur durch Erklärung gegenüber dem Gerichte erfolgen.

Eine Ausschlagung der Erbschaft vor Eröffnung der Erbfolge ist unwirksam mit Ausnahme „der Ausschlagung bei der Abfindung" (§ 1519). Zum Verständnis dieser Vorschrift ist zu bemerken, daß der Entwurf mit dem letztgenannten Ausdrucke den Erbverzicht des BGB. bezeichnet.

Sehr bedenklich ist die Vorschrift des § 1520, die dem Art. 578 des schweizerischen Zivilgesetzbuches entspricht. Darnach sollen die Gläubiger des Erben, der zu ihrem Nachteile die Erbschaft ausgeschlagen hat, berechtigt sein, falls die Vollstreckung in das Vermögen des Erben erfolglos bleibt, im Laufe eines Jahres nach der Ausschlagung die Vollstreckung gegen das Vermögen zu richten, welches dem ausschlagenden Erben zugefallen wäre.

Bei Deliktsschulden und gesetzlichen Verbindlichkeiten mag eine solche Regelung der Billigkeit entsprechen. Personen aber, die einem anderen, mit Rücksicht auf eine diesem in Aussicht stehende Erbschaft, über dessen Vermögensverhältnisse hinaus kreditieren, sind wirtschaftliche Schädlinge und verdienen keine besondere Fürsorge des Gesetzgebers, jedenfalls aber keine Bevorzugung gegenüber der Familie ihres Opfers.

### Allgemeine Wirkungen des Erbschaftserwerbes.

Hierüber bestimmt § 1522 Abs. 1:

„Der Erbe, der die Erbschaft angenommen hat, erwirbt das Nachlaßvermögen nebst allen Rechten, die dem Erblasser zustanden. Auf den Erben gehen auch die Verbindlichkeiten des Erblassers über, soweit sie nicht durch den Tod des letzteren erlöschen."

Die im zweiten Satze ausgesprochene Einschränkung hätte entweder als selbstverständlich fortgelassen oder aber auch dem ersten Satze hinzugefügt werden müssen, denn nach § 55 erlöschen mit dem Tode des Berechtigten die mit seiner Person untrennbar verbundenen Rechte.

Der zweite und der dritte Absatz dieses Paragraphen sprechen die uns bereits bekannte Regel aus, daß die Erben einer für verschollen erklärten Person während der ersten fünf Jahre nach dem Aufgebot an dem Vermögen des Verschollenen nur ein Nießbrauchsrecht haben und daß erst nach Ablauf dieser Frist das Vermögen in ihr Eigentum übergeht.

### Haftung des Erben für die Nachlaßschulden.

Oben bereits ist bemerkt, daß nach dem heute geltenden Rechte der Alleinerbe für jede Nachlaßschuld im ganzen und nicht nur mit dem Nachlasse, sondern mit seinem ganzen sonstigen Vermögen haftet; desgleichen ist darauf hingewiesen, daß das russische Recht keinen Unterschied macht zwischen Erben und Vermächtnisnehmern: geht das Vermögen des Erblassers auf mehrere Personen über, so haftet jede derselben — sei es nun, daß sie einen Bruchteil des Nachlasses erhalten hat, ein bestimmtes Nachlaßstück oder eine bestimmte Geldsumme — für die Nachlaßschulden zu dem Teile, der dem Verhältnisse entspricht, in dem der Wert des von ihr Erlangten zum Werte des ganzen Nachlasses steht; dieses Wertverhältnis nachzuweisen, ist Sache des beklagten Miterben. Auch der Miterbe haftet für den auf ihn entfallenden Teil unbeschränkt mit seinem ganzen Vermögen (X. 1 § 1259). Irgend ein Mittel, eine Beschränkung der Haftung auf den Bestand des Nachlasses oder den Wert desselben resp. des erlangten Erbteils herbeizuführen, steht dem Erben nicht zu Gebote.

Diese unbeschränkte Haftung ist aber keineswegs altrussisches Recht. In ältester Zeit, als es in Rußland noch kein Individualvermögen, sondern nur Geschlechtsvermögen gab, konnte der Gläubiger seine Forderung bei Lebzeiten und nach dem Tode des Schuldners immer nur aus dem Vermögen des Geschlechts seines Schuldners beitreiben. Als dann später die Einheit des Geschlechts sich löste und an seine Stelle die Familie im engeren Sinne trat, hafteten dem Gläubiger sowohl bei Lebzeiten als auch nach dem Tode seines Schuldners dessen

Frau und Kinder. Eine eigentliche Erbenhaftung führte erst das Gesetzbuch des Zaren Alexej Michailowitsch vom Jahre 1649 ein, beschränkte diese Haftung aber ausdrücklich auf dasjenige Vermögen, welches die Erben durch die Erbfolge erlangt hatten. Mehrfachen, in der Praxis des 18. Jahrhunderts auftauchenden Versuchen, die Haftung weiter auszudehnen, traten Kaiserliche Ukase entgegen. Erst in der Konkursordnung vom Jahre 1800 wurde den Erben eines Kaufmannes unter gewissen Voraussetzungen eine unbeschränkte Haftung auferlegt. Der im Jahre 1814 ausgearbeitete Entwurf eines Zivilgesetzbuches brachte die unbeschränkte Haftung des Erben in Vorschlag. Dieser Entwurf, der sich auch sonst von dem historisch gewordenen Rechte völlig lossagte, ist nie Gesetz geworden; trotzdem gebührt ihm das zweifelhafte Verdienst, die unbeschränkte Haftung wenigstens indirekt ins russische Recht eingeführt zu haben. Das geschah in folgender Weise:

Wie erwähnt, sollte die „Zusammenfassung der Gesetze" im Gegensatze zum Entwurf vom Jahre 1814 nicht eine Gesetzesreform sein, sondern nur das damals geltende Recht in eine übersichtliche Form bringen. Jedem Paragraphen wurde daher, gewissermaßen als Nachweis seiner Berechtigung, eine Quellenangabe beigegeben, d. h. ein Verzeichnis derjenigen Gesetzesstellen, in welchen der in diesem Paragraphen ausgesprochene Satz legislatorischen Ausdruck gefunden hatte (vgl. darüber oben S. 8). Inmitten all dieser mit einer historischen Legitimation versehenen Bestimmungen erschien plötzlich und unvermittelt der § 1259 X. 1 (in der ältesten Ausgabe § 776), der die unbeschränkte Erbenhaftung statuierte, während die in der Fußnote zitierten Gesetzesstellen zum Teil das Gegenteil, zum Teil etwas ganz anderes aussprachen. Wir haben also hier ein eklatantes Beispiel eines vollkommenen Widerspruches zwischen der Zusammenfassung der Gesetze einerseits und der vollständigen Sammlung der Gesetze andererseits. Wie bemerkt (siehe oben S. 8), soll nun aber nach dem Reichsratsgutachten vom Jahre 1833 im Falle eines solchen Widerspruchs die Zusammenfassung maßgebend sein. Und so ist denn durch diese vielleicht unbewußte Willkür der Redaktoren der Zusammenfassung seit dem Jahre 1835 die unbeschränkte und unbeschränkbare Erbenhaftung geltendes Recht geworden (vgl. über alles dieses Mot. IV S. 389—405).

Der Entwurf stellt sich zwar prinzipiell auf den Standpunkt des heutigen Rechts, gewährt aber dem Erben die Möglichkeit, durch Errichtung eines Inventars seine Haftung auf den Wert des Nachlasses zu beschränken. Nur in einzelnen Ausnahmefällen tritt unbeschränkte Haftung ein. Die Berechnung des Teils der Nachlaßschuld, zu welchem der einzelne Miterbe haftet, geschieht in derselben Weise wie nach geltendem Rechte (vgl. oben S. 87). Über die Regelung der Beweislast sagt der Entwurf nichts; es wäre aber wohl zu empfehlen, wenn die in der Praxis des Senats hierüber bestehenden Grundsätze auch im Gesetze Ausdruck fänden, um einer etwa in Zukunft sich bildenden Meinung, der Kläger habe zu beweisen, zu welch einem Teile der Beklagte Erbe sei, den Boden zu entziehen.

Im einzelnen trifft der Entwurf folgende Bestimmungen:

Nach § 1523 haftet der Erbe, der die Erbschaft angenommen hat, „für alle auf ihn übergegangenen Verbindlichkeiten" (d. h. wohl für die Verbindlichkeiten, die nicht durch den Tod des Schuldners erlöschen; vgl. § 1522 Abs. 1) des Erblassers und zwar 1. zu ihrem vollen Betrage, wenn er der alleinige Erbe ist, und 2. zu dem seinem „Erbteile" entsprechenden Teile, wenn er zusammen mit anderen Personen Erbe wird.

Wie mehrfach bemerkt, bedeutet „Erbteil" im Sinne dieser Vorschrift nicht nur Bruchteil der Erbschaft, sondern auch einzelne Nachlaßgegenstände sowie auch Geldsummen, sei es, daß letztere dem Erben mittelbar oder unmittelbar zugewendet sind. Das ergibt sich, abgesehen von vielen an verschiedenen Stellen der Motive abgegebenen Erklärungen, auch schon aus den Bestimmungen der §§ 1525 und 1526. Darnach soll der Umfang der Haftung eines Erben, dem ein mit einem Nießbrauch belasteter Nachlaßgegenstand zugewendet ist, sich nach dem Werte des Gegenstands bestimmen, der sich nach Abzug des Wertes dieses Nießbrauchs ergibt, während die Haftung des Erben, dem ein Nießbrauchsrecht zugewendet ist, sich nach dem Werte dieses Nießbrauchs bestimmt. Zur Vermeidung etwaiger Mißverständnisse würde es sich meines Erachtens mehr empfehlen, wenn anstatt „Erbteil" in § 1522 gesagt würde „Wert des ihm zugefallenen Vermögens".

Ist eine Nachlaßschuld durch ein Pfand oder eine Hypothek an einem Nachlaßgegenstand besichert, so kann nach § 1524 die ganze Schuld gegen denjenigen Erben eingeklagt werden, der dieses Nachlaßstück von Todes wegen erworben hat, oder dem es bei der Erbteilung zugewiesen ist. Ein Regreßrecht gegen die anderen Erben steht letzterem nicht zu, es sei denn, daß im Testament oder in der Teilungsurkunde ein anderes bestimmt ist. Können die Gläubiger aus diesem Nachlaßstücke nicht volle Befriedigung erlangen, so sind sie berechtigt, im Laufe von drei Jahren nach Fälligkeit ihrer Forderung die Vollstreckung auch gegen das übrige Nachlaßvermögen zu richten.

Nach § 1532 kann der Testator bestimmen, daß die einzelnen Miterben in einem von § 1523 abweichenden Verhältnisse zur Berichtigung der Nachlaßschulden beizutragen haben; eine solche Bestimmung hat jedoch Wirkung nur im Verhältnisse der Miterben zueinander, nicht aber gegenüber den Nachlaßgläubigern.

Der Entwurf hat sich also abweichend vom BGB. und dem schweizerischen Zivilgesetzbuche, aber in Übereinstimmung mit dem römischen Rechte, dem Code civil und dem heute geltenden russischen Rechte (X. 1 § 1259) prinzipiell gegen die solidarische Haftung der Miterben entschieden.

Beide Regelungen haben ihre Vorzüge und ihre Nachteile, und man wird schwerlich eine derselben als die unbedingt zweckmäßigere bezeichnen können. Während die Kommissionsprotokolle zum zweiten Entwurf des BGB. kategorisch erklären, „daß der Gläubiger durch den Tod des Schuldners nicht schlechter gestellt werden dürfe", beschränken sich die Motive zum vorliegenden Entwurf (Mot. IV S. 383) auf die kurze Bemerkung, daß eine Verletzung der Interessen der Gläubiger unter der Herrschaft des geltenden Rechts in der Praxis nicht zutage getreten sei. Man sieht also aus dieser beiderseitigen Wortkargheit, daß sich wirklich entscheidende, durchschlagende Gründe weder für die eine Regelung noch für die andere finden lassen.

Überraschend einfach und — abgesehen von einigen Unklarheiten — im allgemeinen auch recht befriedigend sind die Vorschriften über die Beschränkung der Erbenhaftung. Der

Entwurf gewährt hierfür nur ein einziges Mittel: die Errichtung eines Inventars. Hart dagegen ist die Bestimmung, daß der Erbe dieser Wohltat nur dann teilhaftig wird, wenn er die Erbschaft durch Erklärung gegenüber dem Gericht annimmt unter gleichzeitiger Stellung eines Antrags betreffend Errichtung eines Inventars. Bei Annahme der Erbschaft durch pro herede gestio geht er dieses Rechtes verlustig. Der Berufene muß sich also jeglicher nach § 1514 (siehe oben S. 117) als Annahme der Erbschaft geltenden Verfügung über den Nachlaß enthalten, wenn er sich die Wohltat des Inventars wahren will. Andererseits ist der Entwurf milder als das römische Recht, indem er dem Erben keine Frist setzt, innerhalb welcher er die Annahme zu erklären und die Errichtung des Inventars zu beantragen hat. Gleichwie der Berufene — abgesehen von dem Falle, daß ihm auf Antrag der Interessenten nach § 1511 (siehe oben S. 117) eine gerichtliche Frist gesetzt ist — durch Zeitablauf nicht das Recht verliert, die Erbschaft anzunehmen oder auszuschlagen, so ist auch sein Recht, die Errichtung eines Inventars zu erbitten, an keine Zeit gebunden. Die Errichtung des Inventars erfolgt stets durch die Organe des Gerichts.

Die ganze Frage der beschränkten Erbenhaftung wird im Entwurf in fünf Paragraphen erledigt.

Zunächst bestimmt § 1527 Abs. 1:

„Dem Erben wird das Recht eingeräumt, die Erbschaft nach einem Inventar anzunehmen durch eine dem Nachlaßgerichte hierüber abzugebende Erklärung.“

In welcher Weise das Inventar zu errichten sei, bestimmt § 1528:

„Das Annahme-Inventar wird errichtet nach den Vorschriften, die für die Errichtung des Sicherungs-Inventars gelten“ (über letzteres vgl. unten zu § 1539). „Ist zum Zwecke der Sicherung des Nachlasses ein Inventar bereits errichtet, so bedarf es nur der Nachprüfung dieses früher errichteten Inventars.

Bei der Errichtung des Inventars können die Nachlaßgläubiger zugegen sein.“

§ 1529. „Der Erbe, der die Erbschaft nach einem Inventar angenommen hat, haftet für die Nachlaßschulden nur bis zum Werte des ihm durch die Erbfolge zugefallenen Vermögens."

§ 1530. „Personen, denen bestimmte Geldsummen oder einzelne bewegliche Sachen, die im Testament genau bestimmt sind, zu Eigentum oder zu Nießbrauch zugewendet sind, sowie auch Personen, denen wiederkehrende Leistungen testamentarisch zugewendet sind, haften für die Nachlaßschulden nur bis zum Werte dieser Zuwendungen."

Die in § 1530 genannten Personen sind also überhaupt nicht verpflichtet, die Errichtung eines Inventars zu beantragen.

§ 1531. „In allen übrigen, außer den in § 1529 und § 1530 bezeichneten Fällen haftet der Erbe, der die Erbschaft angenommen hat, für die Nachlaßschulden nicht nur mit dem ererbten, sondern mit seinem ganzen Vermögen."

Das ist schlecht ausgedrückt. Es klingt so, als hafte der Inventarerbe cum viribus hereditatis, während er doch nach dem insoweit ganz unzweideutigen Wortlaute des § 1529 pro viribus hereditatis haftet.

Nicht ganz klar ist auch die Vorschrift des § 1527 Abs. 2. Sie lautet:

„Nicht anders als nach einem Inventar können die Erbschaft annehmen: 1. die Erben einer Person, die für verschollen erklärt ist; 2. Vormünder, die die Erbschaft im Namen ihrer Mündel annehmen; 3. Anstalten, denen erbloses Gut zufällt."

Vielleicht wird man daraus folgern dürfen, daß eine von diesen Personen dem Gerichte gegenüber erklärte Annahme nicht als Annahme gilt, wenn sie nicht mit einem Antrage betreffend Errichtung eines Inventars verbunden ist. Ferner ließe sich vielleicht auch der Satz daraus ableiten, daß eine pro herede gestio seitens eines Vormundes oder der Organe der genannten Anstalten nicht den Erwerb der Erbschaft für den Mündel oder die Anstalt zur Folge hat. Wie aber, wenn die Erben eines Verschollenen pro herede gerieren oder bei Vornahme der gerichtlichen Sicherungsmaßregeln Nachlaßgegenstände in gewinnsüchtiger Absicht verbergen (§ 1516); soll auch dann eine Annahme der Erbschaft nicht als vorliegend betrachtet werden?

Schließlich gewährt § 1533 den Nachlaßgläubigern das beneficium separationis:

„Die Nachlaßgläubiger sind im Laufe von drei Jahren seit der Annahme der Erbschaft berechtigt, eine Absonderung des Vermögens, das dem Erblasser gehörte, von dem eigenen Vermögen des Erben zu verlangen, wenn sie Anlaß zur Befürchtung haben, daß die Verschmelzung dieser beiden Vermögen ihnen Nachteile bereiten könnte. Außerdem können die Nachlaßgläubiger beantragen, daß ihre Forderungen durch das Nachlaßvermögen sichergestellt werden."

## Abtretung des Rechts auf eine deferierte Erbschaft.

Während BGB. § 2033 eine Veräußerung der Erbschaft nur in Ansehung des Anteils eines Miterben zuläßt, kann nach dem Entwurf auch der Alleinerbe die Erbschaft im ganzen veräußern. Eine anderweitige Verfügung über die Erbschaft, insbesondere eine Verpfändung derselben, läßt der Entwurf nicht zu. Es wird wohl auch kaum ein Bedürfnis dafür vorhanden sein.

Der Erbe, so sagt § 1534, ist berechtigt, durch notariellen Akt die ihm deferierte Erbschaft einem anderen abzutreten. Mit dem Ausdrucke „die ihm deferierte Erbschaft" soll aber nicht gesagt sein, daß die Abtretung nach der Annahme nicht mehr zulässig sei; vielmehr soll darin nur ausgesprochen sein, daß die Abtretung nicht vor der Delation wirksam erfolgen kann.

Nach § 1535 steht, falls ein Miterbe vor der Auseinandersetzung seinen Anteil abtritt, den übrigen Miterben ein Vorkaufsrecht zu.

Mit dem Abschlusse des Vertrages geht die Erbschaft mit allen zu ihr gehörigen Rechten und Verbindlichkeiten auf den Erwerber über (§ 1536).

Die Nachlaßgläubiger können nach der Abtretung ihre Forderungen sowohl gegen den Erben selbst als auch gegen den Erwerber geltend machen. Das gleiche gilt in Ansehung der Verbindlichkeiten, die der Testator dem Erben auferlegt hat; also insbesondere in Ansehung der Auflagen und der mittelbaren Zuwendungen; hat der Erbe nach der Abtretung solche Ansprüche befriedigt, so steht ihm ein Regreßrecht gegen den Erwerber zu, es sei denn, daß im Vertrage ein anderes ausbedungen war (§ 1537).

Wofern im Vertrage nichts Abweichendes bestimmt ist, haftet der Erbe dem Erwerber nur dafür, daß ihm das Erbrecht, so wie er es abgetreten hat, zustehe; dagegen haftet er nicht „für den Bestand der Erbschaft“ (§ 1538).

## Sicherung des Nachlasses.

Über diese Frage enthält der Entwurf lediglich eine einzige Vorschrift (§ 1539), die sich mit dem Hinweis begnügt, daß die Sicherung des Nachlasses — durch Siegelung, Errichtung eines Inventars und Übergabe des Nachlaßvermögens an einen gerichtlich bestellten Verwahrer — nach den Vorschriften der Zivilprozeßordnung erfolgt. Damit ist aber nach den Motiven (IV S. 419) nicht die zurzeit geltende Zivilprozeßordnung gemeint, sondern vielmehr der im Jahre 1900 veröffentlichte „Entwurf einer neuen Redaktion der Zivilprozeßordnung“, der in den §§ 1777—1846 hierüber sehr eingehende Bestimmungen trifft. Dieselben sind für uns jedoch zunächst nur insoweit von Interesse, als sie sich auf die Errichtung des Inventars beziehen, weil, wie oben bemerkt, auch die Errichtung des Inventars zur Herbeiführung der beschränkten Haftung des Erben den gleichen Bestimmungen unterliegt. Nach §§ 1809 bis 1816 dieses Entwurfes geschieht die Errichtung des Inventars auf Verfügung des Einzelrichters durch den Gerichtsvollzieher, der zwei unbeteiligte Personen als Zeugen hinzuzuziehen hat. Der Errichtung können auch die Verwandten des Erblassers beiwohnen. Das Inventar soll eine möglichst genaue Herzählung und Bezeichnung aller einzelnen beweglichen Gegenstände enthalten und in betreff der Grundstücke die Angabe der Lage und des Umfanges sowie eine Herzählung des Inventars.

Die Schätzung der Nachlaßgegenstände erfolgt durch Sachverständige. Geschieht die Errichtung lediglich zur Sicherung, so kann die Schätzung unterbleiben.

## Aufgebot der Erben.

Auch in bezug auf diese Frage verweist derselbe § 1539 auf den Entwurf der Zivilprozeßordnung, und § 1540 fügt hinzu, daß den etwaigen Erbprätendenten zur Anmeldung ihrer Ansprüche eine Frist von sechs Monaten gesetzt werden soll. Die wichtigste Wirkung der Versäumung dieser Frist besteht darin, daß der Antragsteller zum Zwecke der Erlangung einer Erblegitimation nicht verpflichtet ist, den Nachweis zu erbringen, daß außer ihm keine anderen erbberechtigten Personen vorhanden sind (vgl. unten zu § 1545).

## Nachlaßpflegschaft.

Nach § 1541 kann über eine Erbschaft, die vom Erben noch nicht angenommen ist, eine Pflegschaft angeordnet werden, und zwar:

1. auf Antrag der Nachlaßgläubiger;

2. von Amts wegen, wenn „der Zustand des Nachlasses dieses erforderlich erscheinen läßt"; insbesondere wenn der Testamentserbe noch nicht geboren ist oder wenn im Testament ein Erbe unter einer Suspensivbedingung eingesetzt ist; ferner wenn es sich um das Vermögen einer für verschollen erklärten Person handelt und dasselbe den erbberechtigten Personen gemäß § 1522 Abs. 3 vorläufig nur zu Nießbrauch überlassen ist.

Der Pfleger hat die Aufnahme eines Inventars zu beantragen, wofern ein solches nicht schon gemäß § 1539 von Amts wegen errichtet ist, und hat den Nachlaß „mit den Rechten und Pflichten eines Vormundes zu verwalten" (§ 1542).

Die Pflegschaft erlischt gemäß § 1543:

1. wenn der Erbe die Erbschaft annimmt; also im Falle der Verschollenheit des Erblassers, wenn dessen Vermögen den erbberechtigten Personen zu Eigentum überwiesen wird;

2. wenn der Nachlaß für erbloses Gut erklärt wird;

3. wenn über den Nachlaß der Konkurs eröffnet wird.

## Erblegitimation.

Die hierauf bezüglichen Vorschriften des Entwurfs sind entwickelt in engem Anschlusse an das heute geltende, auf Gesetz und Senatsentscheidungen sich gründende Recht. Demnach unterscheidet der Entwurf „die Bestätigung des

Testaments zur Ausführung“ und „die Bestätigung im Erbrechte“, welch letztere nur für die gesetzlichen Erben gilt. Beide Arten der Bestätigung haben in Ansehung dritter Personen, die mit dem dergestalt legitimierten Erben in geschäftliche Beziehungen treten, im wesentlichen dieselben Wirkungen, wie die Erteilung des Erbscheines nach BGB. Jedoch finden einige Abweichungen statt.

I. Die Bestätigung im Erbrecht. Diese Form gilt nur für die gesetzlichen Erben. Obgleich das im Texte des Entwurfs nicht ausdrücklich betont ist, ergibt es sich doch aus der Gesamtheit der einschlägigen Vorschriften und den Motiven (IV S. 416). Die Bestätigung erfolgt nur auf Antrag. Der Antrag ist an keine Frist gebunden. Zuständig ist der Einzelrichter resp. das Kollegialgericht erster Instanz, je nach dem vom Antragsteller angegebenen Werte des Nachlasses (Entw. ZPO. § 1857). Der Antragsteller hat die Tatsachen, auf welche er sein Erbrecht gründet, anzugeben und durch Urkunden darzutun. Bezüglich des Nachweises des Umstandes, daß keine Personen vorhanden sind, bei deren Vorhandensein der Antragsteller von der Erbfolge ausgeschlossen oder sein Erbteil gemindert würde, unterscheidet § 1545 und Entw. ZPO. § 1856 zwei Fälle:

a) Ist ein Aufgebot der Erben erfolgt und ist die Anmeldefrist verstrichen, ohne daß sich jemand gemeldet hätte, so bedarf es für diesen Umstand keines weiteren Nachweises.

b) Ist ein Aufgebot noch nicht erfolgt, oder ist es zwar erfolgt, die Anmeldefrist jedoch noch nicht abgelaufen, so ist dieser Umstand durch ein vom Einzelrichter zu erteilendes Zeugnis nachzuweisen. In welcher Weise der Einzelrichter das festzustellen hat, darüber enthalten beide Entwürfe keinerlei genaue Vorschriften. Vielmehr sagt Entw. ZPO. § 1856 nur ganz allgemein, daß er das Zeugnis zu erteilen habe auf Grund von ihm angestellter Ermittelungen.

Ist die Bestätigung erfolgt, so hat das Gericht dem Antragsteller ein Zeugnis hierüber auszufertigen (Entw. ZPO. § 1868).

Abweichend vom BGB. § 2365 spricht der Entwurf nicht allgemein den Satz aus, daß das Zeugnis die Vermutung begründe, daß demjenigen, der in dem Zeugnis als Erbe bezeichnet ist, das Erbrecht auch wirklich zustehe. Vielmehr werden nur in Entw. ZPO. § 1774 und § 1775 in Verbindung mit § 1869 die Rechtsakte hergezählt, zu denen der im Erbrechte Bestätigte auf Grund dieses Zeugnisses berechtigt ist. Insbesondere wird daselbst erwähnt, daß er, gestützt auf dieses Zeugnis, die grundbuchmäßige Umschreibung der zum Nachlaß gehörigen Grundstücke auf seinen Namen verlangen kann, sowie auch, daß der zum Zwecke der Sicherung in amtliche Verwahrung genommene Nachlaß ihm auszuhändigen ist.

II. Die Bestätigung des Testaments zur Ausführung. Dieselbe erfolgt entweder auf Antrag des im Testament Bedachten (Entw. ZPO. § 1749) oder von Amts wegen, wenn das Testament von der Behörde oder der Person, in deren Verwahrung es sich befand, dem zuständigen Gerichte übersandt worden ist (§ 1547 und Entw. ZPO. § 1795). Ist das Testament notariell errichtet und gelangt das Gericht auf Grund der von ihm angestellten Ermittelungen resp. auf Grund des vom Antragsteller beigebrachten Nachweises zu der Überzeugung, daß der Erblasser verstorben ist, so wird das Testament ohne weiteres bestätigt, es sei denn, daß sich aus der Testamentsurkunde selbst die Unwirksamkeit des Testaments ergibt (Entw. ZPO. § 1750 und §§ 1753—1754).

Handelt es sich um ein häusliches Testament, so sind außerdem noch alle Personen, welche die Urkunde mitunterzeichnet haben, zu vernehmen, es sei denn, daß dieselben verstorben oder unauffindbar sind (Entw. ZPO. §§ 1756—1757).

Die Bestätigung ist zu verweigern, wenn das Testament nach Ablauf von zwei Jahren seit dem Tode des Erblassers dem Gerichte eingereicht wird, es sei denn, daß der Antragsteller beweist, daß er keine Kenntnis von dem Vorhandensein des Testaments hatte oder daß er die Frist aus einem sonstigen beachtenswerten Grunde versäumt habe. Ein nach Ablauf von zehn Jahren nach dem Tode des Erblassers eingereichtes Testament kann auch bei Vorliegen der genannten Umstände nicht bestätigt werden (§ 1547). In diesem Falle ist der Testamentserbe lediglich auf den Prozeßweg verwiesen (Entw. ZPO. § 1752).

Die Wirkung des dem Testamentserben über die Bestätigung des Testaments zu erteilenden Zeugnisses bestimmt sich gleichfalls nach Entw. ZPO. § 1774 und § 1775.

III. Schutz des guten Glaubens. Auch diese Frage ist im Entwurf — wenngleich im praktischen Resultat fast übereinstimmend — so doch in Einzelheiten abweichend vom BGB. geregelt. Zunächst bestimmt § 1549:

„Hat jemand gutgläubig und entgeltlich Rechte an Nachlaßgegenständen erworben von einer Person, die im Erbrecht bestätigt ist, oder die in einem gerichtlichen Erkenntnisse als Erbe anerkannt ist, oder die auf Grund eines bestätigten Testaments handelte, so bleiben diese Rechte in Kraft, auch wenn nach dem Erwerbe festgestellt werden sollte, daß die Person, die als Erbe verfügte, in Wirklichkeit nicht Erbe war."

Zu dieser Vorschrift tritt ergänzend hinzu eine Bestimmung, die man eigentlich in unmittelbarem Anschluß an die erstere vermuten würde, die sich aber in Wirklichkeit im Obligationenrechte findet, und zwar im Kapitel, das über die Erfüllung der Obligation handelt. Diese Bestimmung — § 1618 — lautet:

„Hat der Schuldner die geschuldete Leistung an eine Person bewirkt, die im Erbrecht bestätigt ist oder die als Erbe des Gläubigers den Nachlaß in Besitz genommen hat, so ist die Obligation wirksam erfüllt, wenngleich sich in der Folge herausstellen sollte, daß diese Person nicht Erbe war."

Auffallend ist es, daß § 1618 dann nicht Anwendung finden soll, wenn die Leistung an eine Person bewirkt ist, die in einem bestätigten Testament zum Erben eingesetzt ist oder die in einem gerichtlichen Erkenntnisse als Erbe anerkannt ist. Mir scheint diese Divergenz zwischen § 1618 und § 1549 lediglich auf einem Versehen zu beruhen. Auch in den Motiven finde ich keine Erklärung für dieselbe.

IV. Etwas überraschend wirkt es, unter den Vorschriften über die Erblegitimation die zwei einzigen Paragraphen des Entwurfs zu finden, die der hereditatis petitio gewidmet sind und diese Frage in erstaunlicher Kürze erledigen.

Gemäß § 1550 bestimmt sich die Haftung der Personen, „die als Erben Nachlaßgegenstände besitzen", gegenüber dem wahren Erben nach den Vorschriften über die rei vindicatio. § 1551 gewährt dem zu Unrecht für verschollen Erklärten eine der hereditatis petitio analoge Klage, wobei Verfügungen, die von den Personen getroffen sind, denen das Vermögen des

Verschollenen als Erben zugewiesen war, unter den gleichen Voraussetzungen aufrecht erhalten werden, wie die Verfügungen der Personen, die im Erbrecht bestätigt sind, resp. die auf Grund eines bestätigten Testaments handelten. Auch hier beruht es wohl nur auf einem Versehen, daß ein Hinweis auf § 1618 fehlt.

## Teilung des Nachlasses.

Auf diese finden die Vorschriften über die Auseinandersetzung unter Miteigentümern Anwendung (§ 1552) mit nur drei Abweichungen:

1. Die Vorschrift des BGB. § 2049, nach welcher ein Landgut, welches nach Anordnung des Testators einem der Miterben zufallen soll, zum Ertragswert angesetzt werden soll, wird in § 1553 auf Grundstücke jeder Art ausgedehnt. Der Ertragswert ist in der Weise zu ermitteln, daß der durchschnittliche Reinertrag der letzten zehn Jahre mit 25 multipliziert wird.

2. Gleich BGB. § 2043 Abs. 1 bestimmt § 1554 Abs. 2, daß die Erbteilung zu unterbleiben hat, wenn die Geburt eines Miterben zu erwarten steht. Nach § 1554 Abs. 1 wird die Erbteilung dadurch nicht gehindert, daß ein Miterbe unter Vormundschaft oder Pflegschaft steht.

3. Ist einem Miterben bei der Teilung eine Nachlaßforderung zugewiesen, so haften die übrigen Miterben ihm, gemäß § 1555, für die Zahlungsfähigkeit des Schuldners. Die Haftung erlischt nach Ablauf von zehn Jahren seit dem Zeitpunkte, in dem der Schuldner in Verzug geraten ist. Eine solche Haftung erscheint mir zu weit gehend; meines Erachtens müßte sie davon abhängig gemacht werden, daß der Miterbe, dem die Forderung zugewiesen war, bei Einziehung derselben die erforderliche Sorgfalt beobachtet habe.

## Abfindung.

Unter dieser Überschrift bringt der Entwurf zwei Rechtsinstitute zur Darstellung, die im BGB. getrennt als Ausgleichung und als Erbverzicht behandelt werden. Diese Verbindung beider Rechtsinstitute erklärt sich daraus, daß der Entwurf, der überhaupt von den abstrakten Rechtsgeschäften einen weit sparsameren Gebrauch macht, auch den Erbverzicht als Kausalgeschäft, und zwar als „Ausschlagung der Erbschaft vor Eröffnung der Erbfolge gegen Entgelt“ behandelt.

I. Die Ausgleichungspflicht ist begründet nicht nur, wie nach BGB. § 2050, wenn der Erblasser von seinen Abkömmlingen beerbt wird, sondern ganz allgemein bei der gesetzlichen Erbfolge; jedoch ist die Ehefrau zur Ausgleichung nur dann verpflichtet, wenn sie zusammen mit Erben der ersten Ordnung berufen ist (§ 1563). Zur Ausgleichung sind zu bringen Zuwendungen, die der Erblasser einem „präsumtiven“ gesetzlichen Erben mit der Anordnung gemacht hat, daß die Zuwendung in den Erbteil einzurechnen sei (§ 1556). Fehlt es bei der Zuwendung an einer solchen Anordnung, so besteht eine Ausgleichungspflicht lediglich in Ansehung einer Mitgift, die einer präsumtiven Erbin gewährt ist, es sei denn, daß der Erblasser bei der Zuwendung ein anderes bestimmt hat (§ 1557).

Über die Art der Ausgleichung bestimmt § 1565:

„Die Anrechnung der Zuwendung erfolgt in der Weise, daß der Wert des dem abgefundenen Erben gebührenden Erbteils vermindert wird um den Wert, den das zugewendete Vermögen zur Zeit der Zuwendung hatte unter Hinzurechnung der gesetzlichen Zinsen vom Zeitpunkt der Eröffnung der Erbfolge.“

Es werden also, anders als nach BGB. § 2055, die sämtlichen Zuwendungen, die zur Ausgleichung zu bringen sind, nicht dem Nachlasse hinzugerechnet. Daraus ergibt sich meines Erachtens eine große Unbilligkeit: Hatte z. B. der Erblasser, der von einem Sohne und einer Tochter beerbt wird, der letzteren eine Mitgift im Betrage von 10 gewährt und hinterläßt 20, so erhält die Tochter nach dem Entwurfe bei der Erbteilung nichts, während ihr nach BGB. § 2055 und wohl auch nach der Billigkeit noch 5 gebühren würden.

II. Über den Erbverzicht enthält der Entwurf nur vier Paragraphen:

§ 1519. „Eine Ausschlagung der Erbschaft, die vor der Eröffnung der Erbfolge geschieht, ist unwirksam mit Ausnahme der Ausschlagung bei der Abfindung“ (vgl. oben S. 119).

§ 1559. „Die Ausschlagung der Erbschaft bei der Abfindung (§ 1519) ist verbindlich sowohl für den Ausschlagenden selbst wie auch für seine Abkömmlinge, es sei denn, daß bei der Ausschlagung ein anderes vereinbart ist."

Also ist der Erbverzicht trotz seines Namens auch nach dem Entwurf ein Vertrag.

§ 1560. „Die Ausschlagung der Erbschaft bei der Abfindung hat verbindliche Kraft für den Ausschlagenden nur, wenn er zusammen mit Verwandten derselben Ordnung zur Erbfolge berufen wird."

Das ist nicht sehr klar ausgedrückt.

§ 1561. „Die Ausschlagung der Erbschaft bei der Abfindung ist zu beurkunden."

# Sachenrecht.

In der heutigen juristischen Literatur ist für Sachenrecht der Ausdruck „weschtschnoje prawo“, der dem Wortstamme nach genau dem deutschen Ausdrucke entspricht, üblich. Die Verfasser des Entwurfs finden diese Bezeichnung nicht vollkommen zutreffend, weil im geltenden Gesetze und im Sprachgebrauche des Lebens man unter „weschtschj“ nur eine bewegliche Sache verstehe. Sie bringen daher das etwas altertümelnde Wort „wotschinnoje prawo“ in Vorschlag. Wotschini (von wotez, alte Form von otez, der Vater) hießen im Rechte der moskauischen Periode die Allodialgüter im Gegensatz zu den pomestja, den Dienstgütern, die den Beamten des Zaren an Stelle der Geldlöhnung zur Nutznießung überwiesen waren.

Erwägt man jedoch, daß das Wort wotschina sowohl in der Gesetzessprache, wo es heute noch vereinzelt vorkommt, wie auch in der Sprache des täglichen Lebens, wenn es hie und da noch einmal angewendet wird, stets nur auf Immobilien, und zwar nicht auf alle, sondern nur auf Landgüter bezogen wird, so wird man kaum behaupten dürfen, daß dieser neue terminus einen Vorzug vor dem alten besitzt. Dazu kommt noch, daß in diesem Buche des Entwurfs auch die sogenannten Immaterialgüterrechte zur Darstellung gelangen, die der Entwurf (§ 740) gleichfalls ausdrücklich als wotschinnija prawa bezeichnet.

Indessen darf terminologischen Fragen keine gar zu große Bedeutung beigemessen werden, und wenn es dem neuen Worte beschieden sein sollte, im Sprachgebrauche des Lebens festen Fuß zu fassen, so muß die Sache damit als erledigt betrachtet werden.

In fast allen Lehren, die in diesem Buche zur Darstellung gelangen, steht der Entwurf dem BGB. erheblich näher als in den dem Familienrechte und dem Erbrechte angehörenden Materien. Wir werden uns daher hier auch weit kürzer fassen dürfen. Jedoch wird es sich empfehlen, bevor wir auf Einzelfragen eingehen, einige allgemeine Bemerkungen über das Liegenschaftsrecht vorauszuschicken. Das erscheint um so mehr geboten, als der Entwurf vielfach Bezug nimmt auf den im Jahre 1893 erschienenen Entwurf einer Grundbuchordnung, den wir daher gleichfalls in allgemeinen Zügen kennen lernen müssen.

## Liegenschaftsrecht.[1])

### Geschichte und geltendes Recht.

Soweit historische Daten vorliegen, bestand schon im älteren Rechte der Grundsatz, daß zur Übertragung des Eigentums an Grundstücken eine Eintragung des Veräußerungsgeschäftes in öffentliche Bücher erforderlich sei. In der moskauischen Periode lag die Führung dieser Bücher für das ganze Reich einer einzigen in Moskau bestehenden Zentralbehörde ob. Zum Beweise, daß dieser Zustand herrschend war, beruft man sich in den russischen Lehrbüchern gewöhnlich auf Art. 34 des 17. Kapitels des Gesetzbuches des Zaren Alexej Michailowitsch vom Jahre 1649:

> „Wenn jemand seine wotschina, mag er sie geerbt oder gekauft haben, oder mag sie ihm verliehen sein, an jemand verkauft, das Geld dafür nimmt und ihm den Kaufbrief aushändigt, aber diese wotschina im Grundbuche dem Käufer nicht zuschreiben läßt, und wenn er darauf diese seine wotschina diebischerweise einem anderen verkauft, das Geld nimmt und die wotschina dem zweiten Käufer im Grundbuche zuschreiben läßt, dann soll diese wotschina der besitzen, dem sie im Grundbuche zugeschrieben ist. Dem ersten Käufer aber ist nicht zu gestatten, daß er besitze, weil er diese wotschina zwar kaufte, sie aber im Grund-

---

[1]) Soweit hier auf die historische Entwicklung und das geltende Recht Bezug genommen wird, vergleiche des Näheren: L. A. Casso, Das russische Liegenschaftsrecht (russkoje posemelnoje prawo). Moskau, Golubew, 1906.

buche sich nicht zuschreiben ließ; jedoch ist ihm zu gestatten, daß er nach seinem Kaufbriefe sein Geld von dem Verkäufer beitreibe. Auch soll befohlen werden, daß dem Verkäufer für diese Dieberei, daß er seine wotschina zweien verkaufte, eine Strafe bereitet werde; und er soll in Gegenwart vieler Leute vor dem Grundbuchamte schonungslos mit der Knute geschlagen werden, auf daß den Leuten, die solches sehen, es nicht verlockend erscheinen möge, ein Gleiches zu tun."

Im 18. Jahrhundert änderte sich das. Die Zentralisierung, die sich schon in der moskauischen Periode als höchst lästig erwies, wurde völlig undurchführbar, als das Reich sich immer weiter ausdehnte. Mit der Zentralisierung fiel aber auch das Grundbuchsystem. Nach einem Gesetze Peters des Großen sollte jeder auf Veräußerung eines Grundstückes gerichtete Vertrag öffentlich beurkundet werden; die so vollzogene Urkunde wurde dann in der Senatszeitung publiziert. Mit Ablauf von zwei Jahren nach der Publikation sollte das Gericht, in dessen Bezirk das Grundstück belegen war, falls niemand dem Vertrage widersprochen hatte, dem Erwerber das Grundstück zusprechen und ihn in den Besitz einweisen. Wegen mangelnder Bestimmtheit des hierauf bezüglichen Gesetzes war es in der Praxis streitig, welcher der genannten Vorgänge den Eigentumsübergang bewirke.

Ein neues System schuf die Notariatsordnung von 1866 (Zusammenfassung der Gesetze XVI. 1), ergänzt durch ein Gesetz von 1891. Nach diesen Gesetzen ist jeder auf Veräußerung eines Grundstücks gerichtete Vertrag von einem beliebigen Notar öffentlich zu beurkunden. Die so vollzogene Urkunde wird dem Obernotar — einem Beamten des Bezirksgerichts, in dessen Bezirk das Grundstück belegen ist — zur Bestätigung vorgelegt. Der Obernotar hat die Berechtigung des Veräußerns zu der von ihm getroffenen Verfügung zu prüfen. Um ihn hierzu instand zu setzen, hat das Gesetz ihm zur Pflicht gemacht, über alle Grundstücke seines Bezirks zwei Bücher zu führen, und zwar erstens das Grundbuch (krepostnaja kniga), in welches chronologisch alle von ihm bestätigten Urkunden wörtlich einzutragen sind, und zweitens das Grundregister (krepostnoi rejestr); in das letztere werden, geordnet nach Kreisen, Städten und Grundstücken, kurze Vermerke über den Inhalt der Urkunde eingetragen. Nach Bestätigung der eingereichten Urkunde erhält der Erwerber eine Ausfertigung. Unter Vorweisung dieser bittet der Erwerber das Bezirksgericht, ihn in den Besitz einzuweisen. Die Einweisung geschieht durch den Gerichtsvollzieher. Nach der vielfach ausgesprochenen Ansicht des Senats vollzieht sich der Eigentumsübergang schon mit der Bestätigung der Urkunde. Trotzdem somit die Besitzeinweisung eigentlich ganz überflüssig ist, lassen die Obernotare, um sich völlig zu decken, den Erwerber nur dann als verfügungsberechtigten Eigentümer gelten, wenn er den Nachweis erbringt, daß er in den Besitz eingewiesen ist.

Zu bemerken ist jedoch, daß der Eigentumsübergang sich nur dann vollzieht, wenn der Veräußerer in Wahrheit verfügungsberechtigter Eigentümer des Grundstücks war; nicht genügend ist, daß der Obernotar auf Grund der in seinem Besitz befindlichen Nachweise ihn für verfügungsberechtigt erklärt hat. Das Grundbuch und das Grundregister genießen also keinen öffentlichen Glauben, sondern haben nur den Zweck, zur Orientierung des Obernotars zu dienen.

Die Mängel dieses Systems, die in den Motiven zum Entwurf der Grundbuchordnung (S. 18—31) eingehend besprochen werden, liegen auf der Hand: Die Bezirke der Bezirksgerichte umfassen regelmäßig ein Areal von etwa 50 000 Quadratkilometer; es gibt kleinere, aber auch viel größere; zum Zwecke einer jeden Veräußerung sind in Bewegung zu setzen ein Notar, der Obernotar, das Bezirksgericht und der Gerichtsvollzieher; die Kaufurkunde ist fünfmal niederzuschreiben und schließlich ist ein Zeugnis über die Besitzeinweisung auszufertigen. Das alles ist natürlich mit großem Zeitverlust und erheblichen Kosten verbunden, die oft in gar keinem Verhältnis zu dem Werte des Grundstückes stehen. Es kommt daher sehr häufig vor, daß im Besitze von Grundstücken sich Personen befinden, die keinen Titel für sich anführen können, der den Anforderungen des Gesetzes entspricht. Die mißlichen Folgen dieses Zustandes machen sich natürlich dann geltend, wenn das Grundstück veräußert oder belastet werden soll, desgleichen, wenn der Rechtsvorgänger des jetzigen Besitzers in Konkurs gerät.

Da schließlich die Bücher und Register des Obernotars nicht öffentlichen Glauben genießen, ist auch ein Erwerber, der allen vom Gesetze geforderten Formalitäten Genüge geleistet hat, niemals vollkommen im Besitze gesichert und stößt oft auf Schwierigkeiten, wenn er sich unter Verpfändung seines Grundstücks Geld beschaffen will.

## Das Liegenschaftsrecht des Entwurfs.

Wenn ich vom Liegenschaftsrechte des Entwurfs rede, so ist das eigentlich nicht ganz genau, denn außer dem hier besprochenen Entwurfe liegen zurzeit noch vier Entwürfe anderer Gesetze vor, die alle nach ihrem Inkrafttreten bestimmenden Einfluß auf das Liegenschaftsrecht haben werden. Es sind das folgende:

1. Entwurf eines Gesetzes betreffend die Verfassung der Grundbuchämter;
2. Entwurf einer Grundbuchordnung;
3. Entwurf eines Gesetzes betreffend Sicherung von Verträgen mit dem Fiskus und den öffentlichen Kreditanstalten durch Immobilien;
4. Entwurf eines Gesetzes betreffend die Zwangsversteigerung von Grundstücken.

Sämtliche Entwürfe sind im Jahre 1893 veröffentlicht. Für uns kommen hier jedoch lediglich die beiden erstgenannten Entwürfe in Frage.

Das Liegenschaftsrecht, wie es in diesen beiden Entwürfen zur Darstellung gelangt, stimmt in fast allen wesentlichen Punkten so sehr mit dem Liegenschaftsrechte des Deutschen Reichs überein, daß wir uns an dieser Stelle lediglich auf eine Hervorhebung der wichtigsten Abweichungen beschränken können.

Während, wie bemerkt, nach geltendem Rechte in jedem Bezirk eines Bezirksgerichtes nur ein Obernotar amtiert, soll nach § 1 des Entwurfs des Gesetzes betreffend die Verfassung der Grundbuchämter in jedem Kreise ein vom Bezirksgericht detachiertes Grundbuchamt errichtet werden; ein Kreis hat regelmäßig einen Umfang von etwa 5000 Quadratkilometer; freilich gibt es auch kleinere und erheblich größere. Jedes

Grundbuchamt wird nach § 2 desselben Entwurfs mit drei juristisch vorgebildeten Amtspersonen besetzt: einem Mitgliede des Bezirksgerichts als Vorsteher, einem „Verwahrer des Grundbuchs" und einem Gehilfen des letzteren. Außerdem wird dem Amte die erforderliche Zahl von Kanzlisten zugewiesen. Dem Verwahrer des Grundbuchs liegt der persönliche Verkehr mit dem Publikum und die vollständige Vorbereitung aller Sachen ob, so daß der Vorsteher, der die Verfügungen trifft, von allen mechanischen Arbeiten und Schreibereien gänzlich befreit ist — eine Einrichtung, die überall lebhaft zur Nachahmung empfohlen werden kann [1]).

Terminologisch abweichend von der deutschen GBO. bezeichnet der Entwurf der Grundbuchordnung das einzelne Grundbuchblatt als Grundbuch, während das, was in Deutschland Grundbuch heißt, mit dem Ausdrucke Grundbücher bezeichnet wird.

Gegenstand der Buchung sind nur einzelne Grundstücke. Eine Verbindung der Grundbücher mit den Flurbüchern lehnt der Entwurf (Motive zum Entwurf der Grundbuchordnung S. 39) mit der Begründung ab, daß die Grundbücher nur über die rechtlichen Verhältnisse der Grundstücke, nicht aber über deren tatsächliche Beschaffenheit Auskunft geben sollen.

Alles was im Grundbuche niedergeschrieben wird, heißt wnessenije (wörtlich: Eintragung); das, was in Deutschland Eintragung heißt, wird als sapissj bezeichnet; für Löschung wird der ethymologisch genau übereinstimmende Ausdruck pogaschenije gebraucht; otmetka, ein Wort, das wir mit „Vermerk" übersetzen wollen, bedeutet sowohl die Vormerkung als auch den Widerspruch (Entwurf der Grundbuchordnung § 5).

Jedes „Grundbuch" enthält vier Abteilungen; die Abteilungen zerfallen in Spalten.

Die erste Abteilung gibt eine möglichst genaue Bezeichnung des Grundstücks und dient außerdem zur Eintragung

---

[1]) Die hier als Grundbuchamt bezeichnete Behörde hat außerdem noch besondere Register zu führen zur Eintragung der Firmen der Einzelkaufleute (§ 1338), der „vollen Gesellschaften" (§ 2117), der Kommanditgesellschaften (§ 2224) und der Aktiengesellschaften (§ 2670); soweit diese Funktionen in Frage kommen, werden wir sie schlechthin als Registerbehörde bezeichnen.

der mit dem Eigentume am Grundstücke verbundenen Rechte.

In der zweiten Abteilung dient die erste Spalte zur Angabe des Eigentümers sowie der Urkunde, auf Grund deren das Eigentum erworben ist, und des in der Urkunde angegebenen Erwerbspreises. Die zweite Spalte enthält die Verfügungsbeschränkungen, denen der Eigentümer unterworfen ist, insbesondere: die Eigenschaft des Grundstückes als eines Familien-Fideikommisses, die durch Testament oder Schenkungsakt auferlegten Beschränkungen, die Eröffnung des Konkurses über das Vermögen des Eigentümers, die Entmündigung des Eigentümers sowie schließlich die Löschungen der erwähnten Beschränkungen.

In der dritten Abteilung enthält die erste Spalte „Beschränkungen des Eigentumsrechts (Rechte an fremden Sachen), Mietrechte und Rechte aus einem Vertrage über Abholzung von Wald". In der zweiten Spalte werden eingetragen Veränderungen der in der ersten Spalte verzeichneten Rechte sowie Löschungen derselben.

Die vierte Abteilung enthält in ihrer ersten Spalte Eintragungen von Hypothekenrechten, in der zweiten Veränderungen und Löschungen derselben. Hierbei ist zu bemerken, daß die Entwürfe das Pfandrecht an beweglichen Sachen und an Grundstücken überhaupt nicht zu den Rechten an fremden Sachen zählen, sondern ihnen eine selbständige Stellung im System anweisen. In dieser Beziehung sagt § 740:

> „Sachenrechte sind 1. das Eigentum, 2. die Rechte an fremden Sachen, 3. Hypothek und Pfandrecht."

Indessen hat diese Einteilung lediglich terminologische Bedeutung und ist ohne Einfluß auf die materielle Gestaltung des Inhalts dieser Rechte.

„Vermerke" (also Vormerkungen und Widersprüche) werden in diejenige Abteilung und Spalte eingetragen, in der sich die Eintragung resp. Löschung des Rechts befindet, auf welches sie Bezug haben.

Vergleiche zu allem Vorstehenden Entwurf der Grundbuchordnung §§ 116—120.

Über das Verfahren vor dem Grundbuchamte enthalten §§ 212—315 desselben Entwurfs sehr eingehende Bestimmungen.

Entscheidend für die Gestaltung des ganzen Verfahrens ist in erster Reihe die vom deutschen Reichsrechte abweichende, grundlegende Bestimmung des § 4 desselben Entwurfs:

„Verträge über Erwerb von dinglichen Rechten an Grundstücken müssen bei Gefahr der Unwirksamkeit unter Mitwirkung des Grundbuchamts geschlossen werden, in dessen Bezirk das Grundstück belegen ist.“

An die Stelle der abstrakten, dinglichen Einigung des deutschen Reichsrechts tritt hier ein kausaler, das obligatorische und das dingliche Verhältnis mitumfassender, von dem Grundbuchamte zu beurkundender Vertrag. Selbstverständlich findet diese Vorschrift keine Anwendung, wenn eine Eintragung beantragt wird auf Grund eines gerichtlichen Urteils oder auf Grund gesetzlicher oder testamentarischer Erbfolge (Entw. der Grundbuchordnung § 142, § 146, § 148). Zustimmungen eines Dritten und Genehmigungen einer Behörde können in öffentlicher Urkunde dem Grundbuchamte übersandt werden (§ 140 und § 141 desselben Entwurfs).

Zum Zwecke des Abschlusses eines solchen Vertrages haben die Parteien persönlich oder vertreten durch Bevollmächtigte vor dem Grundbuchamte zu erscheinen und ihre Anträge vor dem Verwahrer zu verlautbaren; dieser prüft zunächst, ob der beabsichtigte Vertrag nicht dem Gesetze oder den guten Sitten widerspreche und ob der Verfügende zu der beabsichtigten Verfügung berechtigt sei, und erläutert darauf den Parteien die Bedeutung und die Tragweite der von ihnen zu treffenden Vereinbarungen und Verfügungen. Hierauf wird gemäß den mündlichen Angaben der Parteien resp. gemäß einer von ihnen vorgewiesenen Aufzeichnung die Urkunde vom Verwahrer aufgenommen; dieselbe kann auch Bestimmungen enthalten, die der Eintragung in das Grundbuch nicht unterliegen. Nachdem die Parteien diese Urkunde vor dem Verwahrer unterzeichnet haben, tritt beiderseitige Gebundenheit ein. Hierauf legt der Verwahrer die Urkunde dem Vorsteher vor, der die Eintragung anordnet resp. ablehnt. Die hierauf vom Verwahrer bewirkte Eintragung wird vom Vorsteher und vom Verwahrer unterzeichnet (Entwurf der Grundbuchordnung §§ 240—265).

„Die Grundbücher sind öffentlich“ und „jeder ist berechtigt, in dieselben Einsicht zu nehmen und die ihm nötigen

Auszüge aus denselben zu machen“ (Entwurf der Grundbuchordnung § 6 und § 124).

Was die materiellrechtliche Bedeutung der Grundbücher anbetrifft, so stimmt dieselbe im wesentlichen mit dem deutschen Reichsrechte überein. Hervorzuheben wäre etwa folgendes:

1. Der Erwerb eines Rechts an einem Grundstücke durch Vertrag vollzieht sich kraft der Eintragung in das Grundbuch. Wird das Recht in anderer Weise als durch Vertrag erworben, so vollzieht der Erwerb sich unabhängig von der Eintragung, jedoch kann der Erwerbende über sein Recht grundbuchmäßig erst dann verfügen, wenn sein Recht eingetragen ist. Dieser Satz ist als allgemeines Prinzip nicht ausgesprochen, sondern nur in Anwendung auf die einzelnen Sachenrechte (§ 744 und Entwurf der Grundbuchordnung §§ 19—20, § 25, §§ 30—32, § 44).

2. Über die Vermutung der Richtigkeit des Grundbuches bestimmt Entwurf der Grundbuchordnung § 6:

> „Die Grundbücher sind öffentlich und ihr Inhalt gilt als richtig zugunsten der Personen, die an dem Grundstücke grundbuchmäßig Rechte erwerben.“

3. Die §§ 745—747, die Bestimmungen über den Schutz gutgläubiger Dritter treffen, entsprechen im wesentlichen dem § 892 BGB., jedoch mit der wichtigen Abweichung, daß der Erwerb sich nur dann vollzieht, wenn er sich auf einen entgeltlichen Vertrag gründet.

4. Über die Berichtigung des Grundbuchs beschränkt der Entwurf der Grundbuchordnung sich auf den einzigen § 14:

> „Ein Sachenrecht, das ins Grundbuch eingetragen ist, kann angefochten und durch gerichtliche Entscheidung aufgehoben werden.“

5. Über die Verjährung und Ersitzung in Ansehung eingetragener und gelöschter Rechte ist folgendes bestimmt:

> § 749. „Die im Grundbuche eingetragenen Rechte unterliegen nicht der Verjährung.“
>
> § 750. „Ein zu Unrecht ins Grundbuch eingetragenes Recht kann nach Ablauf der Verjährungsfrist nicht mehr angefochten werden. Die zu Unrecht erfolgte Löschung eines Rechts kann nach Ablauf der Verjährungsfrist nicht mehr angefochten werden.“

Sehr detaillierte Vorschriften enthält der Entwurf der Grundbuchordnung in §§ 356—411 über die erstmalige Anlegung eines Grundbuches.

Sehr zu bedauern ist meines Erachtens, daß die hier behandelten Entwürfe nicht — gleich der deutschen GBO. § 12 — eine Haftung des Staates für Rechtsverletzungen seitens der Grundbuchbeamten in Vorschlag gebracht haben. Glaubt man, aus irgend welchen Gründen eine solche Haftung ablehnen zu müssen, so erscheint es mir unerläßlich, als Ersatz derselben wenigstens den Vorschlag des Vorsitzenden der Kommission zum Gesetze zu erheben, nach welchem infolge einer Eintragung oder Löschung die Rechtsänderung erst dann eintreten soll, wenn nach der Eintragung oder Löschung sechs Monate verflossen sind, ohne daß die durch die Rechtsänderung betroffene Person die Eintragung eines ihr Recht sichernden Vermerks erwirkt hat. Auch würde ich diese Bestimmung nicht, wie das in dem genannten Vorschlage geschehen ist, nur auf den Fall einer Fälschung oder eines sonstigen Verbrechens beschränken, sondern sie vielmehr ganz allgemein und unbedingt auf alle Fälle einer zu Unrecht geschehenen Eintragung oder Löschung erstrecken. Die von der Majorität der Kommission hiergegen ins Feld geführten Gründe erscheinen mir keineswegs durchschlagend (vgl. Mot. III. 1 S. 27—38).

## Eigentum.

### Allgemeine Vorschriften.

Der heute für Eigentumsrecht übliche Ausdruck — prawo ssobstwennosti —, der ethymologisch genau dem deutschen entspricht, stammt erst aus der Zeit der Kaiserin Katharina II. (Mot. III. 1 S. 58).

Als Gegenstand des Eigentums wird in § 755 „imuschtschestwo“ genannt. Nach den Motiven (III. 1 S. 73) soll dieses vieldeutige Wort (vgl. oben S. 21) hier nur im Sinne der res corporalis verstanden werden. Wie jedoch bereits erwähnt (oben S. 22), redet der Entwurf auch von geistigem Eigentum sowie auch von Eigentum an einem kaufmännischen Unternehmen. Man wird diese Bemerkung der Motive also wohl dahin zu verstehen haben, daß im zweiten Abschnitte des dritten Buches des Entwurfs (§§ 755—876) lediglich vom Eigentum an res corporales geredet werden soll.

Ferner erkennt der Entwurf (Mot. III. 1 S. 74) kein einheitliches Eigentum an Sachgesamtheiten an, desgleichen kein gesondertes Eigentum an den Stockwerken eines Hauses; für die Rechtsverhältnisse an res extra commercium sollen die Vorschriften des öffentlichen Rechts maßgebend sein.

Die §§ 755—758 bestimmen den Begriff und den Inhalt des Eigentums. Darnach ist das Eigentum das Recht der vollen und ausschließlichen Herrschaft einer Person über eine Sache, insoweit dieses Recht nicht durch das Gesetz oder die Rechte anderer Personen beschränkt ist. Der Eigentümer ist berechtigt, die Sache zu besitzen und jede „von außen kommende Einwirkung oder Störung abzuwehren". Er ist auch berechtigt, die Sache zu benutzen und sämtliche Erträge aus derselben zu ziehen und sie überhaupt nach freiem Ermessen zu gebrauchen.

Nach § 759 wird die Freiheit des Eigentums von Belastungen zugunsten anderer Personen vermutet.

Das Eigentumsrecht an einem Grundstücke erstreckt sich auf den Raum über der Oberfläche und auf den Erdkörper unter derselben (§§ 760—761); die Beschränkung des § 905 Satz 2 BGB. fehlt im Entwurf, darf wohl aber auch ohne besondere Erwähnung als selbstverständlich vorausgesetzt werden.

Die §§ 763—772 sowie auch die §§ 781—798, die sich in einem anderen Kapitel befinden, enthalten einige Vorschriften betreffend das Wasserrecht.

Nach § 763 gehören Landseen, die lediglich von einem Grundstücke eingeschlossen werden, dem Eigentümer des letzteren. Gehören beide Ufer eines Flusses demselben Eigentümer, so gebührt diesem nach § 764 das ausschließliche Recht des Fischfanges auf diesem Flusse, soweit die ihm gehörigen Ufer reichen; in gleicher Weise steht ihm das Recht zu, auf dem Flusse Fähren zu halten, Wassermühlen und andere durch Wasserkraft unterhaltene Betriebe anzulegen; überhaupt ist er zur Benutzung des Flusses insoweit berechtigt, als das Gesetz keine Beschränkungen im öffentlichen Interesse anordnet. Gehören die beiden Ufer verschiedenen Personen, so kann jede derselben den Fluß „nach Uferrecht" bis zur Mitte des Laufes benutzen (§ 765).

Die §§ 766—772 geben im wesentlichen die Bestimmungen des römischen Rechts wieder über die Rechtsfolgen der Änderung eines Flußbettes.

Nach § 781 ist der Ufereigentümer nicht berechtigt, einen Fluß oder Landsee „durch solche Stoffe zu verschmutzen, die das Wasser untauglich oder gesundheitsschädlich für Menschen und Vieh machen oder die Fische vergiften".

Flüsse und Seen gelten als öffentliche Wasserstraßen, wenn sie in ihrem natürlichen Zustande oder infolge künstlicher Herrichtung für die Schiffahrt oder Flösserei geeignet sind. In diesem Falle unterliegen sie nach §§ 782 ff. folgenden Regeln:

1. Die Ufereigentümer dürfen auf denselben nichts unternehmen, wodurch die Schiffahrt oder Flösserei erschwert werden könnte;

2. die Ufer einer solchen Wasserstraße dienen bis zur Breite von höchstens zehn Ssashen (gleich 21,33 Meter) als Leinpfad und Ladeplatz. Nähere Bestimmung über die Breite trifft das Statut der Wegekommunikation. Auf diesem Landstreifen darf der Eigentümer nichts unternehmen, was die freie Ausübung der Schiffahrt und Flösserei beeinträchtigen könnte.

§ 787 behandelt die actio aquae pluviae arcendae.

Ist ein Damm oder Deich schadhaft, so kann, falls der Eigentümer die Ausbesserung nicht selbst vornimmt, jeder hieran interessierte Nachbar sich nach § 788 vom Gericht ermächtigen lassen, die Ausbesserung auf eigene Kosten vorzunehmen. Das gleiche gilt von der Reinigung und Freilegung der Wasserläufe.

Nach § 790 kann der Eigentümer eines Grundstücks, das von einem Flusse durchströmt wird, sich vom Gericht ermächtigen lassen, dem Flusse einen anderen Lauf zu geben, jedoch mit der Maßgabe, daß dem Flusse an der Stelle, wo er in fremdes Gebiet übertritt, die bisherige Richtung erhalten bleibt. Desgleichen kann der Eigentümer gemäß § 791 den Spiegel des Flusses heben, insoweit keinem der Nachbarn hieraus ein Nachteil erwächst.

Die Ableitung von Wasser aus einem Flusse oder die Anlage von Betrieben, die durch Wasserkraft unterhalten werden, ist dem Ufereigentümer nur insoweit gestattet, als dadurch nicht bereits bestehenden Betrieben Schaden zugefügt wird (§ 792).

In einigen Fällen gewährt der Entwurf das Recht, die Einräumung eines Notkanals zu verlangen:

1. Wer das Recht hat, aus einem natürlichen oder künstlichen Gewässer Wasser zu schöpfen, kann verlangen, daß ihm gestattet werde, durch ein dazwischenliegendes Grundstück gegen Entschädigung des Eigentümers einen Kanal oder eine Wasserleitungsröhre zu legen (§ 795).

2. zum Zwecke der Entwässerung eines feuchten oder sumpfigen Grundstücks kann der Eigentümer verlangen, daß ihm gestattet werde, zur Ableitung des Wassers in den nächstgelegenen Fluß Kanäle oder Wasserleitungsröhren durch das dazwischenliegende Grundstück zu legen (§ 796).

Ganz eigentümlich — und nicht gerade sehr einheitlich und übersichtlich — ist die Anordnung des Stoffes in betreff der Eigentumsklage sowie auch des Schutzes der Personen, die bewegliche Sachen vom Nichteigentümer gutgläubig erworben haben.

Zunächst bestimmt § 773:

„Der Eigentümer ist berechtigt, seine Sache aus fremdem ungesetzlichen Besitze herauszuverlangen und vom Beklagten Schadensersatz zu fordern.

Der Eigentümer ist berechtigt, die Beseitigung auch solcher Verletzungen seines Eigentumsrechts zu verlangen, die nicht mit Entziehung des Besitzes verbunden sind. Er kann das Gericht bitten, dem Beklagten derartige Verletzungen für die Zukunft unter Androhung einer außer dem Schadensersatz an ihn, den Eigentümer, zu leistenden Geldstrafe bis zum Betrage von dreihundert Rubel für jede einzelne Störung zu untersagen."

Eine Klage, die dem Anspruche aus BGB. § 1007 entspräche, fehlt im Entwurf, was wohl als eine empfindliche Lücke zu betrachten ist.

Die Einzelheiten in Ansehung der rei vindicatio, insbesondere die Haftung des Beklagten für Untergang und Verschlechterung der Sache, seine Pflicht zum Ersatz der Früchte sowie auch sein Recht, Ersatz der Aufwendungen zu verlangen, werden nicht an dieser Stelle des Entwurfes, sondern in dem Abschnitte, der dem Besitze gewidmet ist, unter der Überschrift „Haftung für ungesetzlichen Besitz" behandelt. Wir wollen daher gleichfalls die Erledigung dieser Fragen mit der Darstellung des Besitzes verbinden.

Die §§ 774—776 betreffen die Vindikation entwendeter und verlorener Sachen:

§ 774. „Der Eigentümer ist berechtigt eine Sache, die ihm entwendet oder verloren gegangen ist, von jedem, auch von dem gutgläubigen Erwerber herauszuverlangen, von letzterem jedoch nur während eines Zeitraums von drei Jahren seit der Entwendung oder dem Verluste."

§ 775. „Der Besitzer, der eine entwendete oder verlorene Sache gutgläubig auf einer öffentlichen Versteigerung erworben hat, oder von einer Person, die mit Sachen derselben Art Handel treibt, ist zur Herausgabe der Sache an den Eigentümer nur dann verpflichtet, wenn dieser ihm den gezahlten Kaufpreis und die auf die Sache gemachten notwendigen und nützlichen Verwendungen ersetzt."

§ 776. „Geld und überhaupt vertretbare Sachen sowie auch Inhaberpapiere können von dem Besitzer, der sie gutgläubig erworben hat, nicht herausverlangt werden, auch wenn sie entwendet oder verloren gegangen sind."

In Ansehung der entwendeten und verlorenen Sachen wird dem gutgläubigen Erwerber also Schutz in Form einer Vindikationsbeschränkung gewährt. Man wäre daher geneigt anzunehmen, daß auch in Ansehung der Sachen, deren Besitz der Eigentümer freiwillig aufgegeben hat, der gutgläubige Erwerber in gleicher Form geschützt werde. Das ist aber nicht der Fall; vielmehr tritt hier Eigentumserwerb ein. Darüber enthält der Entwurf folgende Bestimmungen:

§ 751. „Eine bewegliche Sache gilt als Eigentum dessen, der sie besitzt, solange als nicht das Gegenteil bewiesen ist.

Das Eigentumsrecht oder ein anderes dingliches Recht an einer beweglichen Sache, das vom Besitzer erworben ist, bleibt in Kraft, auch wenn in der Folge durch gerichtliches Urteil festgestellt ist, daß die Sache dem Besitzer nicht gehörte."

§ 752. „Der Erwerb des Eigentums oder eines sonstigen dinglichen Rechts an beweglichen Sachen ist nicht rechtsbeständig: 1. wenn das Recht unentgeltlich erworben ist; 2. wenn der Erwerber zur Zeit des Erwerbes nicht in gutem Glauben war, sondern wußte, daß die Sache nicht der Person gehöre, von der er das Recht erwarb, und 3. wenn die Sache eine entwendete oder verlorene war."

Nach BGB. § 936 erlöschen mit dem Erwerbe des Eigentums auf Grund der Übertragung alle Rechte Dritter an der veräußerten Sache, wofern der Erwerber in Ansehung dieser Rechte in gutem Glauben ist. Diese Vorschrift bezieht sich sowohl auf den Fall des Erwerbes vom Eigentümer, wie auch vom Nichteigentümer. Nach dem Wortlaute des dem § 936 BGB. entsprechenden, unten näher zu behandelnden § 843 erlöschen die Rechte Dritter zwar nur im Falle des Erwerbes vom Eigentümer; in den Motiven (III. 1 S. 380) ist jedoch ausdrücklich hervorgehoben, daß derselbe Grundsatz Anwendung finden soll im Falle des Erwerbes vom Nichteigentümer. Es wäre daher erwünscht, daß dieses auch im Wortlaute der Vorschrift klar zum Ausdruck gebracht würde.

**Beschränkungen des Eigentums im öffentlichen Interesse.**

1. Die Enteignung von Grundstücken wird im geltenden Rechte geregelt durch ein Gesetz vom 19. Mai 1887.' Dieses Gesetz ist in die Zusammenfassung der Gesetze (X. 1 § 578 bis 608) hineingearbeitet; der Entwurf will dasselbe weder abändern, noch auch seinem Inhalte nach in das neue Zivilgesetzbuch übernehmen, sondern es als Spezialgesetz weiterbestehen lassen, und begnügt sich bezüglich dieser Frage mit einem einzigen Paragraphen, der in allgemeinen Ausdrücken die Zulässigkeit der Enteignung ausspricht:

§ 777. „Ein Grundstück kann auch ohne Zustimmung des Eigentümers enteignet, zeitweilig in Besitz genommen oder mit Dienstbarkeiten belastet werden, wenn solches erforderlich ist im staatlichen oder in einem sonstigen öffentlichen Interesse, jedoch nicht anders als gegen eine gerechte Entschädigung und außerdem in dem gesetzlich vorgeschriebenen Verfahren."

2. § 778 gewährt in wörtlicher Übereinstimmung mit BGB. § 1005 einen Abholungsanspruch in Ansehung einer auf ein fremdes Grundstück gelangten beweglichen Sache.

3. Die §§ 779—785 betreffen das Wasserrecht und sind oben (S. 146) besprochen worden.

4. § 786. „Die Beschränkungen betreffend die Benutzung von Wäldern und Bergwerken, die Jagd, den Fischfang, die Perlenfischerei, die Errichtung von Häusern, Fabriken und anderen Anlagen, sowie auch andere in den vorstehenden Paragraphen nicht erwähnte Beschränkungen des Eigentums, die durch das allgemeine Interesse gerechtfertigt erscheinen, werden durch die Verwaltungsgesetze geregelt."

In den Motiven (III. 1 S. 176) werden die einschlägigen Gesetze hergezählt.

**Beschränkungen des Eigentums zugunsten der Nachbarn.**

1. Die §§ 787—798, die sich gleichfalls auf das Wasserrecht beziehen, sind bereits oben (S. 146) besprochen worden.

2. § 799. „Wenn die Ausbesserung eines Hauses oder eines sonstigen Gebäudes die Errichtung von Gerüsten auf dem Nachbargrundstücke oder die Durchfuhr oder das Lagern von Baumaterial auf dem Nachbargrundstücke oder eine sonstige Benutzung des letzteren notwendig macht, so hat der Nachbar diese Benutzung gegen eine vorher zu erlegende Entschädigung zu gestatten."

3. Die §§ 800—803 behandeln das Recht, die Einräumung eines Notweges zu beanspruchen.

4. Die §§ 804—806 betreffen die Errichtung von Zäunen und Hecken an der Grenze sowie den paries communis.

5. Wohl etwas zu summarisch wird in § 808 der Überbau behandelt:

„Ein Eigentümer, der bei Errichtung eines Gebäudes auf seinem Grundstücke ohne Vorsatz oder Fahrlässigkeit einen Teil des Nachbargrundstücks bebaut hat, erwirbt, wenn der Nachbar nicht vor oder unmittelbar nach Beginn der Arbeit Einspruch erhoben hat, das Eigentumsrecht an dem bebauten fremden Grundstücksteile und ist verpflichtet, dem Nachbarn eine Geldsumme zu zahlen, die dem Werte entspricht, den dieser Teil bei Beginn der Bauarbeiten hatte, und ihm allen durch den Bau verursachten Schaden zu ersetzen.

Wird durch den Bau ein einem Dritten am Nachbargrundstücke zustehendes Erbzinsrecht oder ein Nießbrauch oder eine Grunddienstbarkeit verletzt, so kann auch dieser Dritte gegen den Bau Einspruch erheben und Schadensersatz verlangen."

6. Die §§ 809—814 enthalten einige Vorschriften über das Maß der Einwirkungen, die der Grundstückseigentümer von dem benachbarten Grundstücke aus dulden muß. Es werden hier mit einigen Zusätzen und Abweichungen die gleichen Grundsätze ausgesprochen, wie im BGB. §§ 907—911.

## Miteigentum.

In diesem Kapitel (§§ 816—836) behandelt der Entwurf nicht nur das Miteigentumsverhältnis, soweit es sachenrechtliche Wirkungen äußert, sondern auch die sich aus der Gemeinschaft dinglicher Rechte überhaupt ergebenden obligatorischen Beziehungen der Teilhaber zueinander, und zwar in der Art, daß die hierauf bezüglichen Vorschriften zunächst nur für das Miteigentum allein ausgesprochen werden und dann in § 836 bestimmt wird, daß dieselben auch dann Anwendung finden, wenn irgend ein anderes Sachenrecht mehreren Personen gemeinschaftlich nach Bruchteilen zusteht.

Als vom BGB. abweichend wären etwa folgende Bestimmungen hervorzuheben: Nach § 824 hat jeder Teilhaber ein Vorkaufsrecht. Nach § 829 wirkt eine Vereinbarung unter Teilhabern, nach welcher das Recht, die Teilung zu verlangen, ausgeschlossen sein soll, für und gegen alle Sondernachfolger; bei Grundstücken, die ins Grundbuch eingetragen sind, jedoch nur, wenn auch diese Vereinbarung ins Grundbuch eingetragen oder dem Sondernachfolger bekannt war. Die abweichende Bestimmung des BGB. (§ 1010 und § 1258) habe ich bereits im Jahre 1899 (das Miteigentum nach dem Bürgerlichen Gesetzbuche für das Deutsche Reich S. 73—80) als der Billigkeit und allgemeinen Rechtsgrundsätzen widersprechend bezeichnet.

### Erwerb des Eigentums an Grundstücken.

Hierüber bestimmt § 837:

„Das Eigentum an einem Grundstücke geht auf Grund eines Kaufes, einer Schenkung, einer Abfindung, der Bestellung einer Mitgift, eines Vergleichs und in allen Fällen freiwilliger Veräußerung auf den Erwerber über in dem Zeitpunkte der Eintragung in das Grundbuch.

Der Erwerb eines Grundstücks aus anderen Gründen, als Allerhöchste Verleihung, Erbfolge, Ersitzung, Zwangsenteignung u. ä. vollzieht sich unabhängig von der Eintragung des Erwerbers in das Grundbuch; aber das Grundstück veräußern oder mit dinglichen Rechten belasten kann der Erwerber nicht vor Eintragung ins Grundbuch."

### Erwerb des Eigentums an beweglichen Sachen.

Diese ganze Lehre ist im Anschluß an das römische Recht entwickelt. Das gilt von der Übertragung (§§ 839—844), dem Erwerb der Früchte (§§ 845—846), der Verbindung, Vermischung und Spezifikation (§§ 847—851), der Okkupation (§§ 852—858). Der gutgläubige Erwerb vom Nichteigentümer ist an anderer Stelle behandelt (vgl. oben S. 148). Die Ersitzung ist dargestellt in dem Abschnitte, der dem Besitze gewidmet ist. Die wenigen Abweichungen vom römischen Recht stimmen fast durchweg mit dem BGB. überein.

Im einzelnen wäre etwa hervorzuheben:

1. „Der Erwerb durch Vertrag" (§§ 839—844) entspricht der Übertragung des BGB.; hier finden wir die Vindikationszession (§ 841) und die brevi manu traditio (§ 842); das constitutum possessorium ist abgelehnt. Dafür enthält der Entwurf zwei Vorschriften, die in dieser Allgemeinheit dem deutschen Reichsrechte fremd sind:

§ 840. „Die Übergabe einer Ware kann vollzogen werden durch Einhändigung eines Frachtbriefes, eines Konnossements, eines Lagerscheines oder einer anderen Urkunde, die den Erwerber instand setzt, über die Ware zu verfügen, wobei, falls dieses erforderlich ist, der Veräußerer auf der Urkunde einen Abtretungsvermerk zu machen hat.

§ 844. „Das Eigentum an Seeschiffen und Flußschiffen und an sonstigen Sachen, deren Erwerb bedingt ist durch die Beobachtung besonderer im Gesetz vorgeschriebener Formen, geht auf den Erwerber nur bei Beobachtung dieser Formen über."

Damit soll nach den Motiven (III. 1 S. 381) ausgesprochen sein, daß in Kraft bleiben die Vorschriften über den Erwerb von Schiffen (XI. 2 §§ 166—170) sowie von gewissen Wertpapieren.

2. Der Finderlohn beträgt allgemein ein Zehntel des Wertes der gefundenen Sache (§ 865). Besondere Vorschriften enthält der Entwurf über „verlaufenes Vieh" (§§ 871—873). An diesem erwirbt der Finder kein Eigentum; vielmehr wird das Vieh nach Ablauf der gesetzlich bestimmten Frist öffentlich versteigert, wobei der Erlös zu einem Drittel dem Finder, zu zwei Dritteln der Gemeindebehörde zufällt, der „die allgemeine Fürsorge" obliegt.

3. Der Schatz fällt stets dem Eigentümer des Grundstücks zu; der „Finder" erhält nur ein Zehntel des Wertes (§§ 874—876).

## Besitz.

### Allgemeine Vorschriften und Schutz des Besitzes.

In dieser Frage weicht der Entwurf erheblich vom BGB. ab. Auch wird die Regelung, die der Entwurf trifft, schwerlich die Anhänger irgendeiner der vielen Besitztheorien vollständig befriedigen. In der Tat lassen sich viele Fälle denken, in denen es kaum möglich sein wird, auf Grund der Bestimmungen des Entwurfs zu einer befriedigenden Entscheidung zu gelangen. Bekanntlich aber sind in Fragen des Besitzes unendlich viel mehr Fälle gedacht worden, als in Wirklichkeit vorzukommen pflegen. In den regelmäßig im Leben vorkommenden Fällen wird es aber bei einiger Freiheit der Auslegung vielleicht doch möglich sein, auf Grund der Bestimmungen des Entwurfs Entscheidungen zu treffen, die den wirklichen Bedürfnissen des Rechtslebens bis zu einem gewissen Grade entsprechen.

Es ist vielleicht das Beste, wenn wir an dieser Stelle den Entwurf selbst uneingeschränkt und ungestört zu Worte kommen lassen, wobei es jedem Leser überlassen bleiben mag, sich selbst sein Urteil zu bilden:

§ 877. „Gegenstand des Besitzes können Grundstücke und bewegliche Sachen sein."

§ 878. „Der Besitz wird erworben durch die Erlangung der Gewalt über eine Sache mit dem Willen, die Sache für sich zu besitzen."

§ 879. „Wer eine Sache als seine eigene besitzt, hat einen selbständigen Besitz (Eigenbesitz). Jeder andere Besitz, kraft eines dinglichen oder obligatorischen Rechts, gilt als abgeleitet.

Dieselbe Sache kann sich im selbständigen Besitz einer Person und zugleich im abgeleiteten Besitz einer anderen Person befinden."

§ 880. „Der Besitz kann von dem Besitzer selbst oder seinem Stellvertreter erworben werden.

Der Besitz, der durch einen Stellvertreter erworben ist, ist nach den Handlungen und dem Willen des letzteren zu beurteilen.

Der Besitz, der für einen anderen ohne eine Bevollmächtigung von seiner Seite erworben ist, gilt als diesem erworben erst, wenn er ausdrücklich oder stillschweigend das Geschehene gutheißt."

§ 881. „Der Besitz gilt als fortdauernd vom Zeitpunkte des Erwerbes bis zum Zeitpunkte seines Verlustes, wenngleich es auch an einem unausgesetzt sich erneuernden Willen, die Sache zu besitzen, oder an einer ununterbrochenen Benutzung der Sache fehlt."

§ 882. „Jeder, auch der ungesetzliche Besitz, wird durch das Gesetz gegen eigenmächtige Verletzung geschützt, solange als dieser Besitz nicht aufgehoben ist infolge einer dem Gesetze entsprechenden Verfügung betreffend Übergabe der Sache an eine andere Person."

§ 883. „Als Verletzung des Besitzes gilt die eigenmächtige Fortnahme der Sache, sowie auch jede eigenmächtige Handlung, die dem Besitzer die Benutzung der Sache unmöglich macht oder ihn in der Benutzung beeinträchtigt."

§ 884. „Der Besitzer kann mit der Besitzklage verlangen die Wiederherstellung des verlorenen oder die Aufrechterhaltung des bestehenden Besitzes, in Ansehung von Grundstücken im Laufe eines Jahres und in Ansehung beweglicher Sachen im Laufe eines Monats, gerechnet vom Zeitpunkte der Verletzung des Besitzes."

§ 885. „Wer im Namen des Besitzers eine Besitzklage erheben will, bedarf hierzu keiner Vollmacht, wenn die Sache zur Zeit der Verletzung des Besitzes sich unter seiner Aufsicht befand."

§ 886. „Leitet eine Person ihren Besitz vom Eigenbesitzer ab, oder leiten mehrere Personen ihren Besitz von demselben Eigenbesitzer ab, so stehen diesen Personen gegeneinander keine Besitzklagen zu."

§ 887. „Jedem Mitbesitzer steht bei gemeinsamem, ungeteiltem Besitze die Besitzklage nicht nur gegen dritte Personen, sondern auch gegen die Mitbesitzer zu, die seinen Besitz verletzen."

§ 888. „Wer das Eigentum an einer Sache erwirbt, erwirbt dadurch, auch wenn er den Besitz noch nicht erlangt hat, die Besitzklage, die bereits in der Person des früheren Eigentümers begründet war, von dem er sein Recht herleitet."

§ 889. „In Klagesachen betreffend die Wiederherstellung oder Aufrechterhaltung des Besitzes an Grundstücken kommt ein Streit über das Eigentum oder über ein anderes dingliches Recht am Grundstücke nicht zur Entscheidung, es wird vielmehr nur der Besitz des Klägers und die eigenmächtige Verletzung des Besitzes durch den Beklagten geprüft."

§ 890. „In dem Urteile, in welchem auf Wiederherstellung oder Aufrechterhaltung des Besitzes erkannt wird, kann das Gericht auf Bitte des Besitzers dem Beklagten unter Androhung einer zugunsten des Besitzers zu leistenden Geldstrafe bis zum Betrage von dreihundert Rubel für jede einzelne Störung eine fernere Verletzung des Besitzes verbieten."

## Haftung für ungesetzlichen Besitz.

Wie bereits erwähnt, behandelt der Entwurf unter dieser Überschrift die Ansprüche des Vindikanten auf Herausgabe der Nutzungen und auf Ersatz wegen Unterganges oder Verschlechterung der Sache sowie auch die Rechte des Besitzers wegen der von ihm gemachten Aufwendungen.

Die einzelnen Vorschriften (§§ 891—905) entsprechen fast vollkommen den Grundsätzen des römischen Rechts.

Besonderer Hervorhebung bedarf der § 906, nach welchem die erwähnten Vorschriften Anwendung finden in allen Fällen, in denen jemand eine Sache nicht als Eigentümer, sondern auf Grund eines sonstigen dinglichen oder eines obligatorischen Rechts herausverlangt von demjenigen, der sie unrechtmäßig im Besitze hat.

## Ersitzung.

Das ältere russische Recht kannte nur die „erlöschende Verjährung"; eine Ersitzung war ihm fremd. Diese erscheint zum erstenmal in der Zusammenfassung der Gesetze. Wie erwähnt, lag es nicht in der Absicht des Gesetzgebers, durch diese Kodifikation irgendwelche neue Normen in das geltende Recht einzuführen. Trotzdem ist das hier geschehen: in X. 1 § 533 wird das Institut der Ersitzung ausdrücklich anerkannt, während die älteren, unter diesem Paragraphen zitierten Gesetze keineswegs von einer solchen reden. Wie mehrfach bemerkt, hat bei einer solchen Nichtübereinstimmung die Zusammenfassung den Vorzug.

Der § 533 X. 1 lautet:

> „Der ruhige, unbestrittene und ununterbrochene Eigenbesitz verwandelt sich in das Eigentumsrecht, wenn er während der vom Gesetze für die Verjährung vorgeschriebenen Zeit andauert."

Das gilt für Grundstücke und bewegliche Sachen; Titel oder guter Glaube wird nicht erfordert.

Auch der Entwurf sieht von dem Erfordernis eines Titels ab und läßt auch bei Fehlen des guten Glaubens die Ersitzung zu, macht dieselbe aber in diesem Falle vom Ablauf einer längeren Frist abhängig. Sowohl bei Grundstücken als auch bei beweglichen Sachen wird Eigenbesitz gefordert (§ 907); im übrigen gelten für beide Arten von Sachen abweichende Regeln:

1. Die Frist für die Ersitzung eines Grundstücks, das ins Grundbuch eingetragen ist, beginnt ihren Lauf nicht vor dem

Tode der Person, die als letzter Eigentümer ins Grundbuch eingetragen ist (§ 908). Die Ersitzungsfrist beträgt zehn Jahre, wenn der Besitzer während der ganzen Zeit gutgläubig war; „bei nichtgutgläubigem Besitz wird die Frist verdoppelt" (§ 909).

2. Die Frist für die Ersitzung einer beweglichen Sache beträgt fünf Jahre, wenn der Besitzer während der ganzen Zeit gutgläubig war; „bei nichtgutgläubigem Besitz wird die Frist verdoppelt" (§ 910 Abs. 1).

Wer auf Grund eines ihm in Wahrheit nicht zustehenden Erbrechts eine zum Nachlasse gehörige Sache besitzt, kann sich gegenüber der Erbschaftsklage nicht auf die Ersitzung berufen, bevor diese Klage nicht durch Verjährung erloschen ist (§ 910 Abs. 2). In diesem Falle hat es also, auch wenn der Besitz gutgläubig war, bei der zehnjährigen Frist sein Bewenden.

Die folgenden §§ 911—916 enthalten einige Vorschriften über accessio temporis und über Stillstand und Unterbrechung der Ersitzung.

## Rechte an fremden Sachen.

An anderer Stelle (S. 141) ist bereits darauf hingewiesen, daß der Entwurf im Sachenrechte bei Anordnung des Stoffes recht willkürlich verfährt, indem er die Hypothek und das Pfandrecht nicht zusammen mit den übrigen Rechten an fremden Sachen behandelt, sondern ihnen eine selbständige Stelle im System zuweist: sie werden zwar als Sachenrechte, aber nicht als Rechte an fremden Sachen bezeichnet, was zu der absonderlichen Annahme verleiten könnte, sie seien Rechte an eigener Sache. Aber auch innerhalb der im vorliegenden Abschnitte dargestellten Rechte finden wir die gleiche Willkür: unter der Überschrift „sservituti" werden nur die Grunddienstbarkeiten, der usus und die habitatio behandelt, während dem Nießbrauche ein besonderes Kapitel gewidmet ist. Auch „das Recht, aus einem fremden Grundstücke Mineralien zu gewinnen", das seinem Wesen nach, entsprechend der Auffassung des Entwurfs, wohl zu den Servituten gerechnet werden dürfte, ist getrennt von diesen in einem besonderen Kapitel dargestellt.

Demnach zerfällt der vorliegende Abschnitt in folgende Kapitel: Allgemeine Vorschriften, das Erbzinsrecht, das Recht auf Mineraliengewinnung aus einem fremden Grundstücke, der Nießbrauch, die Servituten, die Reallasten.

## Allgemeine Vorschriften.

Hier wäre etwa folgendes hervorzuheben:

1. Rechte an fremden Sachen entstehen durch Vertrag oder Testament, nicht durch Ersitzung. Zur Entstehung eines Rechtes an einem Grundstücke auf Grund eines Vertrages ist Eintragung ins Grundbuch erforderlich; auf Grund eines Testaments entsteht das Recht unabhängig von der Eintragung, kann aber Dritten gegenüber nur geltend gemacht werden, wenn es eingetragen ist oder wenn es dem Dritten zu der Zeit, als sein Recht ins Grundbuch eingetragen wurde, bekannt war (§ 919 und § 920).

2. Zur näheren Bestimmung eines Rechts an einem Grundstücke kann im Grundbuche auf die Urkunden verwiesen werden, die zur Grundlage der Eintragung dienten (§ 921).

3. Das Rangverhältnis zwischen den ein Grundstück belastenden Rechten bestimmt sich nach der Zeitfolge ihrer Eintragung ins Grundbuch (§ 922). Hier wäre wohl ein Zusatz erforderlich, nach welchem ein durch Testament begründetes, nicht eingetragenes Recht einem eingetragenen Rechte vorgeht, wenn dem Erwerber des letzteren bei der Eintragung das Bestehen des ersteren bekannt war.

4. Ein Recht an einer fremden Sache erlischt durch Konfusion; ist das Recht jedoch im Grundbuche nicht gelöscht, so kann dasselbe mit der gleichen Rangstellung einem anderen eingeräumt werden (§ 920 und § 926).

## Erbzinsrecht.

Besitzformen, die der römischen Emphyteusis und Superfizies verwandt sind, sind auch dem heute geltenden russischen Zivilrechte nicht fremd; in den zentralen Gouvernements — dem ursprünglichen Geltungsgebiete des russischen Rechts — sind sie jedoch weniger entwickelt und verbreitet als im Kaukasus, in Bessarabien und in Litauen (Mot. III. 2 S. 30—48).

Der Entwurf will, namentlich im Interesse des Standes der Landarbeiter (Mot. III. 2 S. 55), ein einheitliches Institut für das ganze Gebiet des zukünftigen Zivilgesetzbuches schaffen, welches im wesentlichen der römischen Emphyteusis nachgebildet ist. Die wichtigsten Abweichungen sind folgende: Der Zins kann in Geld oder in Erzeugnissen des Grundstücks festgesetzt werden (§ 927). Falls nicht Entgegenstehendes vereinbart ist, kann der Zinsmann auf dem Wege der Ablösung des Zinses durch eine Kapitalabfindung das Eigentum am Grundstück erwerben (§§ 923—933). Verstirbt der Zinsmann ohne Erben, so erlischt sein Recht (§ 940).

### Recht der Mineraliengewinnung.

Wie oben (S. 150) erwähnt, ist das Bergrecht im Entwurfe nicht geregelt, vielmehr bleibt maßgebend das auch heute geltende Berggesetz (Zusammenfassung der Gesetze VIII. 1). Gemäß diesem Gesetze (vgl. insbesondere § 206 und § 207) steht das Bergbaurecht lediglich dem Grundeigentümer zu, ein Rechtszustand, der sich auf einen Ukas vom Jahre 1782 gründet. Jedoch kann nach demselben Gesetze (§ 209) der Grundeigentümer einem anderen ein dingliches Recht auf Mineraliengewinnung einräumen; die nähere Bestimmung und weitere Ausgestaltung dieses Rechts bildet den Gegenstand der §§ 942—950 des vorliegenden Entwurfs.

Hervorzuheben wären etwa folgende Bestimmungen:

Nach § 942 kann das Recht auf Mineraliengewinnung auf Zeit oder unbefristet eingeräumt werden; in letzterem Falle erlischt es bei völliger Erschöpfung des Bodens.

Ist das Grundstück mit Hypotheken belastet und soll das Recht auf Mineraliengewinnung gegen eine einmalig zu zahlende Vergütung eingeräumt werden, so ist hierzu die Zustimmung der Hypothekengläubiger erforderlich (§ 945).

An dem Rechte können zwar Hypotheken bestellt werden, wenn jedoch der Berechtigte mit der Zahlung der vereinbarten Vergütung im Rückstande bleibt, so kann der Grundeigentümer die Zwangsversteigerung des Rechts beantragen, wobei er in Ansehung des Erlöses ein Vorzugsrecht vor den Hypothekengläubigern genießt (§ 946 und § 947).

### Nießbrauch, Servituten und Reallasten.

Neben dem Pfandrecht ist der Nießbrauch das einzige dingliche Recht, welches nicht nur an Grundstücken, sondern auch an beweglichen Sachen begründet werden kann. Desgleichen läßt der Entwurf auch einen Nießbrauch an Forderungen und sonstigen Rechten zu, wofern dieselben veräußerlich sind. Die hierauf bezüglichen §§ 951—993 sowie auch die §§ 994—1039, die die Servituten und Reallasten betreffen, stimmen in allen wesentlichen Punkten fast vollkommen mit den entsprechenden Vorschriften des BGB. überein; die wenigen geringfügigen Abweichungen lassen ein näheres Eingehen auf diese Fragen kaum geboten erscheinen.

## Hypothek und Pfandrecht.

Gleich wie das BGB. behandelt auch schon das geltende russische Zivilgesetzbuch und mit ihm der Entwurf das Pfandrecht an Grundstücken und an beweglichen Sachen getrennt voneinander und hat für jedes von ihnen eine besondere technische Bezeichnung; das erstere heißt salog, wofür wir den Ausdruck Hypothek setzen wollen, das letztere saklad, wofür wir den Ausdruck Pfandrecht gebrauchen werden. Im übrigen weicht der Entwurf erheblich vom geltenden Rechte ab.

### Die Hypothek.

I. Geschichte und geltendes Recht. Die Hypothek des älteren russischen Rechts war ihrem Wesen nach eine bedingte Eigentumsübertragung; „bei Verzug des Schuldners verwandelt sich dieser Hypothekenbrief in einen Kaufbrief“, so lautete die regelmäßig in die Urkunden aufgenommene Klausel. Mit Eintritt dieser Verwandlung galt die besicherte Forderung des Hypothekengläubigers als erloschen. Daraus ergibt sich, daß eine mehrfache Belastung desselben Grundstückes ausgeschlossen war, desgleichen auch die Veräußerung des belasteten Grundstücks an einen Dritten.

Als um die Mitte des 18. Jahrhunderts staatliche und kommunale Hypothekenbanken entstanden, wurde die Bestimmung getroffen, daß die Bank im Falle des Verzuges des Schuldners nur das Recht haben sollte, die Zwangsversteigerung des Grundstücks zu betreiben, und daß nur im Falle, wenn ein die Forderung nicht vollkommen deckendes Gebot nicht erfolgte, das Grundstück Eigentum der Bank werden sollte. Demnach konnten denn auch die einer solchen Bank verpfändeten Grundstücke weiter verpfändet und auch an dritte Personen veräußert werden.

Erst die Konkursordnung von 1800 schrieb die öffentliche Versteigerung auch solcher Grundstücke vor, an denen zugunsten von Privatpersonen eine Hypothek begründet war. Trotzdem blieb die Weiterverpfändung und Veräußerung solcher Grundstücke untersagt. Das gilt auch noch heute gemäß X. 1 § 1620:

> „Mit einer Hypothek belastet werden kann nur ein freies Grundstück, wenn daher ..... an ein und demselben Grundstücke Hypotheken für verschiedene Personen begründet werden, so ist nur die Hypothek wirksam, in Ansehung deren der Hypothekenbrief früher als die übrigen bestätigt ist."

Aber wie überall, so zeigt sich auch hier, daß selbst die klarsten gesetzlichen Bestimmungen einem wirklichen, dringenden Bedürfnisse des Wirtschaftslebens nicht Widerstand zu leisten vermögen.

Mit Hilfe einer mehr als kühnen Interpretation hat der Senat es durchgesetzt, den § 1620 X. 1 aus dem Wege zu räumen. Das geschah in folgender Weise: Buch II, Abschnitt V, Kapitel V der geltenden Zivilprozeßordnung handelt von der Zwangsversteigerung der Grundstücke. Hat die Zwangsversteigerung stattgefunden und reicht der Erlös zur Befriedigung aller angemeldeten Forderungen nicht aus, so hat der Gerichtsvollzieher den Erlös dem Bezirksgerichte zu überweisen. „Aus diesem Erlös", so fährt § 1215 der Zivilprozeßordnung fort, „werden auf Verfügung des Gerichts zunächst die Vollstreckungskosten gedeckt und sodann die Ansprüche, die durch Hypothek besichert sind, nach dem Alter der H y p o t h e k e n b r i e f e". Den letzten Satz dieses Paragraphen nimmt der Senat zum Ausgangspunkte seiner Deduktionen: Das Gesetz rede hier von Hypotheken b r i e f e n in der Mehrzahl; der Ausdruck Hypothekenbrief (sakladnaja) finde aber nach dem Gesetz nur Anwendung auf Hypotheken, die zugunsten von Privatpersonen begründet werden, während den Kreditanstalten nur Hypothekenverschreibungen (salogowija rospiski) ausgereicht werden. Das Gesetz habe also hier offenbar den Fall im Auge, daß an dem Grundstücke mehrere Hypotheken zugunsten verschiedener Privatpersonen bestehen; mithin sei § 1620 X. 1 aufgehoben durch § 1215 der Zivilprozeßordnung (Entscheidungen des Senats 1889 Nr. 88 und 1893 Nr. 14). Freilich ließ man dabei unberücksichtigt, daß X. 1 nach Inkrafttreten der Zivilprozeßordnung mehrmals in neuer Fassung publiziert ist und in jede derselben der § 1620 unverändert übernommen ist. Da jedoch die erwähnten, vom Senat proklamierten Grundsätze ausnahmslos in der Praxis Anwendung finden, so wird man auch hier mit dem römischen Juristen sagen dürfen: hoc jure utimur.

Dagegen ist die Veräußerung eines mit einer Hypothek belasteten Grundstücks auch heute noch nur dann zulässig, wenn die Belastung zugunsten eines Kreditinstituts besteht.

Ist das Grundstück versteigert und deckt der Erlös nicht die Forderung des Hypothekengläubigers, so ist die Forderung auch nach dem geltenden Rechte gleichwohl erloschen.

Gesetzliche Hypotheken sind dem russischen Rechte fremd, vielmehr kann eine Hypothek lediglich durch Vertrag begründet werden. Auch kennt das geltende Recht keine richterlichen Hypotheken; zwar kann zugunsten eines die Zwangsvollstreckung betreibenden Gläubigers dem Grundstücke des Schuldners ein sogenanntes „Verbot" auferlegt werden. Dieses „Verbot" hindert zwar die Veräußerung des Grundstücks und die Bestellung einer Hypothek, gibt aber dem Gläubiger keinerlei Vorzugsrechte vor anderen Gläubigern, die sich der Vollstreckung anschließen, auch selbst wenn dieser Anschluß erfolgt, nachdem das Grundstück bereits versteigert ist, solange nur der Erlös noch nicht verteilt ist.

II. Das Hypothekenrecht des Entwurfs. Da der Entwurf in den das Hypothekenrecht behandelnden §§ 1040—1100 in den meisten grundlegenden Fragen auf dem Standpunkte des BGB. steht, so bedarf es hier wohl nur der Erwähnung der wichtigsten Grundsätze, wobei ich jedoch nicht unterlassen will, darauf hinzuweisen, daß viele der hier einschlägigen Vorschriften sehr unklar gefaßt sind, zu vielfachen Mißverständnissen Anlaß geben können und oft den in den Motiven deutlicher ausgesprochenen Gedanken nur schwer erkennen lassen.

Der Entwurf kennt keine Grundschuld, sondern nur die akzessorische Hypothek (§ 1040), jedoch erstreckt der öffentliche Glaube des Grundbuches sich auch auf die durch die Hypothek besicherte Schuldforderung (§ 1103).

Gleich wie nach geltendem Recht, so sind auch nach dem Entwurf keine gesetzlichen Hypotheken zulässig.

Die Hypothek entsteht nach § 1041 erst mit der Eintragung, sei es auf Grund eines Vertrages oder eines Testaments (freiwillige Hypothek), sei es auf Grund eines Richterspruchs oder der Verfügung einer Verwaltungsbehörde (Zwangshypothek). Nach § 1051 können nämlich die staatlichen und kommunalen Verwaltungsbehörden, denen nach dem Gesetze das Recht zusteht, Steuern und sonstige fiskalische Forderungen auf Grund eigener Verfügungen beizutreiben, verlangen, daß das Grundbuchamt zu ihren Gunsten eine Hypothek an dem Grundstücke ihres Schuldners in das Grundbuch eintrage.

Nach § 1042 kann eine Hypothek nur zur Besicherung einer dem Betrage nach bestimmten Forderung begründet werden; jedoch ist nach § 1047 auch die Eintragung einer sogenannten Kredithypothek, unter Festsetzung des Höchstbetrages, zulässig.

Die Vertragshypothek kann sowohl als Buch- wie auch als Briefhypothek begründet werden. Der Unterschied der beiden Formen zeigt sich, gleich wie nach BGB., hauptsächlich in der Art der Abtretung der Hypothek (§§ 1084—1093).

Die Begründung einer Gesamthypothek ist unzulässig; wird jedoch ein mit einer Hypothek belastetes Grundstück in mehrere Grundstücke geteilt, so wird dadurch eine Gesamthaftung der letzteren herbeigeführt (§ 1048 und § 1102).

Auch die Eigentümerhypothek erkennt der Entwurf nicht an; in den meisten Fällen, in denen nach BGB. eine Eigentümergrundschuld zur Entstehung gelangt, läßt der Entwurf eine offene Rangstelle eintreten, die jederzeit, bevor die Löschung stattgefunden, mit einer freiwilligen oder Zwangshypothek besetzt werden kann; ist dieses jedoch nicht geschehen, so findet bei der Zwangsversteigerung die offene Rangstelle keine Berücksichtigung (§§ 1064—1073, § 1105, § 1107).

Gegenüber dem heute geltenden Rechte betont der Entwurf ausdrücklich:

1. Der Eigentümer kann an seinem Grundstücke eine Hypothek auch zur Besicherung einer fremden Schuld begründen (§ 1049).

2. Wird die Forderung des Hypothekengläubigers durch den Erlös aus der Zwangsversteigerung nicht voll gedeckt, so verbleibt dem Gläubiger bezüglich des Restes seiner Forderung ein persönlicher Anspruch gegen seinen Schuldner, es sei denn, daß bei Begründung der Hypothek vereinbart war, daß nur das belastete Grundstück haften solle (§ 1097). Auch ohne eine besondere Vereinbarung müssen die Kreditinstitute sich mit dieser beschränkten Haftung begnügen, es sei denn, daß es sich um eine Kredithypothek handelt (§ 1099).

Der Veräußerung und Weiterverpfändung eines mit einer Hypothek belasteten Grundstücks legt der Entwurf keine Hindernisse in den Weg.

### Pfandrecht.

Unter diesem Titel (§§ 1111—1173) kommen zur Darstellung: das Pfandrecht an beweglichen Sachen, wobei das Schiffspfandrecht besonders berücksichtigt wird, sowie auch das Pfandrecht an Forderungen und sonstigen Rechten. Hier stimmt der Entwurf in allen wesentlichen Fragen mit dem BGB. überein; die wenigen Abweichungen erscheinen nicht erheblich genug, um ein näheres Eingehen auf diese Materie zu rechtfertigen.

## Besondere Arten des Grundeigentums.

### Familien-Fideikommiß.

Im Geltungsgebiete des russischen Reichs-Zivilrechts wurde das erste Familien-Fideikommiß im Jahre 1774 begründet; da über diese Materie irgendwelche gesetzliche Bestimmungen damals nicht bestanden, bedurfte es hierzu eines „Namentlichen Allerhöchsten Ukases“. In gleicher Weise wurden in den folgenden Jahrzehnten noch einige wenige Familien-Fideikommisse unter der Bezeichnung „Majorat" begründet. Im Jahre 1840 empfahl der Reichsrat die Ausarbeitung eines Gesetzentwurfes betreffend die Begründung von Majoraten. Als dieser Entwurf im Jahre 1845 Kaiser Nikolaus I. zur Bestätigung vorgelegt wurde, ersetzte er aus eigenster Initiative das Wort Majorat durch „sapowednoje imenije". Sapowedj ist ein etwas veraltetes reinrussisches Wort und bedeutet Gebot, Befehl (auch für die zehn Gebote wird es gebraucht); in der adjektivischen Form, verbunden mit dem entsprechenden Hauptworte, bedeutet es Bannwald, Hegewiese, Hegeweide und dann auch Konterbande, kurzum eine Sache, in Ansehung deren irgend ein Verbot besteht. In Anknüpfung hieran prägte der Kaiser dieses neue Wort. Dieses Gesetz vom Jahre 1845 fand Aufnahme in die Zusammenfassung der Gesetze, Ausgabe vom Jahre 1857, Band X. 1 §§ 467—493. Wie die meisten westeuropäischen, diese Materie betreffenden Gesetze hat es zum Zweck die Aufrechterhaltung des Glanzes reicher Adelsgeschlechter. Die Begründung bedarf der Allerhöchsten Genehmigung. Gegenstand des Familien-Fideikommisses können nur Landgüter sein, die ein Areal von mindestens 5000 und höchstens 100 000 Dessätinen (1 Dess. = 1,09 Hektar) haben oder einen durchschnittlichen reinen Jahresertrag von mindestens 6000 und höchstens 200 000 Rubel abwerfen.

Im Jahre 1899 wurde ein zweites Gesetz über Familien-Fideikommisse erlassen, durch welches jedoch das erwähnte Gesetz vom Jahre 1845 nicht berührt wurde. Dieses zweite Gesetz sollte in Abweichung von dem ersten die Erhaltung des Landbesitzes in den Familien des ärmeren Adels fördern; es gestattet demgemäß, in erheblich erleichterter Form kleinere Landgüter in Familien-Fideikommisse zu verwandeln, dergestalt jedoch, daß der zweite Nachfolger des Begründers berechtigt sein soll, durch notarielles Testament die Eigenschaft des Landgutes als eines Familien-Fideikommisses aufzuheben (X. 1 §§ $493^{1}$—$493^{46}$).

Das geltende Recht unterscheidet demgemäß „ewige" und „zeitliche" Familien-Fideikommisse.

Diese beiden Gesetze sind mit nur ganz unbedeutenden Änderungen in den Entwurf (§§ 1174—1217 und §§ 1499—1506) übernommen.

## Bauern-Anteilland.

Wer über russische Dinge schreibt, darf nichts als bekannt voraussetzen. Aber es muß ihm gestattet sein in Fragen, über welche eine ausreichende, dem Leser zugängliche Literatur vorhanden ist, ihn auf diese zu verweisen. Nun aber gibt es in keiner mit dem russischen Privatrechte in Zusammenhang stehenden Materie soviel vortreffliche deutsche, französische und englische Werke sowie auch russische Werke, die ins Deutsche übersetzt sind, wie gerade in der Frage des russischen bäuerlichen Grundbesitzes. In älterer Zeit glaubte man sowohl in Rußland wie auch in Westeuropa, daß es sich hierbei um eine ganz eigentümliche, spezifisch russische Rechts- und Wirtschaftsform handele; das Interesse an dieser Frage wurde aber nicht vermindert, sondern gerade umgekehrt noch erhöht, als man zu der Erkenntnis gelangte, daß die in Rußland bestehenden Einrichtungen in grauer Vorzeit bei allen arischen Völkern bestanden haben und daß sich auch heute noch Spuren derselben in Westeuropa finden. Das Studium der russischen Gegenwart brachte somit den westeuropäischen Völkern ihre eigene Vergangenheit näher. Daher die reiche Literatur über diese Frage, die es mir ermöglicht, mich hier sehr kurz zu fassen und den Leser auf jene zahlreichen Spezialwerke zu verweisen.

Der Entwurf bringt nicht viel Neues; er enthält sich auch einer Kritik der geltenden Rechtssätze und beschränkt sich im wesentlichen darauf, die Sätze einheitlich darzustellen und schärfer zu formulieren, die schon vor dem Aufkommen der Leibeigenschaft in Rußland für den Bauernstand galten, die während der drei Jahrhunderte (1592—1861) der Leibeigenschaft — wenn auch nicht rechtlich, so doch tatsächlich — in Geltung blieben und die auch heute noch im wesentlichen das Recht des russischen Dorfes bestimmen. Erst in den letzten Jahren, und zwar zum Teil erst nach Veröffentlichung des Entwurfs, sind einige Spezialgesetze ergangen, die der ältesten und verbreitetsten Form des bäuerlichen Grundbesitzes (der Feldgemeinschaft) die Axt an den Stamm legen. Ich werde gehörigen Orts dieser Gesetze Erwähnung tun, aber auch die abweichenden Bestimmungen des Entwurfs anführen, durch welche zum erstenmal in kurzer, übersichtlicher Form dieses wichtige und hochinteressante Rechtsinstitut zur Darstellung gebracht wird, welches seit Jahrhunderten die Agrarverhältnisse Rußlands beherrscht hat.

Soweit heute noch die Feldgemeinschaft besteht, gilt für das russische Dorf dasselbe, was einst für die deutsche Markgemeinde galt; und wir können daher hier die Worte wiederholen, durch welche Gierke (Deutsches Privatrecht I § 71) die letztere charakterisiert: „Sie erfüllt gleichzeitig den doppelten Beruf eines örtlichen Gemeinwesens und einer ländlichen Wirtschaftsgenossenschaft. Mit der Eigenschaft eines politisch-sozialen Gebietskörpers im Sinne der heutigen Gemeinde verbindet sie die Eigenschaft einer vermögensrechtlichen Vereinigung im Sinne einer agrarischen Produktivgenossenschaft. Untrennbar sind darum in ihr auch öffentliches und Privatrecht verwoben“ (S. 577). „Die Mitgliedschaft ist ein zugleich personenrechtliches und vermögensrechtliches Verhältnis, in dem mit dem Recht und der Pflicht zur Teilnahme am Gemeinleben ein Anteilrecht an der Mark und eine Anteilpflicht an den gemeinen Lasten untrennbar verknüpft sind“ (S. 583). Nur in einem Punkte besteht eine wichtige Abweichung: Das russische Dorf kennt nicht die Unterscheidung zwischen Vollgenossen, Schutzgenossen und Ungenossen, es hat keine Privilegierten und keine Enterbten, alle der Gemeinde angehörigen Personen — auch selbst die außerehelich geborenen — haben ein Recht, an der Nutzung des Landes teilzunehmen; auch der Abgewanderte kann jederzeit heimkehren und findet eine Zufluchtstätte, an der er sein Recht auf einen bescheidenen Lebensunterhalt geltend machen kann, nicht als Almosenempfänger oder Unterstützter, sondern als vollberechtigter Genosse. Und dies ist der Hauptpunkt, auf den die Anhänger dieser uralten Rechts- und Wirtschaftsform gegenüber den vielen unleugbaren Mängeln derselben ihre Verteidigung stützen.

Die Bestimmungen des Entwurfs sind in drei Abschnitte verteilt: Allgemeine Vorschriften, das Recht der Feldgemeinschaft und das Höferecht.

### Allgemeine Vorschriften.

Zunächst bestimmen die §§ 1218 und 1219, daß die den Bauern gehörigen Grundstücke den allgemeinen Vorschriften unterliegen mit Ausnahme der Ländereien, die ihnen durch besonderen Regierungsakt als Anteilland (nadjel) nach dem Rechte der Feldgemeinschaft oder nach Höferecht überwiesen sind.

Als durch das berühmte Manifest vom 19. Februar 1861 die Leibeigenschaft in ganz Rußland für aufgehoben erklärt war (in einigen Gebieten hat sie nie bestanden, in anderen war sie schon weit früher aufgehoben), wurden, „um die Bauern wirtschaftlich sicherzustellen und ihnen die Erfüllung ihrer Verpflichtungen gegenüber der Regierung zu ermöglichen, ihnen entsprechende Länderstrecken überwiesen gegen die Verpflichtung, die gesetzlich bestimmten Lasten zu tragen" (Gesetz über die Versorgung der Bauern mit Land § 220, Zusammenfassung der Gesetze, Beilage zu Band IX). Im allgemeinen wurden hierzu dieselben Ländereien verwendet, welche die Bauern auch während der Leibeigenschaft tatsächlich für eigene Rechnung bebaut hatten. Die Überweisung erfolgte jedoch nicht an die einzelnen Bauern oder Bauernfamilien, sondern an die Dorfgemeinde im ganzen. Ursprünglich wurde der Gemeinde nur ein Nießbrauchsrecht an diesem Anteillande eingeräumt, wogegen den Grundherrn jährliche Abgaben in Geld oder in Arbeit zu leisten waren. Diese Abgaben konnten durch eine Kapitalzahlung abgelöst werden, wodurch dann der Gemeinde das Eigentum an dem Anteillande zufiel. Durch Gesetz vom Jahre 1887 wurde die Ablösung für obligatorisch erklärt, so daß jetzt das Anteilland überall ins Eigentum der Gemeinde übergegangen ist.

Nur auf dieses dergestalt erworbene Anteilland finden die nachfolgenden Vorschriften Anwendung. Sie gelten also nicht für Ländereien, die von einzelnen Bauern, bäuerlichen Gesellschaften oder ganzen Gemeinden in anderer Weise erworben sind. Insbesondere gelten sie nicht für die riesigen Länderstrecken, die die staatliche Bauern-Agrarbank seit dem Jahre 1906 im europäischen und asiatischen Rußland aufgekauft hat, um sie zu parzellieren und an einzelne Bauern oder bäuerliche Genossenschaften zu verkaufen; in dieser Weise sind für das Landbedürfnis der Bauern in den Jahren 1906—1910: 3 409 000 Dessätinen (1 Dessätine = 1,09 Hektar) für 357 000 000 Rubel erworben und bereitgestellt und zum

Teil bereits verkauft worden. Die Rechtsverhältnisse an diesen Ländereien werden teils durch die allgemeinen Gesetze bestimmt, teils durch Spezialgesetze, die keine Aufnahme in den Entwurf gefunden haben.

Was nun das Anteilland betrifft, so bestimmen sich die Rechte der einzelnen Gemeindeglieder an demselben bald nach dem Rechte der Feldgemeinschaft, bald nach dem Höferecht. Nach beiden Systemen steht die „Hofstätte" (Wohnhaus, Wirtschaftsgebäude, Hof, Garten) im Eigentum der „einzelnen bäuerlichen Familien". Nach dem Höferecht steht auch die „Feldmark" (Äcker, Heuschläge u. ä.), in „Einzelhöfe" geteilt, im Eigentum der einzelnen Bauernfamilien. Nach dem Rechte der Feldgemeinschaft ist Eigentümerin der Feldmark die Dorfgemeinde, den einzelnen Bauernfamilien sind Parzellen zu Besitz und Nutzung überwiesen (§ 1220).

Nach beiden Systemen stehen im Eigentum und in der Nutzung der Gemeinde:

1. Die „Almende"; dazu rechnet der Entwurf: a) Straßen, Plätze, Zwischenräume zwischen den einzelnen Hofstätten; b) die erblos gewordenen Hofstätten und Einzelhöfe, solange als sie noch nicht einer anderen Familie zugewiesen sind; c) das Weideland sowie andere Ländereien, die von der Gemeinde in Gemeinschaft genutzt werden; d) die Grundstücke, die von der Gemeinde auf Zeitpacht vergeben sind.

2. Die sogenannten „obrotschnija statji", das sind Grundstücke, Anlagen und Gerechtigkeiten, aus denen die Gemeinde dauernd Geldeinkünfte zieht, z. B. Marktplätze, Gemeindemühlen, Fischereigerechtigkeiten u. ä. (§ 1221).

Über das Geltungsgebiet dieser beiden Systeme lesen wir in den Motiven (III. 3 S. 111): „In den großrussischen und neurussischen Gouvernements sowie in den Gouvernements Mohilew, Witebsk, Charkow und Tschernigew herrscht das Recht der Feldgemeinschaft. Im Gouvernement Poltawa, in den südwestlichen und nordwestlichen Gouvernements gilt das Recht der Einzelhöfe. Indessen ist eine ganz feste Abgrenzung der beiden Gebiete nicht möglich, da beispielsweise auch in großrussischen Gouvernements hier und da das System der Einzelhöfe Eingang gefunden hat". Fassen wir das Gesagte in Kürze zusammen, so ergibt sich — wenn auch nicht ausnahmslos —, daß das Höferecht in denjenigen Gebieten vorherrscht, die einst zum litauisch-polnischen Reiche gehört haben. Aber in den wenigen Jahren, die seit der Veröffentlichung des Entwurfs verflossen sind, hat dieses System sich weit über die bisherigen Grenzen seines Geltungsgebiets ausgedehnt. Schon damals war es der Dorfgemeinde gestattet, mit Zweidrittel-Majorität die Feldgemeinschaft durch das Recht der Einzelhöfe zu ersetzen. Diese Bestimmung ist in den Entwurf übernommen (§ 1257). Indessen machten die Gemeinden von diesem Rechte nur selten Gebrauch. Eine stärkere Wirkung übte das Gesetz vom 9. November 1906 aus, welches jeder Bauernfamilie das Recht gab, mit dem ihr zu Besitz und Nutzung überwiesenen Anteile aus der Feldgemeinschaft auszuscheiden und so diese Parzelle als „Einzelhof" zu Eigentum zu erwerben. Eine völlige Umwälzung brachte das Gesetz vom 14. Juni 1910 hervor, welches bestimmte: In denjenigen nach dem Rechte der Feldgemeinschaft lebenden Dorfgemeinden, in welchen seit der ersten im Jahre 1861 erfolgten Verteilung des Landes eine Neuverteilung nicht stattgefunden hat, solle von nun an das Recht der Einzelhöfe gelten, dergestalt, daß jeder Familie an der ihr damals zu Besitz und Nutzung überwiesenen Parzelle das Eigentumsrecht zustehen solle. Nach Zeitungsberichten, die ich nicht nachzuprüfen vermag, soll durch dieses Gesetz nahezu die Hälfte der bestehenden Feldgemeinschaften aufgelöst worden sein.

Offenbar treibt also die Entwickelung der russischen Gesetzgebung zur völligen Vernichtung der alten Feldgemeinschaft.

Die nun folgenden §§ 1222—1225 behandeln das Verfügungsrecht der Gemeinde über das Anteilland und das hierbei zu beobachtende Verfahren; da diese Vorschriften sich fast ausschließlich auf die Feldgemeinschaft beziehen, werde ich dieselben im folgenden Abschnitte besprechen.

Von Bedeutung für beide Systeme sind die §§ 1226—1231; dieselben wiederholen mit nur wenigen redaktionellen Änderungen das Gesetz vom 14. Dezember 1893, welches die Veräußerung des Anteillandes durch die Gemeinde sowie die Veräußerung der den Bauern eigentümlich gehörigen Stücke des

Anteillandes durch die Eigentümer mannigfachen Beschränkungen unterwirft, die Verpfändung derselben an Privatpersonen und private Anstalten gänzlich verbietet und ihre Versteigerung im Wege der Zwangsvollstreckung nur wegen eines Rückstandes in der Zahlung der Ablösungssumme und auf Grund einer vor dem Jahre 1894 erfolgten Verpfändung gestattet.

### Das Recht der Feldgemeinschaft.

I. Teilung und Umteilung. Gleich wie den Gemeinden bei Aufhebung der Leibeigenschaft im wesentlichen dasselbe Land zugeteilt wurde, das auch schon vorher tatsächlich von den Bauern für eigene Rechnung bearbeitet worden war, so blieb auch im wesentlichen jede einzelne Familie im Besitze und Genusse der Parzellen, die sie schon vorher innegehabt hatte. Hierbei galten diese Landlose nicht als den einzelnen Individuen, sondern als den zur Gemeinde gehörigen Familien zugeteilt: wie die Gemeinde, so ist auch die Familie zugleich eine Wirtschaftsgenossenschaft und die Größe des ihr zukommenden Landloses bestimmt sich nach der „Seelenzahl" der Familie.

Bei jeder Umteilung wird in folgender Weise verfahren:

Das gesamte, der Gemeinde gehörige Ackerland wird mit Rücksicht auf das herrschende System der Dreifelderwirtschaft in drei Teile zerlegt: für die Wintersaat, für die Sommersaat, für die Brache; von jedem dieser drei Felder erhält jede Familie einen Streifen zugewiesen, dessen Breite nach der „Seelenzahl" der Familie bemessen wird; da somit für jedes dieser drei Felder die Art der Bebauung gegeben ist, besteht Flurzwang.

Diese Verteilung des Ackerlandes bleibt bestehen für die durch den Gemeindebeschluß festgesetzte Zeit, welche jedoch gemäß dem Gesetze vom 8. Juni 1893 nicht weniger als zwölf Jahre betragen darf. An eine solche Generalumteilung konnten sich ehemals jederzeit partielle Umteilungen anschließen: hatte eine Familie im Laufe der Jahre einen erheblichen Zuwachs erfahren, so wurde ihr Anteil vergrößert auf Kosten einer anderen Familie, die in derselben Zeit numerisch zurückgegangen war. Da sich hierdurch die Streulage zu einer unerträglichen Buntscheckigkeit und Verworrenheit entwickelte, sind die partiellen Umteilungen durch dasselbe Gesetz vom 8. Juni 1893 auf die allerdringendsten Fälle beschränkt.

Die Heuschläge werden überwiegend von Jahr zu Jahr in Parzellen an die Familien vergeben, oder es findet eine Verteilung der mit gemeinsamen Kräften eingebrachten Ernte statt.

Was den Wald betrifft, so werden die Jahresschläge nach Stämmen verteilt.

Wenn ich sagte, daß die Größe des Anteils nach der „Seelenzahl“ bemessen wird, so bedarf dieser Ausdruck einer näheren Erklärung. Über die Frage, wer der Gemeinde gegenüber als anteilberechtigte Seele zu gelten habe, bestehen zahllose Systeme, unter denen jeder Gemeinde die freie Wahl zusteht. Regelmäßig kommen nur männliche Personen in Betracht. In dieser Einschränkung sind folgende Systeme die vebreitetsten: Es werden in jeder Familie nur diejenigen männlichen Mitglieder gezählt, die bei der letzten staatlichen „Seelenrevision“ (diese Revisionen finden in Zwischenräumen von etwa 25 Jahren zum Zwecke der Bemessung der von der Gemeinde zu erhebenden Steuern statt) in die Revisionslisten eingetragen sind; oder aber es werden alle zur Zeit der Umteilung wirklich vorhandenen männlichen Familienglieder gezählt, die ein gewisses Alter erreicht haben, oder auch nur die „vollen Arbeitskräfte“; unter einer vollen Arbeitskraft versteht man in einzelnen Gegenden ein Ehepaar, in anderen einen erwachsenen Mann, der noch nicht infolge von Alter arbeitsunfähig geworden ist; schließlich werden in einzelnen Gemeinden alle „Esser“ in Anschlag gebracht (vgl. über das Vorstehende Motive III. 3 S. 90—104 und 179—182).

Gleich dem geltenden Gesetze enthält auch der Entwurf über alle diese Fragen nur einige allgemein gehaltene Vorschriften und gewährt innerhalb des Rahmens derselben dem Ortsgebrauche und dem Gutbefinden der Gemeinde einen weiten Spielraum:

§ 1232. „Ein Recht auf Besitz an der Feldmark steht den zum Bestande der Dorfgemeinde gehörigen Bauernfamilien zu, gemäß den in dieser Gemeinde geltenden Grundsätzen und zwar unter Berücksichtigung der Zahl der Revisionsseelen, der wirklich vorhandenen Seelen, der vollen Arbeitskräfte oder gemäß ähnlichen Grundsätzen."

Nach § 1233 haben adoptierte und legitimierte Kinder ein Anteilrecht gegenüber der Gemeinde nur dann, wenn dieses Recht ihnen durch Gemeindebeschluß verliehen ist.

§ 1234. „Außereheliche Kinder gelten als Mitglieder der Dorfgemeinde, zu welcher die Mutter zur Zeit der Geburt des Kindes gehörte, und haben das gleiche Recht auf Besitz an dem Anteillande wie die übrigen Mitglieder der Dorfgemeinde."

Offenbar meint der Entwurf damit — und das geht auch aus den Motiven III. 3 S. 185—189 deutlich hervor —, daß der auf das außereheliche Kind entfallende „Seelenanteil" der Familie zuzuweisen ist, der die Mutter zur Zeit der Geburt des Kindes angehörte. Die Fassung des § 1234 läßt aber der Vermutung Raum, als müßte dem außerehelichen Kinde stets ein selbständiger Familienanteil zugewiesen werden.

Nach § 1235 ruht das Anteilrecht der Familie so lange, als sämtliche Mitglieder derselben ihren Wohnsitz außerhalb der Gemeinde haben, ausgenommen den Fall, daß die Dorfgemeinde selbst das gesamte Anteilland verpachtet hat. Letzteres soll nach den Motiven (III. 3 S. 91) in einigen Handels- und Industriedörfern vorkommen, deren Mitglieder sich völlig vom Ackerbau losgesagt haben. Außerdem bemerken die Motive (III. 3 S. 191) zu diesem Paragraphen: „Haben dagegen nur einzelne Familienglieder ihren Wohnsitz nach außerhalb verlegt, während andere im Dorfe verblieben sind, so behält die Familie den ihr zugewiesenen Anteil ungeschmälert. Eine Schmälerung desselben in diesem Falle würde ungerecht und unzweckmäßig erscheinen, da eine solche zeitweilige Abwanderung der Familienglieder den Wohlstand der Familie hebt, ohne den Zusammenhang der Familie mit dem heimischen Boden zu lösen."

§ 1236. „Personen, die ihrer Militärpflicht Genüge leisten, büßen ihr Anteilrecht nicht ein."

II. Der Familienanteil. Wie bereits mehrfach betont, kann die einzelne der Gemeinde gegenüber anteilberechtigte Person ihr Recht nicht selbständig und unmittelbar der Gemeinde gegenüber geltend machen, sondern nur durch

Vermittlung der Familie und zugunsten der Familie; das Recht des einzelnen entfaltet sich erst in der Familie und gewährt ihm einen den Mitteln der Familie entsprechenden Lebensunterhalt gegen eine seinen Kräften entsprechende Teilnahme an den häuslichen und wirtschaftlichen Arbeiten; und beides — Lebensunterhalt und Arbeit — wird ihm vom Familienoberhaupte — „dem Hauswirte“ — zugewiesen.

Wollte man nun den Versuch machen, den Begriff der Bauernfamilie juristisch zu definieren oder anzugeben, wer als Familienoberhaupt zu gelten habe, sowie auch, welche Rechtsbeziehungen zwischen den einzelnen Familiengliedern bestehen, so würde man auf schier unüberwindliche Schwierigkeiten stoßen.

Für alle diese Fragen ist lediglich die unter den Bauern herrschende Lebensauffassung entscheidend.

Einfach gestaltet sich die Sache solange, als nur ein Ehepaar mit seinen unmündigen Kindern in der Hofstätte haust.

Heiratet eine Tochter, so scheidet sie regelmäßig aus der Familie aus; heiratet ein Sohn, so bleibt er regelmäßig mit seiner Frau und den Kindern, die diese ihm schenkt, in der Familie seines Vaters. Bisweilen aber kommt es vor, daß ein Sohn im buchstäblichen Sinne des Wortes in eine fremde Familie hineinheiratet; dieses insbesondere dann, wenn es in der Familie der Braut an männlichen Arbeitskräften fehlt; er wird dann auch von der Gemeinde als zu dieser Familie gehörig betrachtet.

Wird der Vater alt und gebrechlich, so überträgt er seine Gewalt einem seiner Söhne, oder genauer gesprochen: Der Herrscherstab entsinkt seiner Hand und wird von dem ältesten oder von dem tatkräftigsten Sohne aufgenommen.

Stirbt der Vater, so löst die Familie sich nicht auf; vielmehr wird die Wirtschaftsgemeinschaft in der bisherigen Weise von den Hinterbliebenen fortgesetzt. Sind nur unmündige Kinder vorhanden, so übernimmt die Mutter die Leitung und nimmt auch in der Gemeinde die Stellung eines Hauswirtes ein; im Alter überträgt sie dieses Amt wohl auf einen ihrer Söhne oder auf einen zugezogenen Schwiegersohn. Dieser neue Hauswirt herrscht dann über seine Geschwister, Schwäger, Schwägerinnen, Neffen und Nichten so lange, als sein Regiment sich als erträglich erweist; tritt seine völlige Unfähigkeit klar zutage, so wird er ohne weitere Förmlichkeiten abgesetzt, und an seine Stelle tritt derjenige, dessen Wort das größte Gewicht in der Familie hat.

Natürlich vollzieht sich das alles nicht immer ohne Streit und Schlägereien, ohne Haß und erbitterte Feindschaften und auch Verbrechen sind auf diesem Gebiete nicht selten. Jedoch auf welchem Gebiete fehlen sie gänzlich?

Gleich wie das geltende Gesetz, so will auch der Entwurf in diesen natürlichen Gang des Lebens nicht eingreifen und beschränkt sich auf nur einen Paragraphen, der den Begriff der Familie und des Hauswirtes mehr voraussetzt als bestimmt:

> § 1237. „Die Verwaltung der der Familie gehörigen Hofstätte und des der Familie zugewiesenen Landanteiles steht, unter den nachfolgenden Beschränkungen, dem Hauswirte zu, d. h. dem Vater oder dem Familiengliede, welches seine Stelle vertritt.“

Fast noch schwieriger ist es, unter Verwendung juristischer Begriffsschemata den Inhalt dieser hausherrlichen Gewalt anzugeben. Die wenigen Beschränkungen, die das geltende Gesetz und ihm folgend der Entwurf statuieren, beziehen sich fast ausschließlich auf die Veräußerung des Familiengutes; in der Verwaltung ist der Hauswirt prinzipiell ganz unbeschränkt, alle Einkünfte des Familiengutes fließen ihm zu, und nur er bestimmt den Anteil der einzelnen Familienglieder am Genusse dieser Einkünfte. Das erscheint überaus hart, und gewiß fehlt es nicht an Mißbrauch dieser Gewalt.

Jedoch darf nicht übersehen werden, daß die Aufrechterhaltung einer absoluten Alleinherrschaft innerhalb des engen Kreises einer Hausgenossenschaft nur in den seltensten Fällen gelingt, und wo sie sich zu behaupten vermag, ruht sie nicht immer in den Händen dessen, dem das Gesetz sie zuspricht. Auch in Deutschland gibt es nicht gar so viele Frauen, auf denen die Vorschrift des § 1354 BGB. mit unerträglicher Schwere lastet, und nicht gar so wenige Männer, die beim Durchlesen dieser Vorschrift ihren Augen kaum zu trauen wagen.

Freilich kommt hier hinzu, daß eine Bevorzugung der eigenen Frau und der eigenen Kinder dem Hauswirte geradezu durch den natürlichen Instinkt nahegelegt wird. Aber dabei ist zu berücksichtigen, daß die Erträge des Familiengutes fast durchweg in natura verzehrt werden und in der größten Mehrzahl der Fälle kaum weiter reichen als zur Stillung des Hungers der ganzen Schar; und einem Hungernden das vorhandene, ihm zukommende Brot vorzuenthalten, ist ein Unternehmen, das unter Umständen recht gefährlich werden kann, mindestens kann nicht darauf gerechnet werden, daß der so Geschädigte die ihm obliegende Arbeit befriedigend leisten werde. Aber auch wo die Erträge ergiebiger sind und dem Hauswirte die Möglichkeit gewähren könnten, Ersparnisse zu seinem ausschließlichen Nutzen beiseite zu bringen, ist eine betrügerische Benachteiligung der anderen kaum möglich, denn infolge des engen Zusammenlebens aller kennt jedes einzelne Familienglied den Betrag der Geldeinkünfte bei Heller und Pfennig.

In äußersten Fällen kommt es zur Absetzung des Hauswirtes oder zur Auflösung der Familiengemeinschaft und zur Auseinandersetzung, über welche später geredet werden wird.

Zieht man dieses alles in Betracht, so wird man vielleicht finden, daß der Entwurf nicht mit Unrecht von einer gesetzlichen Regelung dieser Verhältnisse Abstand genommen hat und den Befugnissen des Hauswirtes lediglich nach außen hin gewisse Grenzen gezogen hat:

> § 1238. „Die Veräußerung der ganzen Hofstätte oder eines so bedeutenden Teiles derselben, daß die übrigbleibende Fläche nicht ausreichend ist zur Errichtung eines neuen Hofes, ist verboten, es sei denn, daß die Familie aus der Dorfgemeinde ausscheidet oder daß noch eine andere Hofstätte in ihrem Eigentume steht."
>
> § 1239. „Zur Veräußerung der Hofstätte durch den Hauswirt, soweit eine solche nach § 1238 überhaupt zulässig ist, sowie auch zur Vergebung der Hofstätte zur Gewinnung von Mineralien ist, im Falle der Minderjährigkeit oder des Fehlens der Zustimmung auch nur eines Familiengliedes, die Genehmigung seitens des Landhauptmanns erforderlich; die Genehmigung wird verweigert, wenn in der beabsichtigten Verfügung eine offenbare Schädigung des minderjährigen oder des nicht zustimmenden Familiengliedes zu erblicken ist."

§ 1240. „In Ansehung der der Bauernfamilie zugewiesenen Parzelle der Feldmark sind Rechtsgeschäfte, durch die die Dorfgemeinde geschädigt oder die Bewirtschaftung der Parzelle durch die übrigen Familienglieder erschwert würde, nicht zulässig.

Die Vergebung dieser Parzelle durch den Hauswirt zur Gewinnung von Mineralien sowie auch die Verpachtung derselben auf länger als sechs Jahre ist verboten.

Ein Verzicht des Hauswirtes auf die seiner Familie zugewiesene Parzelle der Feldmark ist nur unter Beobachtung der im § 1239 festgesetzten Regeln zulässig."

Daß eine Verpfändung der Hofstätte an Privatpersonen und private Anstalten überhaupt verboten ist, habe ich bereits oben (S. 171) bemerkt.

Wie mehrfach erwähnt, gestattet der Entwurf gleich dem geltenden Rechte eine Auseinandersetzung unter den Familiengliedern in Ansehung des ihnen überwiesenen Anteils. Dieses kann auch gegen den Willen des Hauswirtes geschehen, wenn seine Verschwendungssucht oder Unsittlichkeit hierzu den Anlaß bietet oder wenn Familienzwistigkeiten ein ferneres Zusammenleben unerträglich machen oder die ordnungsmäßige Bewirtschaftung des Anteils erschweren. In jedem Falle aber ist eine Aufteilung nur dann zulässig, wenn die neuzubildenden Parzellen ihrer Größe und Ertragsfähigkeit nach ausreichend erscheinen für den Unterhalt der Personen, denen sie zugewiesen werden sollen, und wenn das zum Bau der neuen Wohn- und Wirtschaftsgebäude erforderliche Land zur Verfügung steht (§§ 1241—1245).

III. Die Kompetenzen der Gemeindeversammlung und der staatlichen Behörden. Wenngleich durch zahlreiche, schwere Mißbräuche zur Zeit der Leibeigenschaft verdunkelt, blieb in der Bevölkerung doch stets die Auffassung herrschend, daß der einzelne Bauer nicht Sklave seines Grundherrn sei, sondern daß vielmehr die Dorfgemeinde eine natürlich zusammenhängende, geschlossene, in Familien gegliederte Körperschaft darstelle, über welche dem Grundherrn nur eine ihm vom Monarchen anvertraute Herrschergewalt zustehe: die Gemeinde sei dem Grundherrn überwiesen, damit er aus derselben gewissermaßen die Gebühren erhebe, die ihm für die Dienste zukommen, die er dem Staate leistet; die Gemeinde sei daher verpflichtet, ihm standesgemäßen Unterhalt zu gewähren und ihm die Mittel bereitzustellen zur Bestreitung der auf dem Lande ruhenden öffentlichen Lasten, für welche er dem Staate gegenüber haftbar ist.

Hieran knüpfte die Gesetzgebung bei Aufhebung der Leibeigenschaft an: aus dem leibeigenen Bauern wurde nicht ein selbständiges freies Individuum, sondern an Stelle des Grundherrn trat die Gemeinde; aus einer grundherrlichen entwickelte sie sich zu einer freien Gemeinde mit überaus demokratischer Verfassung, aber mit einer fast unumschränkten Gewalt der Gesamtheit über den einzelnen.

Wie früher der Grundherr, so haftete jetzt die Gemeinde dem Staate gegenüber für die auf dem Lande ruhenden Lasten; wie früher der Grundherr, so wies jetzt die Gemeinde der einzelnen Familie das Land zu, das sie für eigene Rechnung bearbeiten durfte; sie bestimmte, indem sie den Flurzwang regelte, die Art der Bebauung dieses Landes; sie hielt den einzelnen zu Arbeiten im Interesse der Gesamtheit an; sie verweigerte oder gewährte ihm die Erlaubnis, seinen Unterhalt außerhalb des Dorfes zu suchen, und stieß ihn aus der Gemeinde aus, wenn er sich als ein schädliches Mitglied derselben erwiesen hatte.

Manches hiervon ist durch die neueste Gesetzgebung geändert: Der einzelne ist der Gemeinde gegenüber freier geworden, die Gemeinde ist in der Ausübung ihrer Herrschaftsgewalt vielfach an die Zustimmung der staatlichen Behörden gebunden, die Gesamthaftung für die öffentlichen Lasten ist beseitigt.

Das Hauptorgan der Gemeinde ist die Gemeindeversammlung. Über die Zusammensetzung derselben lesen wir in § 57 der Allgemeinen Bauerordnung (Beilage zu Band IX der Zusammenfassung der Gesetze):

„Die Gemeindeversammlung besteht aus den Bauer-Hauswirten, die zur Dorfgemeinde gehören, und außerdem aus allen aus der Gemeindewahl hervorgegangenen Amtspersonen. Es ist dem Hauswirte gestattet im Falle seiner Abwesenheit, Krankheit oder sonstigen Behinderung ein anderes Familienglied statt seiner in die Versammlung zu schicken; von Hofstätten, die mehrere volle Arbeitskräfte haben, können auch zwei oder mehr Bauern in die Versammlung geschickt werden, wenn dieses mit der Ortssitte vereinbar ist."

Soweit die Dorfgemeinde als Wirtschaftsgenossenschaft in Betracht kommt — und nur insoweit können wir uns hier mit ihr befassen —, stehen der Gemeindeversammlung folgende Kompetenzen zu: Die Generalumteilungen und die partiellen Umteilungen, die Auseinandersetzung unter den Familiengliedern, die Verfügung über erblos gewordene Hofstätten, die Vergebung der Feldmark zur Gewinnung von Mineralien, der Übergang von der Feldgemeinschaft zum Höferecht, die Veräußerung der Feldmark, Verfügungen über die Almende und über die „obrotschnija statji" (§ 1222).

Zur Veräußerung von Land, das zur Feldmark oder zur Almende gehört, ist die Zustimmung der Gouvernementsregierung erforderlich; beträgt der Wert des Landes mehr als 500 Rubel, so bedarf es der Zustimmung des Ministers des Inneren (§ 1226). Die Auseinandersetzung unter den Familiengliedern unterliegt der Bestätigung des Landhauptmannes (§ 1245). Die Beschlüsse der Gemeindeversammlung betreffend Umteilung oder Übergang von der Feldgemeinschaft zum Höferecht bedürfen der Bestätigung der Kreisversammlung (§ 1250 und § 1258).

### Das Höferecht.

Zu den allgemeinen Vorschriften, die wir oben (S. 167 ff.) kennen gelernt haben und die auf beide Systeme Anwendung finden sollen, fügt der Entwurf nur einige Sonderbestimmungen, die ausschließlich für die Einzelhöfe gelten sollen, hinzu: Der Einzelhof gehört der Familie; seine Verwaltung steht dem Hauswirte zu; in der Verfügung über den Einzelhof ist er in derselben Weise beschränkt wie — unter der Herrschaft der Feldgemeinschaft — der Hauswirt in der Verfügung über die Hofstätte (§ 1261). Eine Teilung des Einzelhofes ist statthaft nur bei Veräußerung und bei der Erbfolge, wobei außerdem jede durch die Teilung gebildete Parzelle ihrem Umfange nach unter das für Einzelhöfe festgesetzte Mindestmaß nicht hinuntergehen darf (§ 1262). Das Mindestmaß der Einzelhöfe wird auf je zehn Jahre von der Gouvernementsregierung unter Zustimmung des Ministers des Innern festgesetzt (§ 1263).

Der erste Entwurf (Sachenrecht § 511) enthielt außerdem noch die Bestimmung, daß es einer Familie nicht gestattet sein solle, durch Kauf von Anteilland ein und derselben Dorfgemeinde ihren Einzelhof über das für Einzelhöfe festgesetzte Höchstmaß hinaus zu vergrößern. Das Höchstmaß sollte in gleicher Weise festgesetzt werden wie das Mindestmaß.

Diese dem geltenden Rechte im wesentlichen entsprechende Vorschrift gelangte in der ersten Kommission mit drei Stimmen gegen zwei zur Annahme; in der zweiten Kommission kehrte das Stimmenverhältnis sich um und die Vorschrift wurde abgelehnt.

Da das Bauernanteilland durch große Aufwendungen seitens der Regierung und durch das außerordentliche Mittel der Enteignung beschafft worden ist, zu dem ausgesprochenen Zwecke, die Bauern wirtschaftlich sicherzustellen und den Bauernstand zu erhalten, so spricht in der Tat vieles dagegen, dieses Land zum Gegenstand des freien Handelsverkehrs zu machen. Da jedoch andrerseits nach § 1227 die auf dem Anteillande belegenen Einzelhöfe nur von Personen des Bauernstandes erworben werden dürfen und da ferner infolge des Verbots der Verpfändung und der Zwangsversteigerung (§ 1229 und § 1230) dieser Einzelhöfe den Kaufliebhabern die Möglichkeit entzogen ist, durch Erteilung von Darlehen allmählich in den Besitz eines Einzelhofes zu gelangen, so wird vielleicht auch ohne Festsetzung eines Höchstmaßes die Ansammlung vieler Einzelhöfe in einer Hand nicht gar zu häufig vorkommen.

Schließlich ist zu bemerken, daß unter der Herrschaft des Höferechts der Gemeindeversammlung eine weit geringere Bedeutung zukommt als bei der Feldgemeinschaft: sie verfügt über die Almende, die „obrotschnija statji" und über erblos gewordene Einzelhöfe (§ 1222).

### Das bäuerliche Erbrecht.

Hierüber bestimmt § 1506:

„Die Erbfolge in das Anteilland richtet sich nach dem Ortsgebrauch und mangels eines solchen nach den allgemeinen Vorschriften dieses Gesetzes. Die Erbfolge in

Grundstücke, die ein Bauer außerhalb des Anteillandes erworben hat, sowie in bewegliche Sachen, die nicht Zubehör eines Familienanteils sind, richtet sich nach den allgemeinen Vorschriften dieses Gesetzes.

Ein Bauer kann ein Testament errichten entweder nach den allgemeinen Vorschriften dieses Gesetzes oder nach den besonderen Regeln, die in Spezialgesetzen enthalten sind."

Bezüglich der Erbfolge in den Familienanteil ist zu bemerken, daß von einer solchen natürlich nur dann die Rede sein kann, wenn die Familie, der der Anteil überwiesen ist, lediglich durch die Person des Erblassers repräsentiert wurde. Anderenfalls verbleibt der Anteil der Familie (vgl. darüber Mot. III. 3 S. 137) und ist auch eine testamentarische Verfügung über denselben ausgeschlossen (Entsch. des Senats 1897 Nr. 29).

Nach § 110 Anm. 2 der Allgemeinen Bauernordnung (Beilage zu Band IX der Zusammenfassung der Gesetze) kann ein Bauer seinen letzten Willen im bäuerlichen Bezirksamt (wolostnoje prawlenije) mündlich zu Protokoll erklären, wenn der Gegenstand der Verfügung den Wert von hundert Rubeln nicht übersteigt.

## Das Autorrecht[1]).

In diesem Abschnitte behandelt der Entwurf das literarische Eigentum (vgl. oben S. 144), das musikalische Eigentum, das Recht auf öffentliche Aufführung dramatischer, musikalischer und musikalisch-dramatischer Werke, und schließlich das sogenannte künstlerische Eigentum.

Alle diese Fragen sind schon im heute geltenden Rechte durch das verhältnismäßig umfangreiche Gesetz vom 8. Januar 1830, das wieder durch mehrere spätere Spezialgesetze ergänzt ist, geregelt. Dieses Gesetz hat Aufnahme gefunden in die Zusammenfassung der Gesetze X. 1 als Beilage zu § 420 Anm. 2.

---

[1]) Das am 20. März 1911 veröffentlichte neue Gesetz über das Autorrecht hat mir bei Beginn der Drucklegung dieser Abhandlung leider nicht vorgelegen und konnte daher hier nicht berücksichtigt werden.

Durch den Entwurf werden die Bestimmungen des geltenden Gesetzes in der durch die moderne Rechtsentwicklung gewiesenen Bahn erheblich vervollständigt und umgestaltet. Diese Änderungen beziehen sich aber vielfach auf Detailfragen, so daß eine ins einzelne gehende Darstellung derselben mit dem Zwecke dieser Abhandlung nicht vereinbar wäre.

Ich will mich daher auf die Hervorhebung einiger besonders wichtiger und charakteristischer Vorschriften beschränken.

1. Nach dem geltenden Gesetze (X. 1 § 420 [18]) und gemäß der ständigen Praxis des Senats steht es jedem frei, ein in Rußland erschienenes literarisches Werk in einer Übersetzung erscheinen zu lassen. Ausgenommen hiervon sind nur solche Werke, zu deren Abfassung „besondere wissenschaftliche Forschungen" erforderlich waren; in bezug auf diese kann der Verfasser sich das ausschließliche Recht der Übersetzung wahren, wenn er einen dahin gehenden Vorbehalt macht und die Übersetzung im Laufe von zwei Jahren nach Erscheinen seines Werkes veröffentlicht. Diesen Rechtszustand betrachtet die Kommission als mit der Billigkeit nicht vereinbar, insbesondere, da es im Russischen Reiche viele Gebiete gebe, in denen die Bevölkerung sich verschiedener Sprachen bediene; erscheine nun ein Werk in einer dieser Sprachen, so werde es, wofern es von allgemeinem Interesse, sehr bald in eine andere Sprache übersetzt, woraus dem Verfasser erhebliche Nachteile erwachsen (Mot. III. 3 S. 314—316). Deshalb bestimmt der Entwurf in § 1273, daß dem Verfasser eines in Rußland erschienenen Werkes, sowie auch einem russischen Untertanen, dessen Werk im Auslande erschienen ist, das ausschließliche Recht der Übersetzung in andere Sprachen zustehen solle, wofern er auf dem Titelblatte oder in der Vorrede zu diesem Werke sich dieses Recht vorbehalten hat. Während jedoch im allgemeinen, gemäß § 1266, das Autorrecht erst fünfzig Jahre nach dem Tode des Verfassers erlischt, soll das ausschließliche Recht der Übersetzung — „im Hinblick auf den Ausgleich der Interessen des Verfassers und des lesenden Publikums" — schon in zehn Jahren nach dem Erscheinen des Originals erlöschen.

2. Was den Nachdruck und die Übersetzung im Auslande erschienener literarischer Werke fremder Staatsangehöriger

anbetrifft, so bestehen, wie bekannt, nach dem geltenden russischen Gesetze keinerlei Beschränkungen. Das Russische Reich ist der Berner Konvention nicht beigetreten und hat in dieser Frage auch keine Sonderverträge mit einzelnen Staaten geschlossen.

Ein Mitglied der Kommission sprach sich für Aufrechterhaltung des geltenden Rechtszustandes aus. Zwei Mitglieder wollten das Prinzip der Gegenseitigkeit anerkannt sehen und brachten folgende Bestimmung in Vorschlag:

„Fremden Staatsangehörigen steht in Rußland das Autorrecht in Gemäßheit der Vorschriften dieses Gesetzes nach dem Grundsatze der Gegenseitigkeit zu, d. h. nur insoweit, als in dem Staate, dem sie angehören, russische Verfasser nicht geringere Rechte genießen als einheimische Verfasser."

Zwei fernere Mitglieder machten einen dritten Vorschlag, der schließlich die Majorität erhielt:

§ 1279. „Der Nachdruck im Auslande erschienener Werke fremder Staatsangehöriger ist innerhalb der Grenzen des russischen Reichs nicht gestattet ohne Zustimmung der Person, der nach den Gesetzen des Landes, in welchem das Werk erschienen ist, das Autorrecht zusteht.

Jedoch können im Auslande erschienene Werke fremder Staatsangehöriger in Rußland in die russische oder eine andere Sprache übersetzt werden, wofern nicht Entgegenstehendes festgesetzt ist in Verträgen, die Rußland mit fremden Staaten geschlossen hat."

Praktisch betrachtet bleibt damit in der Tat alles beim alten. Denn wie die Motive ausdrücklich hervorheben, kommt ein Nachdruck im Auslande erschienener Werke auch heute in Rußland kaum vor, und auch unter der Geltung des heutigen Gesetzes steht es der Regierung jederzeit frei, internationale Verträge betreffend die Übersetzung im Auslande erschienener Werke abzuschließen (vgl. Mot. III. 3 S. 328—343).

3. Gleich wie nach § 36 des deutschen Gesetzes vom 19. Juni 1901 wird auch nach § 1294 ein Verpflichtung zum Schadensersatze nur durch vorsätzliche oder fahrlässige Verletzung des Autorrechts begründet. Jedoch fügt § 1295 hinzu:

„Eine Person, die gewissenhaft handelt und nur aus entschuldbarem Irrtume das Autorrecht verletzt, haftet gegenüber dem Autor bis zum Betrage der erlangten Bereicherung.“

4. Die §§ 1285—1292 behandeln den Verlagsvertrag.

5. Unter dem Ausdrucke „künstlerisches Eigentum“ versteht der Entwurf das Urheberrecht an Werken der Malerei, der Bildhauerei, der Baukunst (§ 1316) und der Photographie, sowie auch an Werken, welche durch ein der Photographie ähnliches Verfahren hergestellt sind (§ 1326 und § 1329).

## Das Recht auf Erfindungen, auf Warenzeichen und auf eine Firma.

1. Im Jahre 1896 ist ein besonderes Gesetz betreffend Privilegien für Erfindungen und Vervollkommnungen ergangen. Demgemäß hat der Entwurf von einer Neuregelung dieser Frage Abstand genommen. Auch hat die Kommission es nicht für zweckmäßig gehalten, das erwähnte Gesetz vollständig in den Entwurf zu übernehmen, sondern hat sich damit begnügt, die leitenden Grundsätze dieses Gesetzes, soweit sie einen rein privatrechtlichen Charakter haben, im Entwurf zu wiederholen; insbesondere ist ausgesprochen, daß dem Erfinder das Recht auf ausschließliche Verwertung der Erfindung nur dann zusteht, wenn er für diese Erfindung im gesetzlich vorgeschriebenen Verfahren ein „Privileg“ erhalten hat (§ 1330 Abs. 1), daß dieses Recht nach Ablauf von fünfzehn Jahren erlischt (§ 1330 Abs. 2), daß es für diese Zeitdauer auf andere übertragen werden kann (§ 1331 Abs. 1) und daß es nach dem Tode des Berechtigten auf dessen Erben übergeht (§ 1331 Abs. 2); ferner, daß „Privilegien“ sowohl russischen Untertanen als auch Ausländern erteilt werden können (§ 1330 Abs. 2), daß der auf Übertragung des Rechts gerichtete Vertrag stets zu beurkunden ist (§ 1331 Abs. 2), und schließlich, daß das erteilte „Privileg“ von allen hieran interessierten Personen durch Erhebung einer Klage angefochten werden kann (§ 1332).

Im übrigen bleibt das Gesetz vom Jahre 1896 in vollem Umfange in Kraft, so daß die hier erwähnten Rechtsregeln in zwei nebeneinander geltenden Gesetzen übereinstimmenden Ausdruck finden.

Mir erscheint dieses Verfahren nicht sehr zweckmäßig, da auch selbst die geringfügigsten redaktionellen Abweichungen in diesen beiden Gesetzen Anlaß zu Streitigkeiten darüber geben könnten, was nun eigentlich Rechtens sei.

Meines Erachtens wäre es richtiger gewesen, wenn der Entwurf sich hier — wie das auch an anderer Stelle (vgl. unten zu § 2095) geschehen ist — auf einen einzigen verweisenden Paragraphen beschränkt hätte, etwa mit den Worten:

> Die Vorschriften betreffend das Recht auf Erfindungen sind dargestellt im Gesetze betreffend Privilegien für Erfindungen und Vervollkommnungen.

2. Genau die gleiche Behandlung wie das Erfinderrecht erfährt im Entwurfe auch das Recht auf Warenzeichen. Auch über diese Frage ist im Jahre 1896 ein besonderes Gesetz ergangen, und auch hier werden nur die leitenden Grundsätze dieses Gesetzes, soweit sie rein privatrechtlichen Charakters sind, wiederholt. Nur in einem Punkte gestattet der Entwurf sich eine Abweichung: während nach geltendem Rechte „die Erteilung eines Zeugnisses über das Recht auf ein Warenzeichen" innerhalb einer Frist von drei Jahren durch Klageerhebung angefochten werden kann, soll eine solche Anfechtung nach § 1335 nur innerhalb einer Frist von zwei Jahren zulässig sein.

3. Das heute geltende Gesetz enthält nur einige zerstreute Vorschriften, in denen das Wort „Firma" vorkommt, wobei der demselben zugrunde liegende Begriff mehr vorausgesetzt als definiert wird. Eine Registrierung findet statt nur in Ansehung der Firma einer Gesellschaft, nicht aber der Firma eines Einzelkaufmannes. Die kommunalen Behörden, denen die Erhebung der Handelssteuern obliegt, führen zwar Listen der zur Zahlung dieser Steuern verpflichteten Kaufleute; die Eintragung in diese Listen hat jedoch keinerlei privatrechtliche Bedeutung. Über die Veräußerung einer Firma durch Vertrag sowie auch über den Erwerb derselben auf dem Wege der Erbfolge enthält das Gesetz keine Bestimmungen; jedoch hat der Senat vielfach dahin erkannt, daß eine Übertragung der Firma zusammen mit dem Geschäfte durch Vertrag zulässig sei, sowie auch, daß das Recht, sich der Firma zu bedienen, auf den Erben übergehe; desgleichen hat der Senat dahin

erkannt, daß einer Person, welche die einem anderen gehörige Firma nicht in der bezeichneten Weise erworben hat, von dem Berechtigten verboten werden kann, sich dieser Firma zu bedienen. Schließlich hat der Senat mehrfach ausgesprochen, daß der Inhaber einer Firma durch Veräußerung derselben sich von der Schuldenhaftung nicht befreie und daß daneben auch der Erwerber für die mit dem erworbenen Geschäfte verbundenen Schulden hafte, „wenn die Veräußerung den Gläubigern nicht bekannt gemacht war".

Der Entwurf definiert die Firma als den „Namen, unter welchem eine Person Handel, ein Gewerbe oder ein Handwerk betreibt", und gestattet nicht, daß eine einzelne Person, als Inhaber eines solchen Unternehmens, außer ihrem Namen in die Firma solche Bezeichnungen aufnehme, die zu der Vermutung führen könnten, die Firma gehöre einer Gesellschaft (§ 1336); er gestattet die Veräußerung der Firma, jedoch nur zusammen mit dem „Unternehmen", und gibt dem Erwerber das Recht, die Firma weiterzuführen auch ohne einen die Nachfolge andeutenden Zusatz (§ 1337); er führt den Registerzwang ein (§ 1338), verweist aber bezüglich des Verfahrens bei der Registrierung auf andere, neben dem Zivilgesetzbuch noch zu erlassende Gesetze (Mot. III. 3 S. 515) und verlangt, daß jede neu zu begründende Firma sich deutlich von allen anderen, am selben Orte bestehenden Firmen unterscheide (§ 1339). Ferner bestimmt der Entwurf, daß, wer ein Handels-, Gewerbe- oder Handwerksunternehmen mit der bisherigen Firma durch Vertrag erworben hat, für alle Verbindlichkeiten hafte, die „unter dem früheren Eigentümer entstanden sind"; indessen sollen die Gläubiger berechtigt sein, ihre Ansprüche auch gegen den früheren Eigentümer geltend zu machen, jedoch nur während einer Frist von fünf Jahren seit dem Tage der Eintragung des neuen Eigentümers in das Handelsregister (§ 1340). Schließlich gewährt § 1341 bei unberechtigter Führung einer fremden Firma eine Klage auf Unterlassung und Schadensersatz.

# Obligationenrecht.

Den umfangreichsten Teil des Entwurfs bildet das Obligationenrecht. Außer den im zweiten Buche des BGB. behandelten Materien kommen hier zur Darstellung das gesamte Handelsrecht, die Lehre von den privaten Korporationen, das Versicherungsrecht und manche andere im Deutschen Reiche durch Sondergesetze geregelte Frage.

Im Hinblick auf diese Fülle des Stoffes ist die Zahl der Paragraphen (im ganzen 1074) nicht sehr groß; dazu kommt noch, daß die einzelnen Paragraphen stofflich weniger überladen sind als die entsprechenden Paragraphen des BGB.

Dieses erfreuliche Resultat ist dem Umstande zu verdanken, daß der Entwurf fast durchweg von einer ängstlichen Verklausulierung der Vorschriften absieht und stets bemüht ist — bisweilen (leider nur bisweilen) mit leichter, glücklicher Hand —, allgemeine Grundsätze zu formen, wobei er das Ausspinnen des Details vertrauensvoll der Umsicht des Richters überläßt. Freilich wird dadurch im Einzelfalle manchem Zweifel Raum gelassen; aber welches Gesetz, wenn es auch noch so sehr ins einzelne ginge, vermöchte alle Zweifel abzuschneiden! Dann aber hat diese Methode auch den Vorzug, daß sie den Richter in weit höherem Maße befähigt auf die besonderen Umstände des Einzelfalles, die der Gesetzgeber doch nie restlos zu überschauen vermag, gebührende Rücksicht zu nehmen, und ihn in den Stand setzt, mit größerem Erfolge seiner vornehmsten Aufgabe gerecht zu werden: schöpferisch und rechtserzeugend zu wirken, die Prinzipien des Gesetzes zeitgemäß zu entfalten und die Anwendung des Gesetzes in stetem Einklang zu erhalten mit der Entwicklung des Kulturlebens.

Das Obligationenrecht des Entwurfs ist in drei Abschnitte geteilt: die Obligation im allgemeinen, die Obligationen aus

Verträgen (eine Überschrift, unter der man freilich die privaten Korporationen kaum vermuten würde) und „die Obligationen, die nicht aus Verträgen entstehen".

## Die Obligation im allgemeinen.

### Allgemeine Vorschriften.

Hier finden wir nur zwei Paragraphen, § 1567 und § 1568, die aber ebensogut hätten wegbleiben können, da sie eine ziemlich nichtssagende Definition des Begriffes der Obligation geben und daran die Bemerkung knüpfen, daß die Obligation aus Verträgen entstehe und aus anderen, im Gesetz genannten Gründen.

### Die Verträge.

Der § 1570 berührt ein wichtiges und schwieriges Problem, löst es aber meines Erachtens nicht ganz befriedigend:

„Ein Vertrag ist nicht deshalb als unwirksam zu betrachten, weil er keinem der im Gesetze besonders geregelten Verträge entspricht, vielmehr sind auf denselben die in diesem Abschnitte gegebenen Vorschriften über die Obligation im allgemeinen anzuwenden."

Mit dieser allgemeinen Vorschrift wird man aber in der Regel nicht sehr weit kommen; meines Erachtens hätte hinzugefügt werden müssen:

Insoweit ein solcher Vertrag Elemente anderer, im Gesetze besonders geregelter Verträge enthält, sind die für diese Verträge geltenden Vorschriften analog anzuwenden.

Letzteres erscheint mir geradezu unentbehrlich bei den sogenannten gemischten Verträgen, deren Inhalt sich aus Elementen verschiedener, im Gesetz besonders geregelter Verträge zusammensetzt.

Die folgenden Paragraphen behandeln den Abschluß der Verträge. In §§ 1571—1578 werden im wesentlichen die Bestimmungen des BGB. über Offerte und Akzept reproduziert.

Ganz abweichend vom BGB. und im wesentlichen übereinstimmend mit dem französischen Rechte (Code civil Art. 1341 ff.) sind die Vorschriften über die Schriftform der Verträge, worauf schon an anderer Stelle (S. 23) kurz hingewiesen ist.

§ 1578. „Verträge über einen Betrag, der höher ist als dreihundert Rubel" — (645 Mark) — „sind, abgesehen von den im Gesetz namhaft gemachten Fällen, zu beurkunden."

§ 1579. „Die Vorschrift des Gesetzes über die Beurkundung eines Vertrages hat lediglich die Bedeutung, daß im Falle eines Streites der Abschluß des Vertrages nicht durch Zeugenaussagen bewiesen werden kann; zum Beweise können verwendet werden Urkunden, die von den Vertragschließenden unterschrieben sind, sowie Briefe, Telegramme und überhaupt schriftliche Beweismittel jeder Art."

Mit der Bezeichnung „Telegramm" ist wohl die im Telegraphenamt aufzubewahrende Originalschrift gemeint; die Ausfertigung, die dem Adressaten zugestellt wird, kann wohl nur dann als Beweismittel gelten, wenn die Partei zugesteht, das Telegramm aufgegeben zu haben; oder soll in den letzten Worten dieses Paragraphen dasselbe gesagt sein, wie im Code civil Art. 1347 betreffend den commencement de preuve par écrit? Das hätte doch einer etwas genaueren Fassung bedurft. Freilich ist in den Motiven auf den genannten Artikel verwiesen; aber das dürfte wohl kaum genügen.

§ 1583. „Die Aufhebung oder Änderung eines Vertrages, der schriftlich vollzogen ist, kann im Falle eines Streites nicht durch Zeugenaussagen bewiesen werden."

Nach Vorstehendem soll die Beobachtung der Schriftform also nicht wie nach dem preußischen Landrechte I. 5 § 109 und § 110 und nach BGB. § 125 ein wesentliches Erfordernis der Wirksamkeit des Vertrages sein, sondern nur Bedeutung haben für die Beweisbarkeit des Vertragsschlusses. Gesteht daher der Beklagte den formlosen Abschluß des Vertrages, aus welchem gegen ihn geklagt wird, zu, so bildet die Vorschrift des § 1578 kein Hindernis seiner Verurteilung. Nur wo das Gesetz für ein Rechtsgeschäft eine bestimmte Form „bei Gefahr der Unwirksamkeit" vorschreibt, ist der formlose Abschluß gemäß dem bereits besprochenen (S. 22) § 57 ganz bedeutungslos. Die Vorschriften der letztgenannten Art sind im Entwurf nicht sehr zahlreich.

Die Summe von dreihundert Rubeln hat der Entwurf nach den Motiven (V. 1 S. 55) deshalb gewählt, weil bei Rechtsstreitigkeiten bis zu diesem Betrage der Einzelrichter zuständig ist und weil „der Einzelrichter in höherem Maße befähigt ist, die Zuverlässigkeit der Aussagen eines Zeugen zu prüfen, als das Kollegialgericht, das weniger Fühlung mit der örtlichen Bevölkerung hat".

Vor einer Reihe von Jahren habe ich mich über diese Frage geäußert (in der Zeitschrift Westnik prawa, St. Petersburg 1900 S. 39 ff.) und entschieden Stellung genommen gegen die vom Entwurf in Vorschlag gebrachte Regelung. Ich habe dort den Nachweis zu erbringen gesucht, daß die der Schriftform der Verträge hier beigelegte Bedeutung dem geltenden russischen Gesetze fremd sei und nur durch eine nicht auf das Gesetz gegründete Praxis des Senats allmählich zur Anerkennung gelangt sei. Desgleichen habe ich ausgeführt, daß bei einer eingehenden, sorgfältigen und umsichtigen Befragung der Zeugen auch ein Kollegialgericht sehr wohl imstande wäre, die Glaubwürdigkeit des Zeugen selbst und seiner Aussagen zu prüfen.

Grundsätzlich muß ich das dort Gesagte auch heute noch in vollem Umfange aufrechterhalten.

Mittlerweile habe ich mich jedoch überzeugen müssen, daß in Ländern, in denen die Zulässigkeit des Zeugenbeweises auch in den Kollegialgerichten nicht in der angegebenen Weise beschränkt ist, die Vernehmung der Zeugen fast ausnahmslos — unter völliger Nichtachtung der hierüber bestehenden Vorschriften — nicht durch das Gericht selbst, sondern lediglich durch ein Mitglied dieses Gerichts erfolgt. Somit ist in Wirklichkeit für die Würdigung der Person des Zeugen und seiner Aussagen maßgebend nicht die auf eigene Wahrnehmung gegründete, freie Überzeugung des Gerichts, sondern vielmehr lediglich die Angabe, die hierüber dem Gerichte von dem vernehmenden Mitgliede des Gerichts gemacht wird.

Will man gegenüber solchen Zuständen nicht gewaltsam die Augen verschließen oder glaubt man, daß das bestehende Gesetz undurchführbar sei — und das scheint man allgemein zu glauben —, so bleibt kaum etwas anderes übrig als die folgende Alternative:

1. man beseitigt die freie Beweiswürdigung in Ansehung des in den Kollegialgerichten erhobenen Zeugenbeweises vollständig und kehrt zur formellen Beweistheorie des gemeinen Zivilprozesses zurück, nach welcher das Maß der Glaubwürdigkeit eines Zeugen, wenn ich so sagen darf, prozentual festgesetzt war und abhängig gemacht wurde von äußeren, leicht feststellbaren Tatsachen;

2. oder aber man setzt die Zulässigkeit des Zeugenbeweises in den Kollegialgerichten auf das denkbar geringste Minimum herab.

Eine Rückkehr zur formellen Beweistheorie wird bei den heutigen Zeitströmungen wohl niemand in Vorschlag bringen, der den ernstlichen Wunsch hat, seine Vorschläge angenommen zu sehen. Es bleibt also nur übrig unter ehrlichem Zugeständnisse der Unvollkommenheit, die allen menschlichen Einrichtungen anhaftet, den Kollegialgerichten das Recht der Zeugenvernehmung nach Möglichkeit zu beschränken, in der Hoffnung, daß sie — dergestalt entlastet — in den wenigen Fällen, in denen ihnen dieses Recht verbleibt, die Vorschriften des Gesetzes beobachten werden.

Abweichend von der soeben besprochenen Bedeutung der gesetzlich vorgeschriebenen Form ist nach § 1580 die Bedeutung der vereinbarten Form:

> „Haben die Parteien vereinbart, einen zu schließenden Vertrag in eine bestimmte Form zu kleiden, so gilt der Vertrag als nicht geschlossen, solange als er nicht in der vereinbarten Form geschlossen ist."

Also nicht bloß „im Zweifel" wie nach BGB. § 125 Satz 2.

Der § 1581 bestimmt entsprechend dem § 126 BGB., daß ein schriftlicher Vertrag von beiden Parteien zu unterzeichnen ist, oder, wofern zwei oder mehrere gleichlautende Urkunden ausgefertigt werden, daß jede Partei die für die andere bestimmte Urkunde zu unterzeichnen habe. Doch gilt das nur für gegenseitige Verträge. In bezug auf einseitig verpflichtende Verträge verallgemeinert § 1582 den im BGB. (§ 766, § 780 u. a.) nur singulär ausgesprochenen Grundsatz, daß die Urkunde nur vom Schuldner zu unterzeichnen ist.

Die Beobachtung der in § 1581 und § 1582 enthaltenen Vorschriften ist jedoch verbindlich nur für die Verträge, bei denen gemäß § 57 die Form „bei Gefahr der Unwirksamkeit" gefordert wird, denn, wie wir sahen, kann der Beweis des Abschlusses der in § 1578 genannten Verträge, gemäß § 1579, durch schriftliche Beweise jeder Art erbracht werden.

Bezüglich der nun folgenden Vorschriften dieses Abschnittes werde ich mich im wesentlichen auf eine möglichst sinngemäße Wiedergabe des Inhalts der einzelnen Paragraphen des Entwurfs beschränken, wobei dem Leser wohl auch ohne besonderen Hinweis die Verwandtschaft derselben mit den entsprechenden Vorschriften des BGB. sowie die Abweichungen derselben von den letzteren zum Bewußtsein kommen werden. Die Wiedergabe geschieht in möglichster Anlehnung an die Redeweise des Entwurfs, um den Leser mit den Vorzügen und den Mängeln derselben vertraut zu machen.

### Gegenstand der Verträge.

§ 1584. „Ein Vertrag, der eine unmögliche Handlung zum Gegenstande hat, ist unwirksam.

Die Partei, welche bei Abschluß des Vertrages wußte, daß der Gegenstand eine unmögliche Handlung ist, ist verpflichtet, der anderen Partei den Schaden zu ersetzen, den diese dadurch erlitten hat, daß sie auf die Wirksamkeit des Vertrages vertraute."

§ 1585. „Eine Handlung gilt nicht als unmöglich, wenn das ihrer Vornahme im Wege stehende Hindernis im Zeitpunkte der Erfüllung der Obligation beseitigt werden kann und nach der Absicht der Parteien beseitigt werden soll."

§ 1586. „Ein Vertrag über eine noch nicht deferierte Erbschaft ist unwirksam, wenngleich die Person, um deren zukünftigen Nachlaß es sich handelt, dem Vertrage zugestimmt hat."

Die durch § 312 Abs. 2 BGB. zugelassene Ausnahme ist in den Entwurf nicht aufgenommen.

§ 1587. „Ein Vertrag, der nur zum Schein geschlossen ist (Scheinvertrag), ist unwirksam.

Ein Vertrag, der unter dem äußeren Scheine eines anderen Vertrages geschlossen ist, wird nach den Vorschriften beurteilt, die für den Vertrag gelten, den die Parteien in Wirklichkeit zu schließen die Absicht hatten."

§ 1588. „Ist in einem Vertrage die Bestimmung des Umfanges der Gegenleistung einer Partei überlassen, dann hat, falls die Bestimmung verweigert oder verzögert wird oder in unangemessenem Betrage getroffen wird, der Richter den Umfang der Gegenleistung festzusetzen.

Die von der Partei getroffene Bestimmung ist für sie selbst verbindlich, sobald sie zur Kenntnis der anderen Partei gebracht ist.

Diese Vorschriften finden entsprechende Anwendung, wenn die Bestimmung des Umfangs der Gegenleistung in das Ermessen eines Dritten gestellt ist."

### Verträge zugunsten Dritter.

§ 1589. „Auf Grund eines Vertrages, der zugunsten eines Dritten geschlossen ist, kann die Erfüllung der Verbindlichkeit sowohl von der Partei, die dem Schuldner die Verbindlichkeit auferlegt hat, als auch von der dritten Person gefordert werden."

§ 1590. „Hat die dritte Person dem Schuldner erklärt, daß sie von dem ihr eingeräumten Rechte Gebrauch machen will, so können die vertragschließenden Parteien den Vertrag weder ändern noch aufheben, es sei denn, daß sie im Vertrage selbst sich dieses Recht gewahrt haben."

§ 1591. „Lehnt die dritte Person das ihr im Vertrage gewährte Recht ab, so kann die Partei, die das Recht ausbedungen hat, selbst von diesem Rechte Gebrauch machen, wofern nicht der Inhalt des Vertrages oder die Natur des Rechts dem im Wege steht."

### Handgeld, Reugeld und Vertragsstrafe.

Hier wäre als abweichend vom BGB. eigentlich nur eine Bestimmung hervorzuheben:

§ 1602. „Die Vereinbarung über eine Vertragsstrafe ist unabhängig von der Summe stets zu beurkunden."

## Erfüllung der Obligation.

Der Entwurf behandelt die Erfüllung nicht nur als eine besondere Art des Erlöschens der Obligation, wie das in den meisten Lehrbüchern des römischen Rechts und im BGB. geschieht, sondern weist ihr vielmehr eine selbständige Stellung im System an; vermutlich wohl mit Rücksicht darauf, daß die Erfüllung bei vielen Obligationen als eine dauernde, sich oft über Jahre erstreckende Tätigkeit des Schuldners erscheint.

### Allgemeine Vorschriften.

§ 1609. „Der Schuldner ist verpflichtet, seine Verbindlichkeit gewissenhaft zu erfüllen, entsprechend der im Geschäftsverkehr herrschenden Ordnung."

Nach § 1610 hat bei gegenseitigen Verträgen die Erfüllung Zug um Zug zu geschehen, wofern nicht gemäß dem Vertrage eine Partei zur Vorleistung verpflichtet ist.

§ 1611. „Sind bei derselben Obligation mehrere Gläubiger oder mehrere Schuldner beteiligt, so ist, wofern nicht durch Gesetz, Vertrag oder Testament Abweichendes bestimmt ist, jeder Gläubiger zu einem Kopfteil berechtigt und jeder Schuldner zu einem Kopfteil verpflichtet."

Der Antrag zweier Mitglieder der Kommission, für Obligationen aus Verträgen im Zweifel die Gesamthaftung der Schuldner zu statuieren, wurde abgelehnt.

§ 1612. „Wenn bei einer Obligation, die ihrem Wesen nach eine Erfüllung nach Teilen nicht zuläßt (unteilbare Obligation), mehrere Gläubiger oder mehrere Schuldner beteiligt sind, so sind die Schuldner Gesamtschuldner, die Gläubiger Gesamtgläubiger."

### Personen, die an der Erfüllung beteiligt sind.

§ 1613. „Der Gläubiger kann nur in dem Falle verlangen, daß der Schuldner persönlich erfülle, wenn die geschuldete Leistung ihrem Wesen nach oder gemäß ausdrücklicher Vereinbarung persönlich vom Schuldner zu bewirken ist."

§ 1614. „Eine Obligation, bei der eine persönliche Erfüllung nicht erforderlich ist, kann von jeder dritten Person auch selbst ohne Vorwissen des Schuldners erfüllt werden.

Der Gläubiger ist berechtigt, die Entgegennahme der ihm von dieser dritten Person angebotenen Leistung abzulehnen, wenn der Schuldner widerspricht oder wenn die dritte Person verlangt, daß der Gläubiger ihr seine Forderung gegen die Leistung abtrete."

§ 1615. „Betreibt der Gläubiger die Zwangsvollstreckung in das Vermögen seines Schuldners, so kann ein Dritter, der Gefahr läuft, durch die Zwangsvollstreckung ein ihm an diesem Vermögen zustehendes Recht einzubüßen, durch Befriedigung des Gläubigers in dessen Rechte eintreten."

§ 1616. „Die geschuldete Leistung ist zu bewirken an den handlungsfähigen Gläubiger oder an den gesetzlichen Vertreter oder den Bevollmächtigten des Gläubigers."

§ 1617. „Ist die Leistung an den handlungsunfähigen Gläubiger oder an eine Person, die zur Vertretung des Gläubigers nicht ermächtigt ist, bewirkt, so finden die Vorschriften der §§ 512, 517, 518 entsprechende Anwendung."

Über die letztgenannten Paragraphen vergleiche oben S. 81.

Die letzte Vorschrift dieses Titels, § 1618, ist dem Leser bereits bekannt (vgl. oben S. 131).

### Ort, Zeit und Kosten der Erfüllung.

§ 1619. „Die Obligation ist zu erfüllen an dem Orte und zu der Zeit, die im Vertrage bestimmt sind oder sich aus dem Wesen der Obligation ergeben."

§ 1620. „Kann der Ort der Erfüllung an der Hand der vorstehenden Vorschrift nicht bestimmt werden, so ist an dem Orte zu erfüllen, an welchem der Schuldner zur Zeit der Entstehung der Obligation seinen Wohnsitz hatte, und bei Geschäften, die sich auf einen vom Schuldner betriebenen Handel beziehen — am Orte der gewerblichen Niederlassung des Schuldners.

Eine Geldschuld ist am Wohnsitz des Gläubigers zu erfüllen; hat der Gläubiger nach Entstehung der Obligation seinen Wohnsitz geändert, so trägt der Gläubiger die hierdurch vergrößerten Kosten und die hierdurch vergrößerte Gefahr der Übersendung."

§ 1621. „Die Kosten der Erfüllung trägt der Schuldner."

§ 1622. „Die Erfüllung einer unbefristeten Obligation ist der Gläubiger berechtigt sofort zu verlangen und der

Schuldner berechtigt, sofort vorzunehmen. Ist entsprechend dem Wesen der Obligation die sofortige Erfüllung nicht möglich, so wird dem Schuldner die zur Erfüllung erforderliche Frist gewährt."

§ 1623. „Ist die Erfüllungszeit im Vertrage durch Ausdrücke bestimmt, wie „in Bälde", „bei erster Gelegenheit", „nach Möglichkeit" oder durch ähnliche Ausdrücke, so ist die Feststellung der Zeit dem Ermessen des Richters anheimgestellt."

§ 1624. „Die Erfüllung einer befristeten Obligation kann der Gläubiger auch vor Ablauf der Frist fordern, wenn der Schuldner die im Vertrage ausbedungene Sicherheit nicht leistet."

§ 1625. „Der Schuldner ist berechtigt, die geschuldete Leistung auch vor Ablauf der Frist zu bewirken, es sei denn, daß sich aus dem Vertrage oder aus dem Wesen der Obligation ergibt, daß die Frist auch zugunsten des Gläubigers gesetzt ist."

§ 1626. „Die Erfüllung der Obligation vor Ablauf der Frist gibt dem Schuldner nicht das Recht, das Geleistete zurückzufordern."

### Gegenstand der Leistung.

Nach § 1627 braucht der Gläubiger Teilleistungen nicht entgegenzunehmen; tut er es freiwillig, so soll darin eine Stundung des Restes nicht erblickt werden.

Die §§ 1628—1631 betreffen die in solutum datio, die Wahlobligation, die Genusobligation und die Umrechnung von Geldsummen, die im Vertrage in ausländischer Währung ausgedrückt sind.

### Zinsen.

Zinsen für eine ihm geschuldete Geldsumme kann der Gläubiger nur dann fordern, wenn sie im Vertrage ausbedungen sind oder wenn die Zinspflicht durch das Gesetz besonders angeordnet ist. Die Bestimmung des Zinssatzes ist dem Ermessen der Vertragschließenden anheimgestellt (§ 1632). Ein gesetzliches Zinsmaximum besteht auch schon nach geltendem Recht nicht mehr (X. 1 § 2020). Ist ein höherer Zinssatz als 6%

für das Jahr vereinbart, so steht dem Schuldner gemäß § 1633 in Verbindung mit § 1892 das gleiche Kündigungsrecht zu, welches § 247 BGB. gewährt. Im übrigen finden die den Wucher betreffenden Vorschriften des § 64 (oben S. 24) Anwendung. Ist der Zinssatz im Vertrage nicht bestimmt oder beruht die Zinspflicht auf Gesetz, so sind 5% für das Jahr zu entrichten (§ 1632). Ist eine Quittung über die Bezahlung des Kapitals erteilt worden, so wird vermutet, daß auch die Zinsen bezahlt sind. Ist eine Quittung über später fällig gewordene Zinsen erteilt, so wird vermutet, daß auch die früher fällig gewordenen Zinsen bezahlt seien (§ 1634).

### Anrechnung der Zahlung auf verschiedene Schulden.

Die §§ 1635—1639, die hierüber Bestimmung treffen, stimmen im wesentlichen überein mit BGB. §§ 366—367.

### Quittung.

Auch die unter dieser Überschrift stehenden §§ 1640 bis 1641 enthalten keine erwähnenswerten Abweichungen von den entsprechenden § 368 und § 371 BGB.; die Vorschrift des § 370 BGB. hat zweckmäßiger in dem der Vollmacht gewidmeten Kapitel ihren Ersatz gefunden (§ 2047).

### Zurückbehaltungsrecht.

Dem geltenden Gesetze ist dieses Recht fremd, doch kommt es im bäuerlichen Gewohnheitsrechte vielfach zur Anwendung (Mot. V. 1 S. 220). Der Entwurf gewährt es in etwas engeren Grenzen als das deutsche Reichsrecht (BGB. und HGB.):

> § 1642. „Eine Person, die zur Übergabe einer speziell bestimmten beweglichen Sache verpflichtet ist, ist berechtigt, dieselbe zu ihrer Sicherung zurückzubehalten, solange als ihr nicht Ersatz geleistet ist für Aufwendungen, die sie auf die Sache gemacht, oder für Schäden, die ihr durch die Sache verursacht sind, es sei denn, daß ihr anderweitige Sicherheit geleistet wird.
>
> Dieses Recht steht demjenigen nicht zu, der die Sache durch eine unerlaubte Handlung erlangt hat."

§ 1643. „Im Verhältnisse von Handeltreibenden zueinander erstreckt das Zurückbehaltungsrecht sich auf Waren und auf zinstragende und andere Wertpapiere zur Sicherung von Forderungen jeder Art, sofern dieselben fällig sind, auch wenn diese Forderungen in keinerlei Beziehung zu den zurückzubehaltenden Sachen stehen, jedoch nur in dem Falle, wenn sowohl die Forderung als auch der Besitz des Gläubigers an den Waren oder Wertpapieren sich auf ein zwischen beiden Personen geschlossenes Handelsgeschäft gründet.

Das Zurückbehaltungsrecht ist zugelassen auch zur Sicherung noch nicht fälliger Forderungen, wenn über das Vermögen des Schuldners der Konkurs eröffnet ist oder wenn eine Zwangsvollstreckung in das Vermögen des Schuldners erfolglos geblieben ist, d. h. wenn der Gläubiger durch den Verkauf des Vermögens des Schuldners keine volle Befriedigung erlangt hat, oder wenn der Schuldner vor Gericht erklärt hat, daß er kein Vermögen habe, aus dem er den Gläubiger befriedigen könnte."

§ 1644. „Das Zurückbehaltungsrecht kann nicht geltend gemacht werden entgegen einer Anweisung, die der Schuldner dem Gläubiger vor oder bei Übergabe der Waren oder Wertpapiere erteilt hat, oder entgegen einer vom Gläubiger übernommenen Verbindlichkeit, über die Waren oder Wertpapiere nur in bestimmter Weise zu verfügen, es sei denn, daß über das Vermögen des Schuldners der Konkurs eröffnet ist, oder daß die Zwangsvollstreckung in sein Vermögen erfolglos geblieben und daß diese Umstände dem Gläubiger bekannt geworden sind, erst nachdem ihm die Waren übergeben waren oder nachdem er die genannte Verbindlichkeit übernommen hatte."

Vergleiche zu den vorstehenden §§ 1643 und 1644 die §§ 369 und 370 HGB. Ich habe diese Bestimmungen wörtlich wiedergegeben, weil sie uns zum erstenmal Gelegenheit bieten, die Aufnahme umfangreicherer handelsrechtlicher Vorschriften in den Entwurf zu beobachten.

§ 1645. „Wer fremde Sachen gemäß §§ 1642—1644 zurückbehält, hat gegenüber sonstigen Gläubigern des Schuldners ein Vorzugsrecht in Ansehung seiner Befriedigung aus diesen Sachen."

### Hinterlegung und Verkauf von Gegenständen, deren Annahme der Gläubiger verweigert hat.

§ 1646. „Ein Schuldner, der seine Verbindlichkeit nicht erfüllen kann, weil der Gläubiger die Annahme verweigert oder sonst im Verzuge ist, oder weil die Person des Gläubigers oder ihr Wohnort unbekannt ist, oder weil der Gläubiger handlungsunfähig ist und keinen gesetzlichen Vertreter hat, oder weil begründeter Zweifel besteht, ob der Gläubiger zur Annahme berechtigt ist, kann den geschuldeten Gegenstand hinterlegen. Geld, zinstragende und andere Wertpapiere, Edelmetalle und Edelsteine sowie Urkunden jeder Art sind in den Gouvernements- oder Kreisrenteien zum Depot des Gerichts zu hinterlegen.

Bewegliche Sachen, die nicht in der Rentei zu hinterlegen sind, desgleichen Immobilien werden einem vom Gericht ernannten Verwahrer oder zeitweiligen Verwalter übergeben.

Über die Hinterlegung wird der Gläubiger vom Gerichte in Kenntnis gesetzt durch eine schriftliche Mitteilung oder durch eine Publikation nach den Vorschriften, die über die gerichtliche Ladung des Beklagten bestehen."

Die übrigen Vorschriften dieses Titels (§§ 1647—1649) entsprechen im wesentlichen den §§ 374—386 BGB.

Ein Verkauf der Sachen kann jedoch nur auf Verfügung des Gerichts erfolgen.

### Haftung wegen Nichterfüllung der Obligation.

Mit den Vorschriften dieses Titels hat die Kommission offenbar einen sehr glücklichen Wurf getan. In vierzehn kurz gefaßten, stofflich nicht überladenen, gemeinverständlich gehaltenen Paragraphen wird in natürlichem und leicht zu überblickendem Zusammenhange eine Reihe von Fragen im allgemeinen befriedigend gelöst, die in der deutschen Reichsgesetzgebung in verschiedenen Teilen des BGB. und der Nebengesetze in einer großen Anzahl von Paragraphen behandelt wird, deren Zusammenhang nur mit größter Mühe herzustellen ist und die auf viele und gerade die praktisch wichtigsten Fragen eine direkte Antwort schuldig bleiben. Freilich verlangt die Gerechtigkeit, hervorzuheben, daß wir es hier wohl nach allgemeinem Urteile mit einer der am wenigsten gelungenen Partien des BGB. zu tun haben.

Wir wollen auch an dieser Stelle den Entwurf selbst reden lassen:

§ 1650. „Der Schuldner haftet für alle Schäden, die dem Gläubiger erwachsen sind durch die Nichterfüllung oder die nicht ordnungsmäßige Erfüllung der Obligation, es sei denn, daß der Schuldner beweist, daß die Erfüllung der Obligation im ganzen oder zum Teil unmöglich war infolge eines Ereignisses, das er weder voraussehen noch abwenden konnte bei derjenigen Sorgfalt, die ihm bei der Erfüllung der Obligation oblag (Zufall).“

§ 1651. „Der Schuldner haftet für die Erfüllung der Obligation mit seinem ganzen Vermögen, es sei denn, daß gemäß dem Gesetze oder nach dem Vertrage bestimmte Vermögensstücke von der Zwangsvollstreckung ausgenommen sind, oder der Gläubiger darauf beschränkt ist, seine Befriedigung aus bestimmten Vermögensstücken zu erlangen.“

§ 1652. „Eine vorher getroffene Vereinbarung über Ausschluß oder Beschränkung der Haftung wegen vorsätzlicher Nichterfüllung der Obligation ist unwirksam.“

§ 1653. „Der Schuldner haftet für seine Bevollmächtigten, Angestellten, Arbeiter und für sonstige Personen, die auf seine Weisung an der Erfüllung der Obligation teilnehmen.

Auf diese Haftung findet die Vorschrift des § 1652 nicht Anwendung.“

Aus den Motiven (V. 1 S. 256—258) ist nicht ersichtlich, ob im Entwurf die Haftung des Schuldners für seinen gesetzlichen Vertreter versehentlich oder absichtlich unerwähnt geblieben ist.

§ 1654. „Der Schadensersatz besteht im Ersatze desjenigen, was der Gläubiger an seinem Vermögen einbüßt, sowie des entgangenen Gewinns, den der Gläubiger beim gewöhnlichen Verlauf der Dinge hätte erzielen können, wenn die Obligation ordnungsmäßig erfüllt worden wäre.“

§ 1655. „Dem Gläubiger ist der Schaden zu ersetzen, der unmittelbar infolge der Nichterfüllung der Obligation entstanden ist und bei Abschluß des Vertrages (! ?) vorauszusehen war.

Der Schuldner, der vorsätzlich oder grobfahrlässig seine Verbindlichkeit nicht erfüllt, kann auch zum Ersatze eines anderen als des erwähnten Schadens verurteilt werden, und zwar auch dann, wenn der Schaden einer genauen Schätzung nicht unterliegt, und wenn er nicht in einem Vermögensnachteile, sondern in einem moralischen Nachteile besteht."

§ 1656. „Für die Berechnung des Schadens sind maßgebend der Ort, an welchem, und die Zeit, in welcher die Obligation zu erfüllen war. Der Berechnung des Werts einer Sache wird nicht nur der Markt- oder Börsenpreis zugrunde gelegt, sondern auch der Wert, den sie für den Gläubiger hatte, infolge des besonderen Nutzens, den sie ihm brachte, oder infolge des besonderen Zweckes, zu dem der Gläubiger sie bestimmt hatte."

§ 1657. „Das Gericht hat den Betrag des gemäß §§ 1654 bis 1656 zu ersetzenden Schadens unter Berücksichtigung aller Umstände des Einzelfalles nach gerechtem Ermessen festzusetzen."

Was die Feststellung des Umfanges und die Art der Leistung des Schadensersatzes anbetrifft, ist zu bemerken, daß der Entwurf über diese Frage bei Darstellung der unerlaubten Handlungen vielfach weit spezialisiertere Vorschriften trifft, die auch auf den Schadensersatz wegen Nichterfüllung einer Verbindlichkeit sehr wohl anwendbar erscheinen. Es wäre daher sehr zweckmäßig, dieselben auch an dieser Stelle zu wiederholen oder doch wenigstens auf sie zu verweisen. Vgl. unten zu § 2613 Abs. 2 und §§ 2617—2620.

§ 1658. „Im Falle der Nichterfüllung einer Obligation, die auf Übergabe einer speziell bestimmten Sache gerichtet ist, kann der Gläubiger das Gericht bitten, die Sache dem Schuldner abnehmen und ihm, dem Gläubiger, übergeben zu lassen."

§ 1659. „Im Falle der Nichterfüllung einer Obligation, die die Vornahme einer solchen Handlung zum Gegenstand hat, die auch von einem anderen als dem Schuldner vorgenommen werden kann, kann der Gläubiger mit Erlaubnis des Gerichts die Handlung auf Rechnung des Schuldners vornehmen lassen."

§ 1660. „Im Falle der Nichterfüllung einer Obligation, die eine Unterlassung zum Gegenstande hat, kann der Gläubiger mit Erlaubnis des Gerichts alle Vorrichtungen beseitigen oder vernichten, die der Schuldner zuwider seiner Verbindlichkeit angelegt hat.

Das Gericht kann auf Bitte des Gläubigers den Schuldner unter Androhung einer ihm zugunsten des Gläubigers aufzuerlegenden Geldstrafe bis zum Betrage von dreihundert Rubel für jede einzelne Verletzung die fernere Verletzung der Verbindlichkeit verbieten."

§ 1661. „Bei Erfolglosigkeit der Zwangsvollstreckung in das Vermögen des Schuldners kann der Gläubiger das Gericht bitten, diejenigen Geschäfte des Schuldners für unwirksam zu erklären, durch welche dieser, um sich der Erfüllung seiner Verbindlichkeit zu entziehen, ihm gehörige Vermögensstücke veräußert, belastet oder entwertet hat, soweit diese Geschäfte auf Benachteiligung des Gläubigers gerichtet sind.

Ein entgeltlicher Vertrag kann auf Klage des Gläubigers nur dann für unwirksam erklärt werden, wenn die Personen, mit denen der Vertrag geschlossen ist, um die Absicht des Schuldners, sich der Erfüllung seiner Verbindlichkeit zu entziehen, wußten.

Die Klage auf Unwirksamkeitserklärung des Geschäfts wegen der erwähnten Gründe kann nur erhoben werden innerhalb eines Zeitraums von fünf Jahren seit der Vornahme des Geschäfts."

§ 1662. „Wird die aus einem gegenseitigen Vertrage der einen Partei obliegende Leistung durch Zufall unmöglich, so ist diese Partei nicht berechtigt, das zu fordern, was ihr nach diesem Vertrage von der anderen Partei zukommt, und ist verpflichtet, das bereits Erhaltene zurückzuerstatten.

Wird die Leistung durch Zufall nur zum Teil unmöglich, so ist der Schuldner auf Begehren der anderen Partei gehalten, die Obligation, soweit als das noch möglich, zu erfüllen, und behält dann das Recht auf einen entsprechenden Teil der Gegenleistung."

§ 1663. „Wird bei einem gegenseitigen Vertrage durch Verschulden einer Partei der anderen die Erfüllung ihrer Verbindlichkeit unmöglich, so behält letztere das Recht auf die Gegenleistung im ganzen, oder aber, wenn sie infolgedessen etwas erspart oder einen sonstigen Vorteil erlangt, auf einen entsprechenden Teil der Gegenleistung."

### Verzug des Schuldners.

Die Voraussetzungen und die allgemeinen Wirkungen des Verzuges sind in den §§ 1664—1668 im wesentlichen in voller Übereinstimmung mit den entsprechenden §§ 284—291 BGB. geregelt.

Die §§ 1669—1671 gewähren, gleich wie § 326 und § 361 BGB., bei einem gegenseitigen Vertrage, im Falle des Verzuges der einen Partei, der anderen das Recht vom Vertrage zurückzutreten. Über die Wirkungen des Rücktritts enthält der Entwurf nur eine kurze, aber meines Erachtens wohl ausreichende Bestimmung:

§ 1672. „Der Gläubiger, der vom Vertrage zurücktritt, ist verpflichtet, dem Schuldner alles zurückzuerstatten, was er von diesem auf Grund des Vertrages erhalten hat, und ist berechtigt, vom Schuldner die Rückerstattung alles dessen zu verlangen, was er diesem auf Grund des Vertrages geleistet hat, und kann außerdem, wenn der Verzug infolge Verschuldens des Schuldners eingetreten ist, Ersatz des ihm daraus erwachsenen Schadens verlangen."

Zu bedauern ist nur, daß der Entwurf das Rücktrittsrecht lediglich auf den Fall des Verzuges beschränkt und es nicht allgemein auf den Fall der Nichterfüllung der Obligation erstreckt.

### Verzug des Gläubigers.

Die hierüber handelnden §§ 1673—1678 stimmen im wesentlichen überein mit den entsprechenden §§ 293—304 BGB.

### Übertragung der Forderung und Schuldübernahme.

Auch diese Fragen sind in wesentlicher Übereinstimmung mit dem BGB. gelöst (§§ 1679—1692).

### Erlöschen der Obligation.

Die Erfüllung der Verbindlichkeit und das Erlöschen der Obligation durch nachfolgende Unmöglichkeit sind bereits in den vorhergehenden Titeln behandelt. An dieser Stelle (§§ 1693—1705) werden in engem Anschluß an das römische Recht dargestellt: die Aufrechnung, die Konfusion, der mutuus dissensus und der Erlaß.

### Gesamtverbindlichkeit und Gesamtforderung.

Auch hier steht der Entwurf im wesentlichen auf dem Boden des gemeinen Rechts und des BGB. (§§ 1706—1723).

## Obligationen aus Verträgen.

### Der Kauf.

Im geltenden Rechte sind die Bestimmungen in betreff dieses überaus wichtigen Geschäfts sehr schwankend und unklar. Das Gesetz unterscheidet den Verkauf, den Vorverkauf und den Lieferungsvertrag. In Ansehung von Immobilien wird als Verkauf das Formalgeschäft bezeichnet, das unter Mitwirkung des Obernotars vollzogen wird und den Übergang des Eigentums bewirkt (X. 1 § 1583, vgl. oben S. 137). Der Verkauf einer beweglichen Sache ist gleich wie nach Code civil Art. 1583 eine Vereinbarung, durch welche, auch ohne daß die Tradition vollzogen wird, das Eigentum auf den Käufer übergeht; so wenigstens der Senat in vielfachen Entscheidungen. In der Literatur ist auch die Ansicht vertreten, daß eine Tradition für den Eigentumsübergang erforderlich sei; dagegen scheint zu sprechen, daß nach X. 1 § 1384 zur Wirksamkeit des Kaufvertrages gefordert wird, daß der Verkäufer Eigentümer der Sache sei.

Der Vorverkauf ist nach X. 1 § 1679 ein Vertrag, durch welchen „die eine Partei sich verpflichtet, der anderen zu einer bestimmten Zeit eine unbewegliche oder eine bewegliche Sache zu verkaufen“. Gemäß dem vorstehend Dargelegten entspricht er also grundsätzlich dem Kaufvertrage des BGB.: er enthält die Verpflichtung, das Eigentum zu übertragen. Indessen besteht ein wichtiger Unterschied: der Vorverkauf erzeugt nur eine Klage auf Schadensersatz, nicht jedoch — bei Immobilien — eine Klage auf „Vollziehung des Kaufvertrags" oder — bei beweglichen Sachen — eine Klage auf Verschaffung des Eigentums.

Durch den Lieferungsvertrag (X. 1 § 1737 und § 1738) verpflichtet sich der eine Kontrahent, dem anderen eine der Gattung nach bestimmte Sache zu beschaffen. Da sich im Gesetze keinerlei nähere Bestimmungen über den Inhalt und die Wirkung dieses Vertrages finden, läßt sich zwischen ihm und dem Vorverkauf schwer eine feste Grenzlinie ziehen. Nur soviel kann gesagt werden, daß er auf Immobilien keine Anwendung findet.

Der Entwurf gestaltet den Kaufvertrag im wesentlichen im Anschlusse an das gemeine Recht, behält aber für Immobilien den Vorverkauf bei, freilich mit einigen wichtigen Abänderungen.

### Allgemeine Vorschriften.

§ 1724. „Durch den Kaufvertrag übergibt der Verkäufer eine bewegliche oder unbewegliche Sache dem Käufer zu Eigentum oder aber verpflichtet sich hierzu, gegen eine vereinbarte Geldsumme (Kaufpreis).

Die Vorschriften über den Kauf finden entsprechende Anwendung auf die entgeltliche Abtretung von Rechten und Klagen."

Bei näherer Bekanntschaft mit den diesen Vertrag betreffenden Einzelvorschriften wird man sich kaum des Eindrucks erwehren können, daß diese Definition eine recht unglückliche ist.

Aus der Zahl der übrigen „allgemeinen Vorschriften" sind folgende hervorzuheben:

§ 1728: „Der Verkauf einer beweglichen Sache zu einem Preise von mehr als dreihundert Rubeln ist zu beurkunden, es sei denn, daß die Übergabe der Ware unverzüglich erfolgt."

Im letzteren Falle kann also gemäß § 1579 (vgl. oben S. 189) der Abschluß des Vertrages auch durch Zeugenaussagen bewiesen werden. Die Gründe für diese Abweichung von der allgemeinen Regel sind mir nicht einleuchtend.

In vielfacher Beziehung interessant ist die Bestimmung des § 1729:

„Der Verkauf von Bäumen auf dem Stamm zu einem Preise von mehr als dreihundert Rubeln ist zu beurkunden. Ein solcher Vertrag wirkt gegenüber dritten Personen, die Rechte an dem Grundstücke erwerben, nur dann, wenn dieselben Kenntnis von diesem Vertrage haben, oder wenn er ins Grundbuch eingetragen ist."

Hier treten uns also zwei wichtige Abweichungen vom Rechte des BGB. entgegen bezüglich dieses Vertrages, der im Wirtschaftsleben des nördlichen und westlichen Rußlands eine so bedeutende Rolle spielt.

§ 1731 spricht den Satz aus „periculum est venditoris".

§ 1732 behandelt den Versendungskauf ähnlich wie BGB. § 447.

**Verpflichtungen des Verkäufers.**

§ 1733. „Der Verkäufer ist verpflichtet, dem Käufer die verkaufte Sache zu übergeben, und haftet ihm dafür, daß die Sache die erforderlichen Eigenschaften hat und daß sie dem Käufer weder ganz noch teilweise entwährt wird."

In den folgenden Paragraphen wird diese Vorschrift näher entwickelt:

1. Die Übergabe. Nach § 1734 hat der Verkäufer die Sache nebst allem Zubehör zu übergeben, auch wenn dasselbe erst nach Abschluß des Vertrages zu der Sache hinzugetreten ist. Desgleichen hat er nach § 1735 dem Käufer alle auf die Sache bezüglichen Urkunden zu übergeben und ihm die nötigen Auskünfte über die Sache zu erteilen; bei Verkauf eines Grundstücks hat er dem Käufer mitzuteilen, welche dinglichen Rechte dasselbe belasten, welche Verträge in Ansehung desselben geschlossen sind (darunter sind vorzugsweise gemeint Miet- und Pachtverträge sowie Verträge betreffend Abholzung von Wald) und welche Steuerrückstände auf demselben ruhen.

Wer vertretbare Sachen gekauft hat, kann nach seinem Belieben entweder verlangen, daß dieselben dem Verkäufer gerichtlich abgenommen und ihm übergeben werden, oder er kann sich die Sache in der geschuldeten Qualität und Quantität auf Rechnung des Verkäufers anschaffen (§ 1736). Das gilt natürlich nur im Falle des Verzuges des Verkäufers und hätte wohl ausdrücklich bemerkt werden müssen.

Die §§ 1737—1741 ergeben sich teils aus den „allgemeinen Vorschriften" über den Kauf, teils sind sie wörtliche Wiederholungen der bereits besprochenen, für alle Verträge geltenden Grundsätze in spezieller Anwendung auf den Kauf.

Der erste Entwurf (§ 224) bestimmte ausdrücklich, daß das Eigentum an einem verkauften Grundstücke mit der Eintragung ins Grundbuch und an einer beweglichen Sache mit der Übergabe auf den Käufer übergehe. Diese Bestimmungen fehlen im zweiten Entwurf an dieser Stelle. Sie sind freilich, streng genommen, überflüssig, da sie sich bereits aus den sachenrechtlichen Vorschriften ergeben; da sie jedoch eine erhebliche Abweichung vom geltenden Rechte enthalten, so wäre es zur Vermeidung von Mißverständnissen wohl geraten, sie auch an dieser Stelle zu wiederholen.

2. Die Gewährleistung.

a) Die Gewährleistung wegen Entwährung. Gleich dem älteren römischen Rechte kennt das geltende Gesetz (X. 1 § 1427) diese Gewährleistungspflicht nur, wenn sie vom Verkäufer besonders übernommen war. Nach konstanter Praxis des Senats wird dieselbe aber als aus dem Wesen des Kaufvertrages fließend betrachtet. Dem folgt auch der Entwurf, der sich in dieser Lehre fast ganz an das gemeine Recht anschließt (§§ 1742—1746).

b) Die Gewährleistung wegen Mängel der Sache. Auch hier steht der Entwurf auf dem Boden des römischen Rechts: Der Käufer hat eine Klage auf vollen Schadensersatz wegen Fehlens zugesicherter Eigenschaften und wegen Mängel, die der Verkäufer arglistig verschwiegen hat; die Klage unterliegt der allgemeinen zehnjährigen Verjährung. Jedoch kann der Käufer auch in diesem Falle nach seinem Belieben anstatt der Schadensersatzklage die Wandelungs- oder Minderungsklage erheben; er ist auf diese Klagen beschränkt, wenn der Mangel der Kaufsache dem Verkäufer nicht bekannt war; beide Klagen verjähren beim Kauf eines Grundstücks in einem Jahre, beim Kauf einer beweglichen Sache in sechs Monaten.

Die Pflicht der Untersuchung der gelieferten Ware und die Pflicht der rechtzeitigen Rüge der Mängel sowie auch die

Pflicht der vorläufigen Aufbewahrung beanstandeter Waren, die in Deutschland (HGB. § 377 und § 379) nur beim Handelskauf besteht, will der Entwurf (§§ 1749—1751) auf alle Kaufgeschäfte ausdehnen, und zwar wird die regelmäßige Wirkung der unterlassenen Rüge nach dem Wortlaut der angezogenen Paragraphen auch nicht dadurch ausgeschlossen, daß der Verkäufer den Mangel arglistig verschwiegen hat. Das alles ist sehr bedenklich.

**Verpflichtungen des Käufers.**

§ 1757. „Der Käufer ist verpflichtet, die ihm vom Verkäufer dargebotene Ware, wenn sie dem Vertrage entspricht, unverzüglich abzunehmen und dem Verkäufer den Kaufpreis zu bezahlen."

§ 1758. „Ist im Vertrage eine Zeit für die Bezahlung des Kaufpreises nicht bestimmt, dann ist der Preis zu bezahlen — bei Verkauf eines Grundstücks gleichzeitig mit dem Abschlusse des Vertrages vor dem Grundbuchamte — bei Verkauf einer beweglichen Sache gleichzeitig mit der Übergabe der Sache."

§ 1760. „Bei Verkauf eines Grundstücks gegen Barzahlung gibt der Verzug des Käufers in der Bezahlung des Kaufpreises dem Verkäufer das Recht, die gerichtliche Aufhebung des Vertrages zu fordern."

Dazu bemerken die Motive V. 1 S. 477: Wie bereits bemerkt, hat die Erfüllung des Kaufvertrages Zug um Zug zu erfolgen, und da die Hauptverpflichtung des Verkäufers in der Verschaffung des Eigentums besteht, so versteht es sich von selbst, daß der Käufer zur Zahlung des Kaufpreises erst verpflichtet ist, wenn ihm das Eigentum an der Kaufsache übertragen wird. Freilich geht das Eigentum an einem Grundstücke gemäß § 19 des Entwurfs der Grundbuchordnung erst mit der Eintragung ins Grundbuch auf den Käufer über. Nach demselben Entwurfe aber ist der Abschluß des Kaufvertrages vor dem Grundbuchamte und die Eintragung ins Grundbuch ein einheitlicher Akt, und die letztere erfolgt ex officio ohne einen besonderen Antrag der Parteien, oft sogar in Abwesenheit derselben. Daher erscheint es unzweckmäßig zu bestimmen, daß der Kaufpreis im Moment der Eintragung zu erlegen sei.

Es empfiehlt sich mehr, diesen Vorgang in die Zwischenzeit zwischen Abschluß des Vertrages und Eintragung zu verlegen. Das geschieht durch die Vorschrift des § 1757, wobei unter dem Worte „Abschluß des Vertrages vor dem Grundbuchamte" sowohl der eigentliche Vertragsschluß selbst als auch die Eintragung zu verstehen ist.

Zu § 1760 ist zu bemerken, daß die „Aufhebung des Vertrages" zur Folge hat, daß auch die Eintragung als unrichtig zu löschen ist. Es findet also nicht eine Rückübereignung statt wie nach BGB.

Die §§ 1761 und 1762 behandeln die Fixgeschäfte in ziemlich genauer Übereinstimmung mit HGB. § 376.

### Besondere Arten des Kaufes.

In §§ 1763—1765 werden die herkömmlichen Grundsätze über den Kauf nach Probe und den Kauf auf Probe dargestellt.

Die §§ 1766—1771 behandeln das Abzahlungsgeschäft. Dieselben enthalten manche Unklarheit, die noch dadurch vermehrt wird, daß diese Vorschriften im ersten Entwurf fehlten und daher keinerlei Motive zu ihnen veröffentlicht sind. Zunächst ist nicht ersichtlich, weshalb die Regeln über das Abzahlungsgeschäft Anwendung finden sollen lediglich auf den Kauf folgender Sachen: Haushaltungsgegenstände, landwirtschaftliches Inventar mit Ausnahme des lebenden Inventars, Handwerkszeug und gewerbliche Betriebsgegenstände, wofern dieselben zum eigenen Gebrauch des Käufers bestimmt sind (§ 1776). Der Entwurf entscheidet die Frage nicht ausdrücklich, ob das Eigentum an der Kaufsache schon vor der vollen Bezahlung des Kaufpreises auf den Käufer übergeht, bestimmt aber, daß der Käufer bis zu diesem Zeitpunkte nicht berechtigt ist, die Sache zu veräußern oder zu belasten, und daß der Verkäufer gegenüber den sonstigen Gläubigern des Käufers ein Vorzugsrecht hat, aus der Sache Befriedigung für seine aus dem Kaufvertrage entspringenden Ansprüche zu erlangen (§ 1768).

§ 1769. „Ist der Käufer mit zwei aufeinander folgenden Raten im Verzuge, so hat der Verkäufer das Recht, Aufhebung des Vertrages zu verlangen sowie Rückgabe der Sache und Vergütung für die Benutzung derselben vom

Tage der Übergabe bis zum Tage der Rückgabe und Ersatz für den erlittenen Schaden. Auf die dem Verkäufer hiernach geschuldete Summe werden die vom Käufer gezahlten Beträge in Anschlag gebracht; wenn sie diese Summe übersteigen, so ist der Überschuß dem Käufer zurückzuzahlen.

§ 1770. „Ist die auf Abzahlung verkaufte Sache untergegangen oder beschädigt, so kann der Verkäufer die sofortige Bezahlung des ganzen noch rückständigen Kaufpreises verlangen."

Offenbar ist wohl gemeint, daß entgegenstehende Vereinbarungen, die den Käufer stärker belasten, unwirksam sein sollen; das ist aber im Entwurf nicht zum Ausdruck gebracht worden (vgl. dazu das deutsche Gesetz betreffend die Abzahlungsgeschäfte § 1 Abs. 1 letzter Satz und § 2 Abs. 1 letzter Satz).

Dem Vorkaufsrechte sind die §§ 1772—1775 gewidmet. Sie stimmen grundsätzlich mit dem BGB. überein, abgesehen von einer wichtigen Ausnahme:

§ 1774. „Der Verkäufer kann das ihm eingeräumte Vorkaufsrecht auch dann geltend machen, wenn der Käufer die Sache verkauft hat, ohne ihm vorher die Sache anzubieten.

Ist aber der neue Käufer — falls es sich um ein Grundstück handelt — bereits als Eigentümer ins Grundbuch eingetragen oder ist ihm — falls es sich um eine bewegliche Sache handelt — die Sache bereits übergeben worden, dann kann der Berechtigte lediglich Schadensersatz vom ersten Käufer verlangen, es sei denn, daß der neue Käufer nicht gutgläubig war" (wörtlich: nicht 'gewissenhaft handelte) „oder daß das Vorkaufsrecht ins Grundbuch eingetragen war."

Dazu bemerken die Motive (V. 1 S. 507): Das Vorkaufsrecht kann als obligatorisches Recht nicht gegen dritte Personen geltend gemacht werden. Jedoch ist von dieser Regel eine Ausnahme zu machen, wenn das Bestehen des Vorkaufsrechts dem Dritten bekannt war, da es weder zweckmäßig erscheint noch auch der Würde des Gesetzes entsprechen würde, die Gewissenlosigkeit des Dritten in Schutz zu nehmen.

Diese Erwägungen sind ohne Zweifel sehr beachtenswert und sind auch noch an anderer Stelle (§ 1729 vgl. oben S. 206) zur Geltung gebracht worden. Es wäre daher sehr dankenswert, wenn die Kommission sich entschließen wollte, eine allgemeine Vorschrift betreffend das sogenannte Recht zur Sache des preußischen Landrechts in den Entwurf aufzunehmen.

## Vorverkauf.

Wie bereits erwähnt, ist die auf Übertragung des Eigentums an einem Grundstücke gerichtete Willenseinigung der Parteien nach dem Entwurf nicht ein abstraktes Rechtsgeschäft wie die Auflassung des BGB.; vielmehr erfolgt die Eintragung nur auf Grund eines kausalen Geschäfts, das von den Parteien vor dem Grundbuchamte geschlossen und von letzterem beurkundet wird; geschieht die Übertragung gegen eine vom Erwerber zu zahlende Geldsumme, dann gilt dieses vor dem Grundbuchamte zu schließende Geschäft als der Verkauf des Grundstücks. Ein Vertrag, der außerhalb des Grundbuchamts geschlossen ist, und durch den der eine Kontrahent sich verpflichtet, dem anderen gegen Zahlung einer Geldsumme das Eigentum an einem Grundstücke zu übertragen, wird nicht als Kauf, sondern als Vorverkauf (saprodasha) bezeichnet und unterliegt den nachstehenden Vorschriften:

§ 1776. „Durch den Vorverkauf verpflichtet sich die eine Partei zum Kaufe, die andere zum Verkaufe eines bestimmten Grundstücks zu einem vereinbarten Preise und zu einem festgesetzten Termin."

§ 1777. „Der Vorverkauf ist unabhängig von der Höhe des Kaufpreises zu beurkunden."

§ 1778. „Wenn zum festgesetzten Termin der Kaufvertrag durch die Schuld nur einer Partei nicht geschlossen ist, so hat die schuldige Partei der anderen den erlittenen Schaden zu ersetzen. Ist zur Besicherung des Vertrages ein Handgeld gegeben, so finden die Vorschriften der §§ 1599 und 1600 Anwendung."

Der letzte Satz ist hinzugefügt worden, weil im geltenden Rechte über die Bedeutung des Handgeldes beim Vorverkauf viel Streit herrscht.

§ 1779. „Ist der Vorverkauf notariell beurkundet und hat der Vorverkäufer sich nicht das Rücktrittsrecht ausbedungen, so kann der Verkäufer ein gerichtliches Urteil erwirken, durch welches die Eintragung ins Grundbuch gegen Zahlung des vereinbarten Preises angeordnet wird."

§ 1780. „Zur Sicherung des in § 1779 erwähnten Rechts kann auf Übereinkunft der Parteien ein Vermerk ins Grundbuch eingetragen werden, durch welchen das Recht des Vorverkäufers, das Grundstück zu veräußern oder zu belasten, beschränkt wird." (Sehr unbestimmt ausgedrückt.) „Der Vermerk wird gelöscht, wenn der Verkäufer bis zum Ablauf von zwei Jahren nicht Klage gemäß § 1779 erhoben hat."

### Tausch.

Nach § 1781 finden auf dieses Geschäft die Regeln über den Kauf entsprechende Anwendung.

### Schenkung.

Der Entwurf unterscheidet die gewöhnliche Schenkung von einer Zuwendung, die an eine öffentliche oder an eine das Gemeinwohl fördernde private Korporation oder Stiftung gemacht wird. Für die letztere, die wir als Widmung bezeichnen wollen, gelten einige besondere Regeln.

1. Die gewöhnliche Schenkung. Das Schenkungsversprechen ist zu beurkunden. Ist ein formlos erteiltes Schenkungsversprechen erfüllt, so besteht wegen dieses Formmangels kein Rückforderungsrecht (§ 1788). Für die Schenkung von Grundstücken gelten die allgemeinen Vorschriften über Verträge, die auf Veräußerung von Grundstücken gerichtet sind. Die Schenkung des ganzen Vermögens oder eines Teils desselben ohne nähere Bezeichnung der einzelnen Gegenstände ist unwirksam (§ 1784). Auf die Schenkung von Todes wegen finden die Vorschriften über das Testament Anwendung (§ 1782 Abs. 2).

Eine Schenkung unter Lebenden kann widerrufen werden wegen Nichterfüllung der dem Beschenkten gemachten Auflagen und wegen Undankbarkeit des Beschenkten (§§ 1798 bis 1802).

Der Vormund eines wegen Verschwendung Entmündigten kann eine von letzterem vor der Entmündigung gemachte Schenkung widerrufen, wenn dieselbe im Hinblick auf ihren Wertbetrag und wegen Fehlens ernster sittlicher Beweggründe als übermäßig erscheint. Das Recht erlischt nach Ablauf von zwei Jahren seit Vollziehung der Schenkung (§ 1803).

Die Erfüllung eines Schenkungsversprechens kann verweigert werden, a) wenn der Versprechende verarmt ist, b) wenn er zur Zeit der Erteilung des Versprechens keine Abkömmlinge hatte und ihm nachträglich ein Kind geboren wird (§ 1807).

Wenn der Schenker in solche Armut gerät, daß er keine Mittel zu seinem eigenen Unterhalt hat, so kann er von dem Beschenkten Unterhalt verlangen bis zum Betrage von jährlich 5% des Wertes des Geschenks, es sei denn, daß auch der Beschenkte sich in gleicher Notlage befindet. Auch kann der Beschenkte sich von dieser Pflicht befreien, wenn er die Zuwendung nach den Vorschriften über die ungerechtfertigte Bereicherung herausgibt (§ 1808).

2. Die Widmung. Hier wäre etwa folgende Bestimmung hervorzuheben:

> § 1813. „Wird infolge veränderter Umstände die vom Schenker bezeichnete Art der Verwendung unmöglich, so kann derselben eine andere Bestimmung im Einverständnis mit dem Schenker gegeben werden; ist er gestorben und hat er für den Fall der veränderten Umstände keine besondere Anweisung gegeben, oder ist auch die Ausführung dieser Anweisung nicht möglich, dann ist eine Änderung in der Art der Verwendung nur mit Allerhöchster Genehmigung zulässig."

## Miete.

Die wörtliche Übersetzung der Überschrift dieses Kapitels ist Vermögensmiete oder Miete eines Vermögensobjekts. Mit diesem Ausdruck bezeichnet der Entwurf sowohl die Miete als auch die Pacht. Zwar hat das geltende russische Gesetz (X. 1 § 1703) auch einen besonderen Ausdruck für die Pacht; es gebraucht dafür das, wahrscheinlich dem schwedischen Rechte entnommene Wort „arenda". Jedoch bestehen für diese arenda keine besonderen Vorschriften. Die Motive zum ersten Entwurf (V. 2 S. 1—4) wollen das damit erklären, daß nach dem geltenden Gesetze sowohl dem Mieter als auch dem Pächter das Recht zugestanden ist, die Sache zu benutzen — „polsowatsjä“ — und daß dieser Ausdruck sowohl den Gebrauch im engeren Sinne als auch die Fruchtziehung bedeutet. Der Entwurf bedient sich für beide Institute des Ausdrucks Miete — „najom“. Diese Terminologie soll auch hier im allgemeinen befolgt werden; nur bei den letzten Paragraphen dieses Kapitels konnte ich mich nicht entschließen, von „Viehmiete“ zu reden.

### Allgemeine Vorschriften.

§ 1815. „Durch den Mietvertrag verpflichtet sich der Vermieter, dem Mieter gegen die vereinbarte Vergütung die zeitweilige Benutzung eines Vermögensobjekts zu gewähren.“

§ 1816. „Gegenstand der Miete können sein bewegliche und unbewegliche Sachen sowie auch ertragsfähige Rechte.“

§ 1817. „Der Mietvertrag kann nicht auf eine Zeit von mehr als sechsunddreißig Jahren geschlossen werden. Ein Vertrag, der auf längere Zeit geschlossen ist, ist nur bis zum Ablauf von sechsunddreißig Jahren bindend. Ein Mietvertrag, der für die Dauer des Lebens des Vermieters oder des Mieters geschlossen ist, erlischt nicht mit Ablauf von sechsunddreißig Jahren.“

§ 1818. „Der Mietzins kann in Geld bestehen sowie auch in einem bestimmten Teile der Erzeugnisse des vermieteten Vermögensobjekts.

Anstatt zur Zahlung des Mietzinses kann der Mieter sich verpflichten zur Leistung bestimmter Arbeiten oder zur Gewährung eines sonstigen Vermögensvorteils; auch kann der Mieter sich verpflichten, auf einem gemieteten Bauplatze ein bestimmtes Gebäude zu errichten, welches während der Dauer der Miete von ihm benutzt werden darf, aber nach Beendigung der Miete dem Vermieter verbleibt.“

§ 1819. „Der Mietvertrag ist zu beurkunden, wenn der Mietzins für ein Jahr oder — falls der Vertrag auf kürzere Zeit als ein Jahr geschlossen ist — für die ganze Mietzeit den Betrag von dreihundert Rubel übersteigt oder wenn der Vertrag auf mehr als drei Jahre oder auf Lebenszeit geschlossen ist."

### Verpflichtungen des Vermieters.

Die §§ 1820—1824 handeln von der Pflicht des Vermieters, dem Mieter den vermieteten Gegenstand in dem zur Benutzung geeigneten Zustande zu überlassen, von der Haftung des Vermieters wegen Mängel des Gegenstandes sowie von seiner Haftung für den Fall, daß dem Mieter der Besitz der Sache entzogen wird.

Nach § 1825 ist der Vermieter verpflichtet, alle notwendigen Ausbesserungen vorzunehmen, es sei denn, daß diese Pflicht nach dem Vertrage oder nach dem Ortsgebrauch dem Mieter obliegt. Das gilt also — abweichend vom BGB. § 582 — auch für die Pacht eines landwirtschaftlichen Grundstücks; jedoch wird vermutlich der Ortsgebrauch überall diese Pflicht innerhalb gewisser Grenzen dem Pächter auferlegen. Das Recht des Mieters, im Falle des Verzuges seitens des Vermieters oder im Falle drohender Gefahr die notwendigen Ausbesserungen auf Kosten des Vermieters selbst ausführen zu lassen, ist in § 1843 statuiert; nach § 1855 Nr. 2 steht dem Mieter auch das Recht zu, ohne Einhaltung einer Kündigungsfrist zu kündigen, wenn der Vermieter trotz einer an ihn gerichteten Aufforderung die Ausbesserungen nicht vornimmt.

Der Vermieter trägt sämtliche Steuern und Abgaben (§ 1827).

### Verpflichtungen des Mieters.

§ 1828. „Der Mieter hat den Mietzins gemäß den Bestimmungen des Vertrages zu entrichten; mangels einer Vereinbarung sind die ortsüblichen Zahlungstermine einzuhalten; fehlt es an einem solchen Ortsgebrauch, so ist der Mietzins im voraus zu entrichten, und zwar:

1. bei der Miete eines landwirtschaftlichen Grundstücks oder eines anderen außerhalb der Stadt gelegenen Grundstücks, wenn der Vertrag auf mindestens ein Jahr geschlossen ist — für sechs Monate; ist der Vertrag auf eine kürzere Zeit als ein Jahr geschlossen — für die ganze Mietzeit;

2. bei der Miete eines städtischen Grundstücks oder einer beweglichen Sache, wenn der Vertrag auf mindestens ein Jahr geschlossen ist — für zwei Monate; ist der Vertrag auf eine kürzere Zeit als ein Jahr geschlossen — für die ganze Mietzeit."

In den §§ 1830—1833 wird dem Vermieter eines Grundstücks für seine fällige Mietzinsforderung — und nur für diese — ein Pfandrecht an den eingebrachten Sachen des Mieters eingeräumt. Ein solches Pfandrecht besteht nach geltendem Rechte nicht.

Die §§ 1834—1841 handeln über die Verpflichtung des Mieters zur ordnungsmäßigen Benutzung der Sache.

Nach § 1844 kann der Mieter, wofern ihm dieses im Vertrage nicht untersagt ist, den ihm vermieteten Gegenstand innerhalb der Grenzen des ihm eingeräumten Gebrauchs weitervermieten, wobei seine Haftung gegenüber dem Vermieter bestehen bleibt. Ist als Mietzins ein Teil der Erzeugnisse des vermieteten Gegenstandes vereinbart, so ist dem Mieter die Weitervermietung nur mit Zustimmung des Vermieters erlaubt.

### Beendigung des Mietverhältnisses.

Der § 1847 enthält eine Bestimmung, die sich von selbst versteht, die aber für den juristisch weniger geschulten Leser des Gesetzes, wie mich die Erfahrung vielfach gelehrt hat, von großem Werte ist:

„Ist der Mietvertrag auf eine bestimmte Zeit geschlossen, so erlischt das Mietverhältnis mit Ablauf dieser Zeit, ohne daß es einer Kündigung seitens des Mieters oder des Vermieters bedarf."

§ 1848. „Ist eine Mietzeit im Vertrage nicht bestimmt und fehlt es an einem hierauf bezüglichen Ortsgebrauch, so gilt der Vertrag als auf die Zeit geschlossen, welche zur Erreichung des sich aus dem Vertrage ergebenden Zweckes erforderlich ist. Die Miete eines landwirtschaftlichen Grundstücks gilt als auf die Zeit geschlossen, die erforderlich ist zum Einsammeln aller Früchte des Grundstücks." (Gemeint ist wohl: der laufenden Fruchtperiode.)

„Die Miete eines landwirtschaftlichen Grundstücks, welches für die Fruchtfolge in verschiedene Felder geteilt ist, gilt als auf so viele Jahre geschlossen, als solcher Felder vorhanden sind; die Miete eines landwirtschaftlichen Grundstücks, bei dem eine Fruchtfolge nicht stattfindet (Wiese, Garten, Weinberg), gilt als auf ein Jahr geschlossen."

Der zweite Absatz dieses Paragraphen nimmt Rücksicht auf das sogenannte Dreifeldersystem (Winterkorn, Sommerkorn, Brache), das in einem sehr großen Teile Rußlands herrschend ist.

§ 1849. „Kann die Dauer der Miete weder aus dem Vertrage noch nach dem Ortsgebrauch noch auch aus dem Zweck der Miete bestimmt werden, dann gilt der Vertrag als auf unbestimmte Zeit geschlossen und jeder Teil kann das Mietverhältnis kündigen."

An diese Vorschrift knüpft der zweite Absatz desselben Paragraphen in wesentlicher Übereinstimmung mit BGB. § 565 die Regelung der Kündigungsfristen.

Stirbt der Mieter vor Ablauf der Mietzeit, so steht dessen Erben eine Kündigungsfrist gemäß § 1849 zu (§ 1851).

§ 1852. „Personen, die im Staatsdienste stehen, haben im Falle der Verleihung eines neuen Amtes, wenn infolgedessen ein Wechsel des Wohnsitzes erforderlich wird, das Recht, auch vor Ablauf der vereinbarten Mietzeit das Mietverhältnis gemäß § 1849 zu kündigen."

Die §§ 1854 und 1855 zählen die dem römischen Rechte entnommenen Gründe her, die dem Vermieter resp. dem Mieter das Recht gewähren, das Mietverhältnis ohne Einhaltung einer Kündigungsfrist aufzuheben.

§ 1856 behandelt die relocatio tacita.

Vielfach vom BGB. abweichend wird in den §§ 1857—1862 der Satz „Kauf bricht nicht Miete" entwickelt.

§ 1857. „Ein Mietvertrag, der in das Grundbuch eingetragen ist, ist bindend für jeden neuen Erwerber des Grundstücks bis zum Ablauf der Mietzeit."

§ 1858. „Ein schriftlicher Mietvertrag über ein Grundstück, der nicht ins Grundbuch eingetragen ist, ist für den neuen Erwerber des Grundstücks bindend, wenn der Zeitpunkt des Vertragsschlusses gewiß ist, und wenn das Grundstück vor dem Übergang des Eigentums sich schon in der Benutzung des Mieters befand.

Erstreckt sich jedoch die Mietzeit auf länger als drei Jahre, gerechnet von der Zeit der Eintragung des neuen Eigentümers in das Grundbuch, und hat der letztere beim Erwerb des Grundstücks die Erfüllung des Mietvertrages nicht übernommen, so kann ein solcher Vertrag auf Verlangen des neuen Eigentümers im dritten Jahre an dem für die Beendigung des Mietverhältnisses im Vertrage festgesetzten Datum aufgehoben werden.

Das Verlangen, den Vertrag aufzuheben, muß an den Mieter gestellt werden vor Ablauf eines Jahres seit der Eintragung des neuen Eigentümers in das Grundbuch und jedenfalls nicht später als einen Monat, nachdem der Mieter an den neuen Eigentümer die Anfrage gerichtet hat, ob dieser bereit sei, den Mietvertrag in Kraft zu lassen."

Was unter „Gewißheit des Zeitpunkts" zu verstehen sei, ergibt sich aus den einschlägigen Bestimmungen der zurzeit geltenden Zivilprozeßordnung:

§ 476. „Bei grundbuchmäßig errichteten, bei notariellen und notariell beglaubigten Urkunden gilt der in ihnen genannte Tag der Errichtung resp. der Beglaubigung als gewiß."

§ 477. „Bei Privaturkunden gilt der in ihnen genannte Tag der Ausstellung als gewiß nur gegenüber den Personen, von welchen die Urkunde herrührt, sowie gegenüber ihren Erben und sonstigen Rechtsnachfolgern. Andere Personen, deren Interesse durch die Urkunde berührt wird, können die Gewißheit des in der Urkunde genannten Datums bestreiten."

Über den Grund dieser Bestimmung äußern sich die Motive (V. 2 S. 111) dahin, daß das Erfordernis der „Gewißheit des Zeitpunkts" den neuen Erwerber vor der Gefahr schützen soll, die ihm daraus erwachsen könnte, daß der Veräußerer nach Übertragung des Eigentums Mietverträge schließen könnte unter fälschlicher Angabe eines früheren Datums (vgl. dazu auch Code civil Art. 1743).

§ 1859. „Befand das Grundstück sich schon vor Übergang des Eigentums auf den neuen Erwerber in der Benutzung des Mieters auf Grund eines mündlichen Vertrages oder eines schriftlichen Vertrages, dessen Abschlußzeit nicht gewiß ist, so haben solche Verträge gegenüber dem neuen Erwerber nur die Bedeutung von Mietverträgen, die auf unbestimmte Zeit geschlossen sind, und können von ihm durch vorschriftsmäßige Kündigung (§ 1849) jederzeit aufgehoben werden, es sei denn, daß er die Erfüllung des Vertrages übernommen hat."

§ 1860. „Ist der Mietvertrag auf Verlangen des neuen Erwerbers aufgehoben, so haftet der frühere Eigentümer dem Mieter für den durch die vorzeitige Aufhebung entstandenen Schaden."

§ 1861. „Eine Entrichtung des Mietzinses an den früheren Eigentümer ist gegenüber dem neuen Erwerber nicht wirksam, wenn der entrichtete Mietzins erst nach dem Übergang des Eigentums fällig wurde und den Jahresbetrag des Mietzinses überstieg, es sei denn, daß die Zahlung ins Grundbuch eingetragen war oder dem Erwerber bekannt war. Der Mieter ist berechtigt, die für unwirksam erklärte Zahlung vom Vermieter zurückzuverlangen."

Nach § 1862 gelten die vorstehenden Regeln nicht nur im Falle der freiwilligen Veräußerung des Grundstücks, sondern auch bei der Zwangsversteigerung sowie auch, wenn dem Vermieter das Eigentum am Grundstücke gerichtlich aberkannt ist.

### Viehpacht.

In den §§ 1864—1868 behandelt der Entwurf zunächst die „gewöhnliche" Viehpacht, bei der der Pächter verpflichtet ist, die gepachteten Tiere nach Beendigung der Pacht in specie zurückzugeben, soweit sie nicht ohne sein Verschulden untergegangen sind, und knüpft daran einige Vorschriften über den sogenannten Eisernviehvertrag. Bezüglich beider Arten wird ergänzend auf den Ortsgebrauch verwiesen.

### Leihe.

Hier folgt der Entwurf (§§ 1869—1883) fast durchweg dem römischen Rechte. Hervorzuheben wären nur der § 1870, nach welchem der Leihvertrag, auch wenn die verliehene Sache einen Wert von mehr als dreihundert Rubeln hat, nicht beurkundet zu werden braucht, sowie der § 1882, nach welchem der Verleiher nur für dolus haftet.

### Darlehn.

Hier wären etwa folgende Vorschriften hervorzuheben:

Für das Gelddarlehn wird die allgemeine Formvorschrift dahin verschärft, daß dasselbe schon bei einem Betrage von mehr als dreißig Rubeln der Beurkundung bedarf, während es für ein Darlehn, das andere vertretbare Sachen zum Gegenstand hat, bei der allgemeinen Regel sein Bewenden hat (§ 1885).

Ist für die Rückerstattung eines Darlehns eine Zeit nicht bestimmt, so hängt die Fälligkeit von einer Kündigung ab. Die Kündigungsfrist beträgt bei jedem Darlehn einen Monat (§ 1890). Ausdrücklich bestimmt § 1897, daß der aus einer Darlehnsurkunde Belangte berechtigt ist zu beweisen, daß er die Darlehnssumme überhaupt nicht oder nur in einem geringeren Betrage erhalten habe. Erwägt man jedoch, daß eine Tatsache, die durch eine öffentliche oder eine öffentlich beglaubigte Urkunde oder durch eine Privaturkunde, deren Echtheit feststeht, bezeugt ist, nach § 457 und § 458 der Zivilprozeßordnung nicht durch Zeugenaussagen widerlegt werden kann, und daß nach der Zivilprozeßordnung die Verweigerung eines zugeschobenen Eides nicht als Zugeständnis gilt und daß schließlich sogar der sogenannte „vereinbarte Eid" nach der Zivilprozeßordnung § 497 Nr. 7 nicht zulässig ist in Ansehung von Tatsachen, die durch eine Urkunde bezeugt sind, deren Echtheit feststeht, so erscheint die praktische Bedeutung des § 1897 wohl nur sehr gering.

Nach § 1898 wird ein Darlehnsversprechen hinfällig, wenn in der Folge Umstände eintreten o d e r  d e m  V e r s p r e c h e n d e n  b e k a n n t  w e r d e n, welche erhebliche Zweifel an der Kreditfähigkeit der anderen Partei begründen.

Schließlich bestimmt § 1899, daß aus einem Darlehnsversprechen nur auf Schadensersatz geklagt werden kann.

## Hinterlegungsvertrag.

1. Die gewöhnliche Hinterlegung. Auch hier folgt der Entwurf fast durchweg dem römischen Rechte, mit einigen Abweichungen, von denen die wichtigsten folgende sind.

Im Zweifel gilt eine Vergütung als vereinbart (§ 1901).

Auf die Hinterlegung findet die allgemeine Formvorschrift Anwendung; die Schriftform wird jedoch nicht gefordert, wenn eine Sache in Verwahrung gegeben ist bei Gelegenheit einer Feuersbrunst, einer Überschwemmung oder eines anderen Unglücksfalles, oder überhaupt unter Umständen, unter denen die Errichtung einer Urkunde nicht üblich ist (§ 1902).

Nicht unzweckmäßig ist die Vorschrift des § 1911:

„Der Verwahrer darf die Rückgabe der Sache an den Hinterleger nicht unter dem Vorgeben verweigern, daß die Sache dem letzteren nicht gehöre. Erfährt der Verwahrer, daß die ihm übergebene Sache eine verlorene, entwendete oder sonst ungesetzlich erlangte ist, und gelangt zu seiner Kenntnis, wer die hierdurch geschädigte Person ist, so hat er die letztere zu benachrichtigen, daß sich die Sache bei ihm befinde, und ihr eine Frist zu bestimmen, die ausreichend ist zur Erwirkung eines gerichtlichen Arrestes. Nach Ablauf dieser Frist wird der Verwahrer von jeder Verantwortung frei, wenn er die Sache dem Hinterleger herausgibt."

2. Die Hinterlegung in Gasthöfen. Hierüber enthalten die §§ 1921—1928 Vorschriften, die im wesentlichen mit den Bestimmungen des BGB. §§ 701—704 übereinstimmen.

## Dienstvertrag.

Als in den dreißiger Jahren des vorigen Jahrhunderts die Zusammenfassung der Gesetze publiziert wurde, bestand in Rußland noch die Leibeigenschaft, und Dienstverträge wurden naturgemäß nur selten geschlossen. Daher enthält X. 1 auch keine allgemeinen Grundsätze über diesen Vertrag, sondern nur ein buntes Gewirre fragmentarischer Einzelbestimmungen (§§ 2201—2247). Einzelne besondere Arten des Dienstvertrages sind in späteren Spezialgesetzen geregelt, so z. B. in der Handelsordnung (XI. 2), in der Gewerbeordnung (XI. 2), im Gesetz über die landwirtschaftlichen Arbeiter (XII. 2). Der Entwurf will die Sonderbestimmungen der erwähnten Spezialgesetze in Kraft lassen aber an dieser Stelle für alle Arten des Dienstvertrages allgemeine Grundsätze aufstellen (Mot. V. 2 S. 286 bis 289 und S. 297—298). Besondere Vorschriften enthält der Entwurf nur über den Gesindevertrag.

**Dienstvertrag im allgemeinen.**

Hier folgt der Entwurf (§§ 1929—1957) mehr als an anderen Stellen den Grundsätzen des BGB., so daß Abweichungen von erheblicher praktischer Bedeutung kaum zu finden sind.

**Gesindevertrag.**

Nach § 1957 finden auf diesen Vertrag die allgemeinen Vorschriften Anwendung, soweit in den §§ 1958—1970 nicht ein anderes bestimmt ist.

Diese Paragraphen sind nach Inhalt und Form für die Darstellungsweise des Entwurfes und für sein Bestreben nach Gemeinverständlichkeit so charakteristisch, daß ich es mir nicht versagen kann, wenigstens einige derselben in möglichst wörtlicher Übersetzung wiederzugeben.

§ 1958. „Ein Dienstbote, dessen Verpflichtungen im Vertrage nicht bestimmt sind, hat im Haushalte seines Wirtes alle Arbeiten zu verrichten, die ihm aufgetragen werden."

§ 1959. „Ein Dienstbote, der für bestimmte häusliche Dienste gemietet ist, ist verpflichtet, vorübergehend auch andere Arbeiten zu verrichten, die keine besonderen Kenntnisse erfordern, falls ein anderer Dienstbote des Wirtes wegen Krankheit, Abwesenheit oder aus anderen Gründen seinen Verpflichtungen nicht nachkommen kann."

§ 1960. „Bei Ausübung seines Dienstes hat der Dienstbote dem Wirte zu gehorchen sowie auch den Personen, denen der Wirt die Aufsicht über das Gesinde anvertraut hat, und sich der bestehenden Hausordnung zu unterwerfen. Ohne Erlaubnis des Wirtes darf der Dienstbote nicht dem Hause fernbleiben oder Arbeit für andere Personen übernehmen."

§ 1961. „Der Dienstbote ist verpflichtet, dem Wirte, dessen Familie und den Personen, denen der Wirt die Aufsicht über das Gesinde anvertraut hat, Ehrerbietung zu erweisen. Gegen die Gäste des Wirtes hat er sich höflich und dienstfertig zu erweisen."

§ 1962. „Der Dienstbote soll sich dem Wirte nützlich machen und dessen Vorteil wahrnehmen, nach Möglichkeit allen Schaden von ihm abwenden und sowohl ihn selbst als auch dessen Familienglieder vor Gefahren schützen."

§ 1963. „Außer dem bedungenen Lohn erhält der Dienstbote von seinem Wirte, wenn im Vertrage nichts anderes vereinbart ist, Unterkunft und Beköstigung. Die Räume, die dem Dienstboten für seine Arbeit und Nachtruhe angewiesen sind, müssen allen gesundheitlichen Anforderungen entsprechen, die Kost muß gut und reichlich sein. Ist nichts darüber vereinbart, so hat der Wirt den Dienstboten nicht mit Kleidung zu versehen."

§ 1964. „Wo erforderlich, hat der Wirt dem Dienstboten Schutz und Beistand zu gewähren; er hat ihn gut zu behandeln und darf ihn nicht tätlich oder durch Schmähworte beleidigen."

Der erste Entwurf enthielt zu diesem Paragraphen noch folgenden Zusatz:

„Wenn jedoch der Wirt, gereizt durch Ungehorsam, Trägheit oder Unhöflichkeit des Dienstboten, diesem gegenüber sich scharfer Tadelsworte bedient, so soll ihm dieses nur dann zur Schuld angerechnet werden, wenn die gebrauchten Ausdrücke ehrverletzend sind."

Die Aufnahme dieses Zusatzes in den zweiten Entwurf ist gegen die Stimme nur eines Mitgliedes der Kommission abgelehnt worden. Das scheint mir zu viel des Guten zu sein. Handgreiflichkeiten gegen Dienstboten sind in Rußland nicht häufiger als anderswo und können daher sehr wohl völlig verboten werden. Erregte Vorwürfe dagegen sind an der Tagesordnung und werden auch von dem Betroffenen keineswegs tragisch genommen.

§ 1965 behandelt, ähnlich wie BGB. § 617, die Verpflichtungen des Wirtes gegenüber einem erkrankten Dienstboten.

§ 1966. „Erlischt das Dienstverhältnis durch den Tod des Wirtes, so darf der Dienstbote dessen Wohnung nicht verlassen, bevor der Erbe eingetroffen ist oder bevor von der zuständigen Behörde Maßregeln zur Sicherung des Nachlasses getroffen sind. Auf Verlangen des Erben hat der Dienstbote noch vierzehn Tage nach dem Tode des Wirtes den Dienst fortzusetzen."

Die §§ 1967—1969 setzen die Kündigungsfristen fest sowie die Gründe, aus welchen der Dienstherr den Dienstboten „sofort entlassen" resp. der Dienstbote „den Dienst sofort verlassen" kann.

## Werkvertrag.

Auch hier (§§ 1971—1992) herrscht eine grundsätzliche Übereinstimmung zwischen den Vorschriften des Entwurfs und denen des BGB.

## Transportvertrag.

Der Entwurf unterscheidet nicht wie HGB. die eigentlichen Frachtgeschäfte von dem Speditionsgeschäfte; die Vorschriften dieses Kapitels finden auch auf das letztere Anwendung (Mot. V. 2 S. 465). Desgleichen wird auch die Personenbeförderung im Zusammenhange mit dem Frachtvertrage behandelt. Im Anschluß an beide kommt die Beförderung des sogenannten Passagiergutes zur Darstellung. Demgemäß zerfällt dieses Kapitel in folgende Unterabteilungen: Allgemeine Vorschriften, Beförderung von Passagieren, Beförderung von Gütern (wörtlich: von Lasten) und Beförderung des Passagiergutes.

Ich werde den Ausdruck „perewostschik", der für Spediteur, Frachtführer und Personenbeförderer gebraucht wird, durch den Ausdruck „Transporteur" wiedergeben.

§ 1993. „Durch den Transportvertrag verpflichtet sich der Transporteur gegen Vergütung Passagiere oder ein ihm vom Absender anvertrautes Gut zu Lande oder zu Wasser an einen bestimmten Ort zu befördern oder befördern zu lassen und das Gut einer bestimmten Person (dem Empfänger) zu übergeben."

Aus der Fassung dieses Paragraphen ergibt sich, daß die Vorschriften dieses Kapitels auch dann Anwendung finden, wenn der Transporteur weder die Beförderung von Passagieren oder Gütern gewerbsmäßig betreibt noch auch Kaufmann ist (also anders als nach HGB. § 425 und § 451). Indessen enthält dieses Kapitel einige Sondervorschriften, die nur für „öffentliche Transporteure" gelten.

§ 1994. „Die Beförderung von Passagieren und Gütern auf Eisenbahnen und Dampfschiffen und durch andere Transportunternehmungen, die auf Grund besonderer Konzessionen seitens der Regierung tätig sind (öffentliche Transporteure), unterliegt den Vorschriften dieses Kapitels nur insoweit, als nicht in der Allgemeinen Russischen Eisenbahnordnung sowie in den von der Regierung bestätigten Statuten der genannten Transportunternehmungen Abweichendes bestimmt ist.

Auf die Beförderung von Gütern zur See finden die besonderen Vorschriften über den Seetransport Anwendung.

Die Vorschriften dieses Kapitels finden keine Anwendung auf die Beförderung von Briefen und sonstigen Sendungen durch die Post."

Die Allgemeine Eisenbahnordnung ist enthalten in der Zusammenfassung der Gesetze XII. 1. Die Bestimmungen über den Seetransport finden sich in der Handelsordnung (XI. 2). Für die Beförderung durch die Post ist maßgebend die Postordnung (XII. 1).

§ 1995. „Die auf die Beförderung bezüglichen Vorschriften, die erlassen sind von den Eigentümern der Eisenbahnen, der Dampfschiff- und ähnlicher Transportunternehmungen, sind rechtsverbindlich für die Passagiere und Absender, soweit dieselben den Gesetzen nicht widersprechen und öffentlich bekannt gemacht worden sind."

Auch können solche Vorschriften von den genannten Unternehmungen nicht nach freiem Ermessen erlassen werden, sondern unterliegen der Bestätigung seitens des zuständigen Ministers. Auch über die Art in welcher diese Vorschriften zu veröffentlichen resp. zur Kenntnis der Passagiere und Absender zu bringen sind, bestehen besondere gesetzliche Bestimmungen und ministerielle Verordnungen (Mot. V. 2 S. 469 bis 470).

§ 1996. „Jede zwischen einem öffentlichen Transporteur und einem Passagier oder Absender getroffene Vereinbarung über Beseitigung oder Beschränkung der gesetzlichen Haftung des ersteren für die Verursachung des Todes oder einer Körperverletzung des Passagiers oder für den Untergang oder die Beschädigung des Guts ist unwirksam, es sei denn, daß eine solche Vereinbarung durch das Gesetz oder das Statut des Unternehmens ausdrücklich zugelassen ist."

Zu bemerken ist hierzu, daß nach § 2004 und § 2008 die in dem vorstehenden Paragraphen erwähnte Haftung des öffentlichen Transporteurs im wesentlichen die gleiche ist wie nach dem deutschen Reichshaftpflichtgesetze § 1, HGB. § 429, § 456, § 458 und nach dem Gesetze betreffend die privatrechtlichen Verhältnisse der Binnenschiffahrt § 58.

§ 1997. „Der öffentliche Transporteur ist nicht berechtigt, irgend einer Person vor einer anderen einen Vorzug einzuräumen hinsichtlich der Vergütung, der Reihenfolge in der Beförderung oder anderer Beförderungsbedingungen."

Die Sondervorschriften, die sich auf die Beförderung von Passagieren, von Gütern und von Passagiergut beziehen, enthalten kaum irgend welche Bestimmungen, die wegen ihrer Eigenart das Interesse des Lesers erwecken könnten, wobei hier, wie überhaupt in dieser Abhandlung, vorausgesetzt wird, daß der Leser sich lediglich im allgemeinen mit dem Charakter und dem Inhalt des Entwurfs vertraut zu machen wünscht.

## Vollmacht und Kommission.

Wie bereits oben (S. 15) bemerkt, bringt der Entwurf die Vollmacht im Obligationenrecht (Kapitel XV, §§ 2035—2075) zur Darstellung und in engstem Anschluß an dieselbe (Kapitel XVI, §§ 2076—2094) die Kommission.

Wenn wir diese beiden Rechtsinstitute hier gemeinsam unter einer Überschrift behandeln, so bedarf das für den deutschen Leser einer Erläuterung. Der Entwurf unterscheidet zwei Arten des Geschäftsbesorgungsvertrages: Verpflichtet sich jemand, ein fremdes Geschäft für Rechnung und im Namen des Geschäftsherrn zu besorgen, so redet der Entwurf von einem Vollmachtsvertrage; verpflichtet sich jemand, ein fremdes Geschäft für Rechnung des Geschäftsherrn, aber in eigenem Namen zu besorgen, so wird ein solcher Vertrag als Kommission bezeichnet; der Begriff der Kommission ist also hier ein viel umfangreicherer als nach HGB. § 383.

Eine Bevollmächtigung als einseitiges Rechtsgeschäft, durch welches für den Bevollmächtigten gegenüber dem Vollmachtgeber weder ein Recht noch eine Pflicht zur Besorgung eines Geschäfts begründet wird, ist dem Entwurfe fremd. Die Übertragung des Geschäfts und die Ermächtigung zum Abschlusse desselben ist vielmehr stets ein einheitlicher Vertrag: wer zum Abschlusse eines Geschäfts in fremdem Namen ermächtigt ist, ist auch dem Vertretenen gegenüber dazu berechtigt und verpflichtet, und umgekehrt.

Jedoch besteht ein Schutz gutgläubiger Dritter: Wer, ohne bevollmächtigt zu sein, im Namen eines anderen handelt, gilt gutgläubigen Dritten gegenüber als bevollmächtigt, wenn der Vertretene durch sein Handeln oder Unterlassen es veranlaßt hat, daß der Dritte in den Glauben versetzt wurde, es bestehe eine Vollmacht.

Dieser Satz ist zwar im Entwurf nicht klar und unumwunden ausgesprochen, ergibt sich aber mit Sicherheit aus einer großen Anzahl von Einzelbestimmungen und aus verschiedenen ausdrücklichen Bemerkungen der Motive.

Im übrigen stimmt der Entwurf in allen praktisch wichtigen Fragen im wesentlichen mit dem BGB. und dem HGB. überein.

Ein näheres Eingehen auf die juristische Natur der Vollmacht nach der Auffassung des Entwurfs und nach der Auffassung des BGB. will ich mir an dieser Stelle ersparen, um so mehr, als ich über diese Frage demnächst eine gesonderte Abhandlung zu veröffentlichen gedenke.

## Wechsel.

Über diesen enthält der Entwurf nur einen einzigen — verweisenden — Paragraphen:

§ 2095. „Die Vorschriften über einfache und gezogene Wechsel finden sich in der Wechselordnung (Zusammenfassung der Gesetze Band XI, Teil 2, Ausgabe vom Jahre 1903)."

Dazu bemerken die Motive zum ersten Entwurf (V. 3 S. 198): Von einer Regelung des Wechselrechts sieht der vorliegende Entwurf ab, weil ein besonderer Entwurf einer Wechselordnung bereits vorliegt und demnächst im Reichsrate zur Beratung kommen wird.

Mittlerweile (27. Mai 1902) hat dieser Entwurf denn auch Gesetzeskraft erlangt.

### Anweisung.

Die diese Lehre betreffenden §§ 2095—2106 stimmen im wesentlichen mit den entsprechenden §§ 783—792 BGB. überein.

### Scheck.

In dieser Frage faßt der Entwurf sich sehr kurz, so daß es vielleicht das zweckmäßigste ist, die wenigen Vorschriften vollständig wiederzugeben.

§ 2107. „Durch Scheck beauftragt der Aussteller desselben (Scheckgeber) eine Bank oder einen Bankier, dem Vorweiser (Scheckinhaber) eine bestimmte Summe aus den auf laufende Rechnung zur Verfügung des Scheckgebers stehenden Geldbeträgen auszuzahlen."

§ 2108. „Der Scheck muß enthalten:

1. die Angabe des Tages, des Monats und des Jahres der Ausstellung;
2. die Angabe des Ortes der Ausstellung;
3. die Angabe der auszuzahlenden Summe in Buchstaben ausgedrückt;
4. den Familiennamen oder die Firma des Bezogenen;
5. die Unterschrift des Ausstellers.

Der Aussteller hat sich eines vom Bezogenen zu liefernden Formulars zu bedienen."

§ 2109. „Ein Scheck kann ausgestellt werden auf den Vorweiser, auf eine bestimmte Person, sowie auch auf eine bestimmte Person oder deren Ordre.

Ein Scheck kann auch auf den Scheckgeber selbst oder dessen Ordre ausgestellt werden."

§ 2110. „Der Scheck ist bei Sicht zahlbar, auch wenn dieses im Scheck selbst nicht erklärt ist.

Bei Eröffnung einer laufenden Rechnung kann vereinbart werden, daß Schecks, welche einen bestimmten Betrag übersteigen, erst an dem auf die Vorweisung folgenden Tage zu bezahlen sind. Eine solche Vereinbarung ist im Scheck besonders zu erwähnen."

§ 2111. „Der Scheck ist fünf Tage gültig, den Tag der Ausstellung nicht eingerechnet. Für Schecks, die an einem anderen Orte als dem Ausstellungsorte zahlbar sind, wird die Frist verdoppelt.

Endet die Frist an einem Tage, an welchem die Bank oder das Geschäft des Bankiers geschlossen ist, so wird dieser Tag in die Frist nicht eingerechnet."

§ 2112. „Ein Scheck, der auf eine bestimmte Person oder deren Ordre lautet, kann nicht nur durch einen namentlichen, sondern auch durch einen Blanco-Vermerk übertragen werden."

§ 2113. „Der Scheckinhaber, der auf den Scheck keine Zahlung erhalten hat, ist berechtigt, die im Scheck angegebene Summe vom Aussteller zu fordern; ist die Zahlung aber infolge Verschuldens des Scheckinhabers unterblieben, so ist der Aussteller berechtigt, einen Abzug im Betrage des ihm vom Scheckinhaber verursachten Schadens zu machen."

§ 2114. „Wer einen Scheck gibt, ohne eine zur Bezahlung desselben ausreichende Summe auf laufender Rechnung zu haben, ist dem Scheckinhaber zum Ersatze des Schadens verpflichtet."

§ 2115. „Der Bezogene, der die Zahlung ablehnt, obgleich der Aussteller eine ausreichende Summe auf laufender Rechnung hat, ist dem Aussteller zum Ersatze des Schadens verpflichtet."

§ 2116. „Die Zahlung hat nur gegen Aushändigung des Schecks zu erfolgen; lautet der Scheck auf eine bestimmte Person oder deren Ordre, so ist er mit einem

Zahlungsvermerk zu versehen; lautet er auf den Vorweiser, so bedarf es keines Zahlungsvermerkes."

§ 2117. „Der Aussteller kann den Scheck, bevor die Zahlung geleistet ist, dem Bezogenen gegenüber widerrufen."

§ 2118. „Der Tod oder die Entmündigung des Ausstellers nach der Hingabe des Schecks geben dem Bezogenen nicht das Recht, die Zahlung zu verweigern."

### Inhaberpapiere.

Trotz dieses allgemeinen Ausdrucks, den der Entwurf als Überschrift zum Kapitel XVII (§§ 2119—2133) gewählt hat, werden hier dennoch nur die Schuldverschreibungen auf den Inhaber behandelt, und zwar in ganz wesentlicher Übereinstimmung mit BGB. §§ 793—808.

### Genossenschaftsrecht.

Wie bereits oben (S. 19 und S. 188) bemerkt, kommen sämtliche Genossenschaften, sowohl diejenigen, die bloß ein obligatorisches Band um die Genossen schlingen, als auch die Vereinigungen, die den Charakter juristischer Personen annehmen, im Obligationenrecht zur Darstellung und zwar in den §§ 2134—2475. Die einschlägigen Vorschriften werden auf zwei Kapitel (XVIII und XIX) verteilt: im ersten sind alle Vereinigungen behandelt, die auf Erwerb abzielen, im zweiten die Vereinigungen, die nicht auf einen wirtschaftlichen Geschäftsbetrieb gerichtet sind. Die ersten heißen towarischtschestwa, die zweiten obschtschestwa. Da in der deutschen Gesetzessprache diese beiden Gruppen nicht durch zwei besondere technische Ausdrücke bezeichnet werden, so werde ich im folgenden ohne Rücksicht auf diese Terminologie des Entwurfs die einzelnen Typen, mehr im Anschluß an die deutsche Gesetzessprache, als Gesellschaften, Vereine, Genossenschaften oder Verbände bezeichnen.

Das Genossenschaftsrecht des heute geltenden russischen Gesetzes ist nur höchst dürftig und lückenhaft. Geregelt sind: die sogenannte volle Gesellschaft, die der offenen Handelsgesellschaft des deutschen Rechts entspricht, und die Kommanditgesellschaft (X. 1 §§ 2129—2138), ferner die Aktiengesellschaft (X. 1 §§ 2139—2198) und seit dem 1. Juni 1902 die national-russischen Arbeitsverbände (X. 1 §§ 2198[1]—2198[27]).

Zwecks Erreichung einer größeren Vollständigkeit des Gesetzes wurde in der Kommission in Erwägung gezogen, welche der in den meisten westeuropäischen Gesetzgebungen vertretenen Gesellschaftstypen außerdem noch in den Entwurf aufzunehmen seien. Es kamen hierbei folgende in Betracht:

1. Die dem römischen Rechte entstammende societas. Bezüglich dieser bestand keinerlei Meinungsverschiedenheit. Denn wenngleich dieselbe auch im geltenden Gesetze auffallenderweise nicht geregelt ist, so wurde doch allseitig anerkannt, daß ihre Aufnahme „eine unerläßliche Forderung der Vollständigkeit des Gesetzes bilde". Man wählte für sie die Bezeichnung „einfache Gesellschaft".

2. Die Aufnahme der Kommanditgesellschaft auf Aktien wurde abgelehnt, weil ein Bedürfnis nach derselben nicht vorhanden sei (Mot. V. 3 S. 313—316).

3. Das gleiche Schicksal wiederfuhr der Gesellschaft mit beschränkter Haftung. Interessant sind die Erwägungen, von denen die Kommission sich hierbei leiten ließ. Ein Blick auf die Vorschriften des deutschen Gesetzes ergebe, daß die Gesellschaft mit beschränkter Haftung nicht gleich der Aktiengesellschaft eine Kapitalsvereinigung sei, bei welcher die Persönlichkeit der Teilhaber jede Bedeutung verliere. Insbesondere ergebe sich aus der Möglichkeit, die Geschäfte der Gesellschaft durch alle Gesellschafter persönlich führen zu lassen, daß das Gesetz die Anwendung dieser neuen Form auch in den Fällen zulasse, in welchen bisher als die angemessene Form die offene Handelsgesellschaft galt. Eine so weitgehende Verwendung der Gesellschaft mit beschränkter Haftung widerspreche aber dem elementaren Rechtsgrundsatze, daß jedermann für die von ihm kontrahierten Schulden mit seinem ganzen Vermögen haften müsse. Abweichungen von diesem Satze galten bisher nur insoweit, als der einzelne nicht in der Lage war, persönlich an der Führung der Geschäfte teilzunehmen, d. h. insoweit sich seine Teilnahme auf eine Vermögenseinlage beschränkte, wie dieses bei der Aktiengesellschaft, der Kom-

manditgesellschaft und der stillen Gesellschaft der Fall sei. Das deutsche Gesetz gewähre dagegen jedem, der dieses wünsche, die Möglichkeit, sich der unbeschränkten Haftung für seine eigenen Handlungen, d. h. für die Geschäfte, an deren Abschluß er persönlich teilgenommen habe, zu entziehen. Hierzu sei genügend, sich mit irgend einer anderen Person zusammenzutun und eine Gesellschaft dieses neuen Typus zu begründen. Es sei doch sehr zweifelhaft, ob die Verdrängung der individualistischeren, aber auch solideren Gesellschaftsformen durch die neue Gesellschaft mit beschränkter Haftung in so hohem Grade dem praktischen Bedürfnisse entspreche, daß es geboten erscheine, einen der elementarsten Rechtsgrundsätze zum Opfer zu bringen (Mot. V. 3 S. 318—319).

4. Die stille Gesellschaft wurde zur Aufnahme empfohlen.

5. Ebenso die Erwerbs- und Wirtschaftsgenossenschaften unter der Bezeichnung „Gesellschaften mit wechselndem Personenbestande".

6. Schließlich haben in den Entwurf Aufnahme gefunden die „gelehrten, wissenschaftlichen und sonstigen gemeinnützigen Vereine", die etwa den im BGB. geregelten Vereinen entsprechen, die nicht auf einen wirtschaftlichen Geschäftsbetrieb gerichtet sind.

Nicht besonders geregelt sind die nichtrechtsfähigen Vereine des BGB. Wie jedoch die folgende Darstellung zeigen wird, kommt auch im Entwurf an mehreren Stellen ein verwandter Gedanke zum Ausdruck.

### Einfache Gesellschaft.

Diese stimmt im wesentlichen überein mit der Gesellschaft des BGB., wenngleich im Entwurfe manches anders angeordnet und formuliert ist.

Hervorzuheben wäre etwa folgendes:

1. Der § 2139 spricht auch für die einfache Gesellschaft ein Konkurrenzverbot in beschränktem Umfange aus: den einzelnen Gesellschaftern ist es untersagt, ohne Zustimmung der anderen zu ihrem persönlichen Vorteile Geschäfte zu schließen, durch welche die Erreichung des Gesellschaftszweckes vereitelt werden könnte.

2. Gleich wie nach BGB. § 719 besteht auch nach § 2145 in Ansehung des Gesellschaftsvermögens eine Gemeinschaft zur gesamten Hand.

3. Gemäß § 2150 bestimmen sich die Rechte und Pflichten der mit der Geschäftsführung betrauten Gesellschafter im Zweifel nach den Vorschriften über den Vollmachtsvertrag.

4. Anders als nach BGB. § 722 bestimmt sich der Anteil der Gesellschafter an Gewinn und Verlust.

§ 2154. „Ist der Anteil der Gesellschafter an Gewinn und Verlust im Vertrage nicht bestimmt, so wird, wenn die Beiträge aller in Geld bestehen oder in Geld abgeschätzt sind, der Gewinn und Verlust unter die Gesellschafter entsprechend dem Betrage ihres Beitrages verteilt; anderenfalls — zu gleichen Teilen.

Ist im Vertrage der Maßstab für die Verteilung entweder nur für den Gewinn oder nur für den Verlust angegeben, so erfolgt die Verteilung sowohl des Gewinnes als auch des Verlustes nach dem gleichen Verhältnisse.

Ein Gesellschafter, der sich an der Gesellschaft nur mit persönlichen Leistungen beteiligt, hat keinen Anteil am Verlust, es sei denn, daß im Vertrage Abweichendes bestimmt ist.“

5. Was die Pfändung des Anteils eines Gesellschafters durch dessen Gläubiger betrifft, so kann ich mit Befriedigung feststellen, daß der Entwurf die gleiche Regelung in Vorschlag bringt, die ich an anderer Stelle (Das Miteigentum nach BGB., Halle a. S. 1899, S. 80) gegenüber der abweichenden Bestimmung des § 725 BGB. als zweckmäßiger und gerechter verteidigt habe. In dieser Beziehung bestimmt der im übrigen etwas unklar gefaßte § 2161, daß im Falle der Pfändung des Anteils eines Gesellschafters die anderen Gesellschafter die Auflösung der Gesellschaft dadurch verhindern können, daß sie dem pfändenden Gläubiger den Geldbetrag zahlen, der seinem Schuldner bei Auflösung der Gesellschaft zugefallen wäre.

### Volle Gesellschaft.

Die wenigen, dürftigen Vorschriften, die das geltende Gesetz in betreff dieser Gesellschaftsform aufweist, sind ergänzt und vervollständigt im wesentlichen im Anschluß an das deutsche Handelsgesetzbuch.

Die volle Gesellschaft ist bei der Registerbehörde (vgl. oben S. 140) anzumelden (§ 2177). Über die Angaben, die dieser Behörde zu machen sind, bestimmt § 2177 Abs. 2:

„Bei der Anmeldung ist anzugeben:

1. die Art des Handels oder des Gewerbes, welches Gegenstand des Geschäftsbetriebes der Gesellschaft bildet;
2. daß die Gesellschaft eine volle ist;
3. Stand, Vorname, Vatersname und Familienname aller Gesellschafter;
4. der Tag, von welchem ab die Gesellschaft ihre Tätigkeit eröffnet; ist die Gesellschaft nur auf eine bestimmte Zeit gegründet, so ist auch dieses anzugeben;
5. wem von den Gesellschaftern die Führung der Geschäfte der Gesellschaft anvertraut ist, falls sie nicht allen zustehen soll;
6. ob alle Gesellschafter oder die mit der Führung der Geschäfte betrauten einzelnen Gesellschafter gemeinschaftlich zu handeln verpflichtet sind."

Ferner bestimmt § 2178:

„Die volle Gesellschaft gilt mit ihrer Eintragung in das Handelsregister als juristische Person und kann unter ihrer Firma Vermögensrechte erwerben, insbesondere auch Eigentum und andere dingliche Rechte an Grundstücken; sie kann Verbindlichkeiten übernehmen und vor Gericht klagen und Antwort stehen."

Nach § 2179 ist jede Änderung in betreff der bei der Gründung anzugebenden Punkte in Ansehung dritter Personen nur dann wirksam, wenn sie gleichfalls in das Handelsregister eingetragen ist.

Was die Rechtsbeziehungen der Gesellschafter zueinander betrifft, so folgt der Entwurf hier im wesentlichen dem HGB. Als abweichend mag hervorgehoben werden, daß die Entsetzung eines mit der Geschäftsführung betrauten Gesellschafters nach § 2189 nur durch gerichtliches Urteil erfolgen kann.

In betreff der Stellung der Gesellschafter nach außen setzt § 2185, übereinstimmend mit HGB. § 123 und § 128, die Gesamthaftung aller Gesellschafter fest; desgleichen wird in Übereinstimmung mit HGB. §§ 115, 125 und 126 allen Gesellschaftern Vertretungsmacht gewährt, es sei denn, daß einer oder einige derselben durch Vertrag von der Vertretung ausgeschlossen sind (§ 2192).

**Kommanditgesellschaft und stille Gesellschaft**

sind in engstem Anschluß an das HGB. geregelt.

### Aktiengesellschaft.

Die Rechtsverhältnisse der im 18. und Anfang des 19. Jahrhunderts in Rußland gegründeten Aktiengesellschaften (die erste war die Russisch-Amerikanische Kompagnie vom Jahre 1785) wurden lediglich durch den Inhalt der Allerhöchst bestätigten Statuten bestimmt. Jedoch schon im Jahre 1836 wurde ein Gesetz betreffend die Aktiengesellschaften erlassen, welches auch heute noch die Grundlage des geltenden Aktienrechts bildet.

Da dieses Gesetz dem Konzessionssysteme folgte und jede Aktiengesellschaft zu ihrer Entstehung der im Gesetzgebungswege zu erwirkenden Allerhöchsten Bestätigung bedurfte, so finden wir in den Statuten vieler Gesellschaften Bestimmungen, die das geltende Gesetz nicht nur ergänzen, sondern auch erheblich abändern (Mot. V. 4 S. 2).

Während der letzten Jahrzehnte hat die Regierung ihre Aufmerksamkeit dem Aktienrechte vielfach zugewendet. Ein im Jahre 1866 im Finanzministerium ausgearbeiteter Entwurf wurde fallen gelassen. Das gleiche Schicksal hatte der im selben Ministerium 1870 ausgearbeitete Entwurf. Im Jahre 1898 legte eine besonders hierzu ernannte Kommission einen dritten Entwurf vor, der gleichfalls nicht Gesetz geworden ist.

Der uns hier vorliegende Entwurf des Zivilgesetzbuches schließt sich in bezug auf die Aktiengesellschaft in vielen Punkten inhaltlich dem deutschen Gesetze an, weicht aber auch vielfach erheblich von demselben ab.

Zunächst gibt § 2248 eine Definition der Aktiengesellschaft:

„Als Aktiengesellschaft gilt eine Gesellschaft, die unter einer besonderen Firma und mit einem aus einer bestimmten Anzahl gleicher Anteile (Aktien) bestehenden Grundkapital gegründet ist und für deren Verbindlichkeiten nur das Vermögen der Gesellschaft, nicht aber das persönliche Vermögen der Teilhaber (Aktionäre) haftet."

Nach § 2249 kann Gegenstand des Unternehmens nicht nur der Betrieb eines Handelsgewerbes sein, sondern „jeder vom Gesetze nicht verbotene Betrieb".

Die Rechtsbeziehungen der Aktionäre zueinander sowie zu dritten Personen werden gemäß § 2250 bestimmt „durch die von der zuständigen Gewalt bestätigten Statuten sowie durch die Vorschriften dieses Gesetzes über die Aktiengesellschaften". Jedoch kann das Statut von den gesetzlichen Vorschriften nur in den Fällen abweichen, in denen eine Abweichung ausdrücklich vom Gesetze zugelassen ist.

Was die Mitwirkung der Staatsgewalt bei Entstehung der Aktiengesellschaft anbetrifft, so folgt das geltende Gesetz, wie erwähnt, dem Konzessionssystem, wobei nach dem Gesetze von 1836 die Bestätigung ausschließlich durch eine auf dem Gesetzgebungswege zu erwirkenden Allerhöchsten Ukas erfolgte. In neuerer Zeit sind von dieser Regel einige Ausnahmen zugelassen: Für Kreditgesellschaften auf Aktien ist seit 1872 die Bestätigung durch den Finanzminister ausreichend, wenn das Statut dem Allerhöchst bestätigten Normalstatute entspricht; Konsumgesellschaften auf Aktien können unter der gleichen Voraussetzung seit 1897 vom Gouverneur bestätigt werden.

Auch der vorliegende Entwurf hält grundsätzlich am Konzessionssystem fest, läßt aber vielfache Erleichterungen zu:

> § 2250 Abs. 3. „Die Statuten der Aktiengesellschaften werden bestätigt durch die Allerhöchste Gewalt oder durch den zuständigen Minister oder durch die Gouvernementsbehörde für kommunale Angelegenheiten."

> § 2251. „Die Statuten solcher Aktiengesellschaften, zu deren Gunsten eine Zwangsenteignung oder irgend eine Abweichung von den gesetzlichen Bestimmungen nachgesucht wird, werden durch den je nach Art des Unternehmens zuständigen Minister und gemäß eines von diesem zu erwirkenden Beschlusses des Reichsrats der Allerhöchsten Bestätigung unterbreitet."

§ 2252. „Der Bestätigung durch die Gouvernementsbehörde für kommunale Angelegenheiten unterliegen die Statuten der Aktiengesellschaften, die zum Gegenstande ihrer Tätigkeit haben: 1. Unternehmungen, die der allgemeinen Wohlfahrt dienen oder die Befriedigung der Bedürfnisse von Städten und Ansiedelungen bezwecken, wie z. B. städtische Eisenbahnen, Omnibusverbindungen, Dampferverbindungen auf städtischen Gewässern, Beleuchtung, Wasserversorgung, Betrieb von Hotels oder Badeanstalten u. ä.; 2. Handel mit Waren aller Art; 3. Errichtung von Fabriken und sonstigen Betrieben, mit Ausnahme von Bergwerken, Lokomotiv- und Maschinenfabriken, metallurgische und andere Metalle verarbeitende Betriebe, deren Grundkapital eine Million Rubel übersteigt."

Die unter 3 genannten Betriebe sollen dem Bestätigungsrechte der Gouvernementsbehörde deshalb entzogen werden, weil sie, wenn in großem Umfange betrieben, „das allgemeine staatliche Interesse, insbesondere die Finanz- und Zollpolitik des Reiches berühren" (Mot. V. 4 S. 41).

Die in § 2252 erwähnte Gouvernementsbehörde für kommunale Angelegenheiten besteht unter dem Vorsitze des Gouverneurs aus Beamten der wichtigsten Abteilungen der Gouvernements-Regierung, ferner dem Gouvernements-Adelsmarschall, dem ersten Staatsanwalt beim Bezirksgericht und aus Vertretern der Semstwo und der Städte und „verfügt über die erforderliche administrative und juristische Erfahrung zur Entscheidung von Zweifelsfragen, die bei der Bestätigung der Statuten auftauchen können" (Mot. V. 4 S. 40).

§ 2255. „Die Statuten aller übrigen Aktiengesellschaften werden bestätigt durch den Finanzminister oder durch den je nach der Art des Unternehmens zuständigen Minister im Einvernehmen mit dem Finanzminister."

Besonders hervorzuheben ist die Vorschrift des § 2256, durch welche das Konzessionsprinzip ganz erheblich abgeschwächt wird:

„Die Minister und die Gouvernementsbehörden für kommunale Angelegenheiten sind nicht berechtigt, die Bestätigung des Statuts zu verweigern, wenn es den gesetzlichen Vorschriften über die Aktiengesellschaften entspricht und wenn das Unternehmen der Gesellschaft nicht zu denjenigen gehört, deren Genehmigung ausschließlich von dem Ermessen der zuständigen Gewalt abhängig ist.

Das Verzeichnis derjenigen Unternehmungen, deren Zulassung, einerlei, ob es von einer Aktiengesellschaft oder von einer Privatperson betrieben werden soll, ausschließlich von dem Ermessen der zuständigen Gewalt abhängig ist, wird im Einvernehmen mit anderen Ressorts vom Finanzminister aufgestellt und dem Reichsrat zur Bestätigung vorgelegt; nach erfolgter Bestätigung wird das Verzeichnis veröffentlicht."

Nach den Motiven (V. 4 S. 43) gehören zu diesen konzessionspflichtigen Betrieben insbesondere: Eisenbahnen, Dampferverbindungen, Kreditanstalten, Versicherungsgeschäfte, Kommissionskontore, Pulverfabriken und Tabaksfabriken.

Das von der zuständigen Gewalt bestätigte Statut ist nach § 2257 gleichfalls zu veröffentlichen.

Das Verfahren bei Gründung der Aktiengesellschaft verläuft in folgender Weise.

Zunächst entwerfen die Gründer das Statut und reichen den Entwurf der zuständigen Behörde zur Bestätigung ein.

Der Entwurf des Statuts muß von den Gründern unterschrieben sein und Angaben enthalten über Firma, Gegenstand des Unternehmens, Betrag des Grundkapitals (der Mindestbetrag des letzteren ist 50 000 Rubel), ob und in welcher Zahl Namens- oder Inhaberaktien ausgegeben werden sollen, ob die Gründer alle Aktien oder in welchem Betrage übernehmen, über die Frist innerhalb welcher das Grundkapital voll eingezahlt sein muß (diese Frist darf höchstens zwei Jahre, gerechnet vom Tage der Eintragung der Gesellschaft in das Handelsregister, betragen) und schließlich über die Zusammensetzung des Vorstandes und die Wahl des letzteren.

Erst nachdem das Statut bestätigt und veröffentlicht ist, beginnt die eigentliche Gründung der Aktiengesellschaft, insbesondere darf vorher keine Aufforderung zur Aktienzeichnung ergehen (Mot. V. 4 S. 35).

Ist das Grundkapital auf nicht mehr als eine Million Rubel angesetzt, so müssen die Gründer mindestens den zehnten

Teil der Aktien übernehmen; ist das Grundkapital höher angesetzt, so haben die Gründer außer dem zehnten Teil der ersten Million noch mindestens den zwanzigsten Teil der diesen Betrag übersteigenden Aktien zu übernehmen (§ 2261).

Nur die Gründer haben das Recht, Einlagen zu machen, die nicht durch Barzahlungen zu leisten sind. Über die Abschätzung dieser Einlagen ist eine besondere Urkunde aufzunehmen (§ 2259). Haben die Gründer nicht alle Aktien übernommen, so können sie zum Zwecke der Übernahme der verbleibenden Aktien gegen Barzahlung eine Aufforderung zur Aktienzeichnung ergehen lassen (§ 2262). Alle Geldeinlagen der Gründer und der Zeichner sind bei den Abteilungen der Reichsbank zu hinterlegen (§ 2265). Wenn alle Aktien gezeichnet sind und auf jede derselben mindestens 25 % eingezahlt sind, wird die erste Generalversammlung zur Wahl des Vorstandes und der Revisionskommission einberufen (§ 2266). Dem gewählten Vorstande ist alsdann von den Gründern Bericht zu erstatten (§ 2267); derselbe prüft darauf den bisherigen Gang des Verfahrens und fertigt ein Gutachten über das Ergebnis der Prüfung an, welches an die Aktionäre zu versenden ist (§ 2268). Auf Grund dieses Gutachtens ist der bisherige Gang des Verfahrens durch die Generalversammlung zu prüfen; dieselbe erkennt dann mit Dreiviertel-Majorität die Gesellschaft als entstanden an (§ 2269).

Dieser Beschluß ist unter Beifügung des bestätigten Statuts und aller im bisherigen Verfahren aufgenommenen Urkunden zur Kenntnis der Registerbehörde zu bringen (§ 2270). Diese hat nochmals auf Grund des ihr übergebenen Materials die Ordnungsmäßigkeit des Hergangs zu prüfen und vollzieht hierauf die Eintragung in das Handelsregister (§ 2271). Die geschehene Eintragung ist öffentlich bekannt zu machen (§§ 2272 bis 2273). Mit der Eintragung erlangt die Aktiengesellschaft die Stellung einer juristischen Person (§ 2274).

Gründer und andere Personen, die vor der Eintragung der Aktiengesellschaft ins Handelsregister im Namen derselben Verträge geschlossen haben, haften den Gläubigern gegenüber als Gesamtschuldner, es sei denn, daß die Generalversammlung den Vertrag genehmigt (§ 2275).

Die Gründer der Gesellschaft haften im Laufe von fünf Jahren nach Eintragung der Gesellschaft ins Handelsregister gegenüber der Gesellschaft für wissentlich unwahre Angaben, die sie in den Bekanntmachungen oder in den von ihnen aufzunehmenden Urkunden gemacht haben. Die Mitglieder des Vorstands und der Revisionskommission unterliegen der gleichen Haftung während des gleichen Zeitraumes wegen Nachlässigkeit in der Prüfung des Ganges des Verfahrens (§ 2276).

Eine Veränderung oder Ergänzung des Statuts sowie eine Erhöhung oder Herabsetzung des Grundkapitals kann nur erfolgen auf Grund eines mit Dreiviertel-Majorität gefaßten Beschlusses der Generalversammlung und mit Genehmigung der staatlichen Gewalt, die das Statut der Aktiengesellschaft bestätigt hat (§§ 2277—2279 und § 2283). Was speziell die Erhöhung des Grundkapitals anbetrifft, so ist dieselbe erst zulässig, nachdem die ursprünglich ausgegebenen Aktien voll bezahlt sind (§ 2279 Abs. 2). Sollen die neuen Aktien anders als durch Barzahlung vergütet werden, so muß hierüber ein besonderer Beschluß der Generalversammlung herbeigeführt werden; in diesem Beschlusse ist die Art und die genaue Schätzung der zur Einlage bestimmten Gegenstände anzugeben; die Richtigkeit der Schätzung ist von dem Vorstande und der Revisionskommission zu bescheinigen, wobei zusammen mit den Mitgliedern des Vorstandes und der Revisionskommission auch die Personen, die die Einlage gemacht haben, für die Richtigkeit der Schätzung haften (§ 2282).

Ausländische Aktiengesellschaften können im Russischen Reiche nur mit Allerhöchster Genehmigung in Tätigkeit treten (§ 2285). Im übrigen enthält der Entwurf über dieselben folgende Bestimmungen:

> § 2286. „Der Vorstand einer ausländischen Aktiengesellschaft, der Allerhöchst gestattet ist, in Rußland tätig zu sein, ist verpflichtet, nicht später als in drei Monaten nach Empfang der erwähnten Genehmigung hiervon der Registerbehörde, die für den Bezirk zuständig ist, in dem ein Kontor oder eine Agentur eröffnet werden soll, Anzeige zu machen.
>
> Der Anzeige müssen beigefügt sein:
>
> 1. ein Nachweis über die Allerhöchst erfolgte Genehmigung;

2. eine beglaubigte Abschrift des Statuts der Gesellschaft und aller in demselben erfolgten Abänderungen und Ergänzungen;
3. eine allgemeine und unbeschränkte Vollmacht für die mit der Vertretung der Gesellschaft in Rußland betrauten Person."

§ 2287. „Der Vorstand der ausländischen Aktiengesellschaft ist verpflichtet, durch ihren Vertreter in Rußland der zuständigen Registerbehörde Mitteilung zu machen über alle etwa erfolgten Veränderungen oder Ergänzungen des Statuts der Gesellschaft sowie auch über die von der Generalversammlung bestätigten Rechenschaftsberichte, mögen dieselben die allgemeinen Angelegenheiten betreffen oder die in Rußland vorgenommenen Geschäfte."

§ 2288. „Für Klagen gegen ausländische Aktiengesellschaften aus Geschäften, die in Rußland vorgenommen sind, sind die Gerichte des Russischen Reichs zuständig; sie werden gegen den Vertreter der Gesellschaft in Rußland erhoben bei dem Gerichte, in dessen Bezirk sich das Kontor oder die Agentur der Gesellschaft befindet."

§ 2289. „Die Vertreter ausländischer Aktiengesellschaften in Rußland unterliegen wegen Verletzung ihrer Verpflichtungen derselben Verantwortlichkeit, die in den russischen Gesetzen für die Direktoren der Aktiengesellschaften angeordnet ist."

In vielen wichtigen Punkten vom HGB. abweichend sind auch die Vorschriften des Entwurfs über die Aktien (§§ 2290—2307). Hervorzuheben ist folgendes:

Der Nennwert einer Aktie darf nicht geringer sein als einhundertundfünfzig Rubel; beträgt jedoch das Grundkapital der Gesellschaft nicht mehr als zweihunderttausend Rubel, so kann die Ausgabe von Aktien im Nennwerte von mindestens fünfzig Rubel gestattet werden. Die Aktie ist unteilbar; geht eine Aktie ins Eigentum mehrerer Personen über, so kann das Recht aus derselben in Ansehung der Gesellschaft nur durch eine von den Eigentümern zu wählende Person ausgeübt werden (§ 2290).

Aktien können auf den Namen oder auf den Inhaber lauten; Aktien, auf welche die Einlage nicht durch Barmittel gemacht ist, können nur auf den Namen lautend ausgegeben werden; sie können jedoch, nachdem der Rechenschaftsbericht für das erste volle Betriebsjahr genehmigt ist, in Inhaberaktien verwandelt werden; ist dieses noch nicht geschehen, so sind sie unveräußerlich, was auf der Urkunde zu vermerken ist (§ 2291).

Über die vollen oder teilweisen Einzahlungen, die vor der Eintragung der Aktiengesellschaft ins Handelsregister gemacht sind, werden „vorläufige Quittungen" ausgereicht, die nicht übertragbar sind. Nach der Eintragung erhalten die Personen, die noch nicht den ganzen Betrag eingezahlt haben, „Interimsscheine", die auf den Namen lauten (§ 2292), vom Börsenhandel ausgeschlossen sind (§ 2301 Abs. 2) und durch einen Zessionsvermerk auf der Urkunde übertragen werden können (§ 2302 Abs. 1). Ist der ganze Betrag eingezahlt, so werden an Stelle der Interimsscheine Aktien ausgereicht (§ 2293 Abs. 1). Die Personen, die vor der Eintragung der Gesellschaft ins Handelsregister den ganzen Betrag eingezahlt haben, erhalten gleich nach der Eintragung Aktien (§ 2292 Abs. 2).

Aktien können zum Börsenhandel erst zugelassen werden, nachdem der Rechenschaftsbericht für das erste volle Betriebsjahr veröffentlicht ist (§ 2301 Abs. 2).

Neben dem den Aktionären zustehenden Rechte auf die Dividende, das in § 2306 wesentlich übereinstimmend mit dem HGB. geregelt ist, können den Aktionären auch sogenannte Bauzinsen ausbedungen werden; über diese bestimmt § 2307 etwas abweichend von HGB. § 215:

> „Den Aktionären kann durch das Statut nicht das Recht auf eine bestimmte Einnahme von den Aktien in Gestalt von Zinsen gewährt werden.
>
> In dem Statut kann den Aktionären das Recht auf eine bestimmte Einnahme gewährt werden, die fünf Prozent vom Nennwerte der Aktien oder von der auf die Interimsscheine gemachten Einlagen nicht übersteigen darf, jedoch nur für die Zeit der Vorbereitung des Unternehmens und jedenfalls nicht für eine längere Zeit als drei Jahre nach Gründung der Gesellschaft."

Die übrigen die Aktiengesellschaft betreffenden Vorschriften (§§ 2308—2397) stehen unter folgenden Überschriften:

Vorstand, Revisionskommission, Generalversammlung, Auflösung und Liquidation, Obligationen. Die dort entwickelten Grundsätze stimmen zum größten Teil vollkommen mit dem deutschen Aktienrechte überein. Eine eingehende Darstellung dieser Materie würde daher weit über den Zweck und den Rahmen dieser Abhandlung hinausgehen. Nur einige Vorschriften seien hervorgehoben:

1. Nach § 2332 hat eine von der Generalversammlung alljährlich zu wählende Revisionskommission den Rechenschaftsbericht des Vorstandes zu prüfen. An Stelle der Revisionskommission kann nach § 2338 ein ständiger Aufsichtsrat gewählt werden für einen Zeitraum von je fünf Jahren. Kreditgesellschaften auf Aktien müssen einen Aufsichtsrat haben.

2. Nach § 2388 kann im Statut einer Aktiengesellschaft (mit Ausnahme der Versicherungsgesellschaften und solcher Kreditgesellschaften, die kurzbefristete Kredite gewähren) derselben das Recht eingeräumt werden, „Obligationen" auszugeben auf eine Gesamtsumme, die die Hälfte des Grundkapitals nicht übersteigen darf. Die Inhaber dieser Obligationen genießen im Konkurse der Gesellschaft ein Vorzugsrecht vor allen Gläubigern, deren Forderungen nach Ausgabe der Obligationen entstanden sind, mit Ausnahme gewisser in der ZPO. § 506 genannter privilegierter Forderungen (§ 2397). Auch sind den Inhabern dieser Obligationen nach §§ 2392—2396 ähnliche Rechte eingeräumt wie den Besitzern von Schuldverschreibungen gemäß dem deutschen Gesetze vom 4. Dezember 1899.

**Genossenschaften mit wechselndem Personenbestande.**

Die unter diesem Titel behandelten Gesellschaftsformen entsprechen etwa den Erwerbs- und Wirtschaftsgenossenschaften des deutschen Rechts. Im geltenden russischen Rechte werden nur einzelne derselben in Sondergesetzen berücksichtigt; die Mehrzahl der bestehenden Genossenschaften dieser Art unterstehen lediglich den Bestimmungen ihrer Allerhöchst bestätigten Statuten.

Nach § 2398 Abs. 1 des Entwurfs sowie nach den Motiven (V. 4 S. 401—408) werden alle unter diese Bezeichnung fallenden Gesellschaften durch folgende Erfordernisse gekennzeichnet: 1. Durch die Unabhängigkeit des Fortbestandes der Genossenschaft vom Wechsel der Mitglieder. 2. Durch die Veränderlichkeit des Einlagekapitals, dergestalt, daß ein ausscheidender Genosse nicht nur seinen Anteil auf eine andere Person übertragen, sondern auch nach seiner Wahl die Rückzahlung seiner Einlage fordern kann. 3. Durch den Zweck der Genossenschaft; was diesen anbetrifft, so braucht die Genossenschaft nicht auf einen eigenen, selbständigen Erwerbszweck gerichtet zu sein, sondern kann sich auch lediglich die Aufgabe stellen, die Sondergewerbebetriebe und sonstige Privatzwecke ihrer Mitglieder zu fördern. Als Beispiele dieser Gesellschaftsform erwähnt § 2398 Abs. 2 „Gesellschaften gegenseitigen Kredits, Spar- und Darlehnskassen, Konsumvereine, landwirtschaftliche Vereine und Produktionsgenossenschaften."

Die Gründung derartiger Genossenschaften ist nach dem Entwurf in doppelter Gestalt zulässig: „in Gemäßheit eines Statuts oder in Gemäßheit eines bloßen Vertrages" (§ 2399).

I. Die auf Statut beruhenden Genossenschaften.

Das Statut bedarf der obrigkeitlichen Bestätigung. Das Statut der Gesellschaften gegenseitigen Kredits wird vom Finanzminister bestätigt, das Statut der übrigen Genossenschaften — vom Gouverneur. Die je nach der Art des Betriebes zuständigen Minister können für die einzelnen Typen dieser Genossenschaften Normalstatuten erlassen. Glaubt der Gouverneur, die Bestätigung nicht erteilen zu können, so darf er dieselbe von sich aus nicht verweigern, sondern hat das eingereichte Statut nebst seinem Gutachten dem zuständigen Minister zu unterlegen. Die Bestätigung eines Statuts, das mit den gesetzlichen Bestimmungen im Einklange steht, kann nicht verweigert werden (§ 2400).

Genaue Vorschriften über die Bestimmungen, welche das Statut enthalten muß, gibt § 2401; unter diesen wäre hervorzuheben, daß anzugeben ist, in welchem Umfange die Mitglieder persönlich für die Verbindlichkeiten der Genossenschaften zu haften haben; die verschiedenen Arten solcher Haftung werden hergezählt in den §§ 2409—2413.

Nach Bestätigung des Statuts wählt die Generalversammlung den Vorstand, welcher die Genossenschaft zur Eintragung ins Handelsregister bei der Registerbehörde anzumelden hat

(§ 2402). Durch die Eintragung erlangt die Genossenschaft die Stellung einer juristischen Person (§ 2403).

Die Verwaltung, die Auflösung und die Liquidation unterliegt im allgemeinen denselben Vorschriften, die auch für die Aktiengesellschaften gelten (§§ 2418—2432). Zu bemerken wäre nur, daß nach § 2430 die Genossenschaft, wenn sie ihre Tätigkeit über die ihr durch das Statut gezogenen Grenzen ausdehnt oder Zwecke verfolgt, die den Gesetzen, den guten Sitten oder der öffentlichen Ordnung zuwider sind, auf Antrag eines Mitgliedes oder des Gouverneurs durch Beschluß des Bezirksgerichts aufgelöst werden kann.

II. Die auf Vertrag beruhenden Genossenschaften.

Produktionsgenossenschaften und Konsumvereine können auch „lediglich durch Vertrag" begründet werden, d. h. ohne daß es einer Bestätigung seitens der Obrigkeit bedarf (§ 2399 Abs. 3). Eine solche Genossenschaft ist nicht juristische Person. Die Rechtsbeziehungen der Mitglieder zueinander bestimmen sich nach dem Inhalte des Vertrages und ergänzend nach den gesetzlichen Vorschriften, die für die auf Statut beruhenden Genossenschaften gelten (§ 2437 Abs. 1). Aus Rechtsgeschäften, die „im Namen der Genossenschaft" geschlossen sind, haften die Mitglieder als Gesamtschuldner (§ 2437 Abs. 2).

Wir haben es hier also mit einem den „nichtrechtsfähigen Vereinen" des BGB. verwandten Gebilde zu tun.

**Versicherungsgesellschaften auf Gegenseitigkeit, städtische Kreditanstalten und Landbanken mit Gesamthaftung der Darlehnsnehmer.**

Über diese enthält der Entwurf nur einen Paragraphen:

§ 2438. „Versicherungsgesellschaften auf Gegenseitigkeit, städtische Kreditanstalten und Landbanken mit Gesamthaftung der Darlehnsnehmer funktionieren auf Grund der von der zuständigen Gewalt bestätigten Statuten.

Bei der Bestätigung dieser Statuten werden Abweichungen von den" — (die Genossenschaften mit wechselndem Personenbestande betreffenden) — „§§ 2418—2436 nur in den Fällen zugelassen, in denen diese Vorschriften derartige Abweichungen zulassen."

## Arbeitsverbände.

Die als „Artel“ bezeichneten national-russischen Arbeitsverbände haben von jeher eine hervorragende Rolle im Wirtschaftsleben des russischen Volkes gespielt. Ihre Entstehung verliert sich in die graue Vorzeit: Dorfgenossen, die auf längere Zeit — gewöhnlich während der Sommermonate — „auf Verdienst“ in die Ferne zogen, taten sich zu einer Arbeitsgemeinschaft zusammen. Aller Erwerb kam in die gemeinsame Kasse; ein „Ältester“ gewährte aus dieser Kasse den Genossen Unterhalt — gewöhnlich in Naturalien — und bei der Rückkehr in die Heimat wurde der Gewinn unter die Genossen verteilt.

Diese Sitte gewährte den Genossen die Möglichkeit zu einem umfangreichen gemeinschaftlichen Gewerbebetrieb, sei es, daß derselbe selbständig auf eigene Rechnung der Artel erfolgte, sei es, daß die Artel in ihrer Gesamtheit sich in den Dienst eines Unternehmers stellte gegen eine an die Artel selbst zu zahlende Gesamtvergütung und unter Gesamthaftung der Artel selbst und aller Mitglieder für jeden Schaden, der auch selbst nur von einem einzelnen Mitgliede dem Unternehmer zugefügt war. Im Hinblick auf diese Haftung wurde durch Geldbeiträge der Genossen ein Fonds aufgebracht, der bei Übernahme der Arbeit dem Dienstherrn als Sicherheit eingehändigt wurde.

Aus dieser Grundform entwickelten sich zahlreiche Arbeitsverbände, die jedoch keineswegs lediglich auf Dorfgenossen beschränkt blieben. Fast auf allen Gebieten des wirtschaftlichen Lebens finden auch heute noch diese Artele Verwendung; sie übernehmen die Ausführung von Erdarbeiten beim Bau von Eisenbahnen, sie liefern Feldarbeiter, Bergwerksarbeiter, Zimmerleute, Maurer, Kassenboten, Kassierer und Buchhalter großer Banken; auch bei fiskalischen Unternehmungen bedient man sich ihrer Mitarbeit.

Über diese Artele äußert sich Mackenzie Wallace (Rußland, Vierte Auflage der deutschen Ausgabe, Würzburg 1906, Bd. I S. 98—99), der treffliche Kenner russischer Verhältnisse, wie folgt:

„In einigen der größeren Städte gibt es Artele viel komplizierterer Art, ständige Genossenschaften mit großen Kapitalien, die für die Handlungen der einzelnen Mitglieder solidarisch haftbar sind. Die hervorragendste Vereinigung dieser Gattung bilden zweifellos die Börsenartele. Ihre Mitglieder haben allenthalben Gelegenheit zu Unredlichkeiten; man betraut sie häufig mit dem Bewachen oder dem Transport sehr bedeutender Summen; aber der Bankier braucht nichts zu fürchten, weil er weiß, daß, falls eine Unterschlagung stattfindet, die Artel dafür aufkommen wird. Unredlichkeiten kommen indes selten oder nie vor, und diese Tatsache ist keineswegs so außergewöhnlich, wie manche Leute annehmen. Da die Artel für jedes einzelne Mitglied verantwortlich ist, so werden neue Mitglieder mit großer Sorgfalt ausgewählt, und ein bereits Aufgenommener wird eifrig bewacht, nicht nur von den dazu bestimmten Vorstehern usw., sondern auch durch seine Gefährten, sobald diese Gelegenheit haben, ihn zu beobachten. Wenn er anfängt, mehr als gewöhnlich auszugehen, oder seine Pflichten vernachlässigt — obgleich sein Arbeitgeber davon vielleicht keine Ahnung hat —, so schöpfen seine Genossen sogleich Verdacht, es folgt eine Untersuchung, die mit sofortigem Ausschluß endet, wenn sich der Verdacht als begründet erwiesen hat. Gegenseitige Verantwortlichkeit hat mit einem Worte ein sehr wirksames System gegenseitiger Überwachung zur Folge."

Wie sicher dieser Kontrollapparat arbeitet, läßt sich auch daraus ersehen, daß in manchen großen Restaurants die Bedienung der Gäste einer Kellner-Artel überwiesen ist, deren Einnahmen lediglich aus Trinkgeldern bestehen, die von den Gästen den einzelnen Kellnern eingehändigt werden, und mir ist von Mitgliedern solcher Artele wiederholt die Versicherung gegeben worden, daß Unterschleife seitens einzelner Mitglieder kaum jemals vorkämen. Auch der Gast fährt bei dieser Einrichtung sehr gut: er wird nicht nur von einem einzelnen Kellner bedient, sondern alle sind unausgesetzt bemüht, seinen Wünschen zuvorzukommen und ihn bis zur Entrichtung des Trinkgeldes bei guter Laune zu erhalten.

Zur Zeit der Abfassung des ersten Entwurfs enthielt das geltende Gesetz nur einige dürftige Vorschriften über die Artele (XI. 2 Handelsordnung §§ 89—104). Das Gesetz vom 1. Juni 1902 (X. 1 §§ $2198^{1}$—$2198^{27}$), welches sich mit einigen wesentlichen Abweichungen an die Vorschriften des ersten Entwurfs anschließt, regelt diese Materie in eingehender Weise. Der zweite Entwurf reproduziert wiederum mit einigen Abweichungen die Vorschriften dieses Gesetzes.

Zunächst gibt § 2349 eine Definition dieser Genossenschaftsform:

„Als Arbeitsartel gilt eine Genossenschaft, die begründet ist zur Ausführung bestimmter Arbeiten, zum Betriebe eines Gewerbes oder zur Leistung von Diensten durch die persönliche Tätigkeit der Mitglieder für gemeinschaftliche Rechnung derselben und unter Gesamthaftung aller Mitglieder."

Gemäß § 2440 unterscheidet der Entwurf zwei Hauptgruppen dieser Artele:

„Die Artele werden begründet in Gemäßheit eines Statuts, das von der zuständigen Gewalt zu bestätigen ist, oder in Gemäßheit eines Vertrages."

I. Die auf Statut beruhende Artel.

Die Statuten unterliegen der Bestätigung seitens des Gouverneurs; glaubt der Gouverneur, die Bestätigung nicht erteilen zu können, so unterlegt er die Sache dem Finanzminister; entsprechen die Statuten den gesetzlichen Anforderungen, so darf die Bestätigung nicht verweigert werden; der Finanzminister kann im Einvernehmen mit den anderen zuständigen Ressorts Normalstatuten veröffentlichen (§ 2441).

§ 2442 gibt genaue Vorschriften über den gesetzlich geforderten Inhalt des Statuts; insbesondere muß das Statut Angaben enthalten über Namen und Zweck der Artel, die Voraussetzungen der Aufnahme und des Ausschlusses von Mitgliedern, über die Auseinandersetzung mit ausscheidenden Mitgliedern, über etwa zu verhängende Geldstrafen, über die Leitung der Geschäfte, die Mitgliedsbeiträge, die Verteilung des Gewinns und die Haftung der Mitglieder für die Verbindlichkeiten der Artel.

Nach der Bestätigung des Statuts wird die erste Generalversammlung einberufen, in welcher die Wahl des Vorstandes erfolgt. Nachdem dem Gouverneur hierüber berichtet worden ist, verfügt er die Veröffentlichung des Statuts (§ 2443). Mit der Veröffentlichung erlangt die Artel die Stellung einer juristischen Person (§ 2444). Eintragung in ein Register wird also nicht gefordert.

Jedes Mitglied ist verpflichtet, die ihm nach dem Statut oder nach Beschluß der Generalversammlung obliegenden Arbeiten zu leisten (§ 2448). Die Mitgliedschaft geht nicht auf die Erben über, doch erhalten die letzteren das Guthaben des Verstorbenen ausgezahlt. Übertragen werden kann die Mitgliedschaft nur mit Zustimmung der Generalversammlung (§ 2449).

Die Führung der Geschäfte liegt gemäß den Bestimmungen des Statuts dem Vorstande und der Generalversammlung ob (§ 2451).

Auf die Haftung der Mitglieder für die Verbindlichkeiten der Artel im Falle des Konkurses der letzteren finden die für die Genossenschaften mit wechselndem Personenbestande geltenden Vorschriften entsprechende Anwendung (§ 2452).

§ 2353 und § 2354 handeln über die Auflösung der Artel und die Verteilung des Vermögens.

Nach § 2450 bestimmen sich die Rechtsbeziehungen der Mitglieder zueinander nach den für die einfache Gesellschaft geltenden Vorschriften.

Einige Sondervorschriften enthalten die §§ 2455—2460 über die Artele, die ihre Arbeit in den Dienst dritter Personen stellen.

II. Die auf Vertrag beruhende Artel. Über diese enthält der Entwurf nur einen Paragraphen:

§ 2461. „Die gegenseitigen Rechtsbeziehungen einer Artel, die auf Grund eines Vertrages funktioniert, bestimmen sich nach dem Inhalte des Vertrages; im Falle der Unvollständigkeit oder Unklarheit desselben finden die“ — (für die einfache Gesellschaft geltenden) — „§§ 2139—2152, § 2154 und § 2165 Anwendung; in Fragen, die durch diese Vorschriften nicht entschieden sind, gilt der Ortsgebrauch.

Übersteigt der Beitrag eines der Mitglieder die Summe von dreihundert Rubeln, so ist der Artelvertrag zu beurkunden.

Aus Geschäften, die im Namen der Artel geschlossen sind, haften alle Mitglieder als Gesamtschuldner.“

Also auch hier haben wir es mit einem den nichtrechtsfähigen Vereinen des BGB. verwandten Gebilde zu tun.

**Gelehrte, wohltätige und andere gemeinnützige Vereine.**

Sie entsprechen im wesentlichen den Vereinen des BGB., „deren Zweck nicht auf einen wirtschaftlichen Geschäftsbetrieb gerichtet ist“. Sie werden in § 2462 charakterisiert als Vereine, „die nicht die Erzielung von Gewinn zum Zwecke haben, sondern zum Gegenstande ihrer Tätigkeit erwählt haben Wohltätigkeit, Unterhaltung (Klubs, gesellige Vereinigungen), Pflege der Wissenschaft, der Künste, der Körperkraft und Gewandtheit (Sport) oder andere gemeinnützige Unternehmungen“.

Sie erlangen die Rechtsfähigkeit durch Bestätigung ihres Statuts und durch Eintragung in ein besonderes für sie geführtes öffentliches Register (§§ 2465 und 2466).

Das Statut wird bestätigt vom Gouverneur, wenn der Verein seine Tätigkeit nicht über die Grenzen eines Gouvernements erstrecken soll, anderenfalls — von dem je nach der Art des Zwecks, den der Verein verfolgt, zuständigen Minister (§ 2463).

§ 2464 schreibt vor, worüber das Statut Bestimmungen enthalten muß. Es fehlt aber hier die für die bisher besprochenen Gesellschaftsformen geltende Vorschrift, daß die Bestätigung nicht verweigert werden darf, wenn das Statut den gesetzlichen Erfordernissen entspricht. Die Bestätigung hängt also hier vom freien Ermessen der zuständigen Gewalt ab.

Die übrigen Paragraphen dieses Titels (§§ 2467—2475) enthalten Vorschriften über die Rechte der einzelnen Mitglieder, den Vorstand, die Generalversammlung, die Schuldenhaftung, die Auflösung des Vereins und die Liquidation der Geschäfte; dieselben stimmen im wesentlichen überein mit den entsprechenden Bestimmungen des BGB.

Die Frage, wie ein solcher Verein zu behandeln ist, wenn er die Rechtsfähigkeit nicht erlangt hat, wird im Entwurfe nicht entschieden.

**Versicherungsvertrag.**

Das geltende Gesetz regelt nur eine Art der Versicherung: die Seetransportversicherung (XI. 2 Handelsordnung §§ 538 bis 588). Bezüglich aller übrigen Arten der Versicherung finden sich im Gesetze nur zwei Paragraphen: X. 1 § 2199 und § 2200; der erste gibt eine Definition des Versicherungsvertrages, der zweite betrifft überhaupt nicht den Versicherungsvertrag, sondern bezieht sich nur auf die Tätigkeit der russischen und der in Rußland zugelassenen ausländischen Versicherungsgesellschaften.

Für die aus dem Versicherungsvertrage sich ergebenden Rechtsverhältnisse waren in älterer Zeit allein maßgebend die Bestimmungen der Allerhöchst bestätigten Statuten der Versicherungsgesellschaften; seit dem Jahre 1872 wurden vom Finanzminister Normalpolizen ausgearbeitet, deren die Gesellschaften beim Abschluß ihrer Verträge sich zu bedienen verpflichtet waren.

Die Kommission hat bei Ausarbeitung der Vorschriften über den Versicherungsvertrag, unter steter Berücksichtigung der ausländischen Gesetzgebungen, zunächst hauptsächlich diese Statuten und Policen zur Grundlage genommen. Ein unter Benutzung dieses Materials hergestellter vorläufiger Entwurf wurde dann den in Rußland bestehenden Gesellschaften zur Begutachtung überwiesen. Die daraufhin eingegangenen Gutachten haben im ersten und zweiten Entwurf eingehende Berücksichtigung gefunden.

Das deutsche Reichsgesetz über den Versicherungsvertrag vom 30. Mai 1908 hat der Kommission weder in Gesetzesform noch im Entwurfe vorgelegen.

Da die den Versicherungsvertrag betreffenden Fragen im zweiten Entwurf recht summarisch behandelt und in sehr kurzgefaßter Form dargestellt sind, und da es für den Leser von Interesse sein muß, die Darstellungsweise des Entwurfs, ihre Vorzüge und ihre Mängel, hie und da aus eigener Anschauung kennenzulernen, so will ich mich hier im wesentlichen darauf beschränken, die einzelnen Bestimmungen dieses Kapitels in einer der Redeweise des Entwurfs möglichst angepaßten Übersetzung wiederzugeben.

### Sachenversicherung.

### I. Allgemeine Vorschriften.

§ 2476. „Durch den Versicherungsvertrag verpflichtet sich eine Person (der Versicherer), gegen eine vereinbarte

Vergütung (Versicherungsprämie) einer anderen Person (Versicherungsnehmer) den Schaden zu ersetzen, der infolge eines im Vertrage vorgesehenen Unglücksfalles etwa eintreten sollte, jedoch nur insoweit, als dieser Schaden den im Vertrage festgesetzten Geldbetrag (Versicherungssumme) nicht übersteigt."

§ 2477. „Gegenstand der Versicherung kann sowohl unbewegliches als auch bewegliches Gut sein und überhaupt alles, was für den Versicherungsnehmer einen in Geld abzuschätzenden Wert hat."

§ 2478. „Die Versicherung einer Sache kann nicht nur der Eigentümer nehmen, sondern auch der Erbzinsmann, der Nießbraucher, der Pfandgläubiger, der Mieter, der Kommissionär und überhaupt jedermann, der ein Interesse an der Unversehrtheit der Sache hat.

Ein Versicherungsvertrag, der ohne Vorliegen eines solchen Interesses geschlossen ist, ist unwirksam. Befand der Versicherungsnehmer sich bei Abschluß des Vertrages in entschuldbarem Irrtum, so ist er berechtigt, die Rückzahlung der Hälfte der gezahlten Prämie zu verlangen, oder, wenn er noch nicht gezahlt hat, die Zahlung der Hälfte zu verweigern."

§ 2479. „Mangels einer entgegenstehenden Vereinbarung tritt der Versicherungsvertrag mit der Zahlung der Prämie in Kraft.

Ist der Versicherungsnehmer bei Eintritt des im Vertrage vorgesehenen Unglücksfalles mit der Zahlung der Prämie im Verzuge, so ist der Versicherer von der Zahlung der Versicherungssumme befreit."

§ 2480 schreibt für den Versicherungsvertrag, unabhängig von der Höhe der Versicherungssumme, die Beurkundung vor und ordnet an, worüber die Police Bestimmungen enthalten muß.

§ 2481. „Verschweigt der Versicherungsnehmer solche Umstände, deren Kenntnis für den Versicherer im Hinblick auf den Abschluß des Vertrages und die Festsetzung der einzelnen Bestimmungen von wesentlicher Bedeutung sein kann, oder macht er über dieselben unrichtige Angaben, so ist der Versicherer berechtigt, vom Vertrage zurückzutreten und kann, wenn der im Vertrage vorgesehene Unglücksfall bereits eingetreten ist, die Zahlung der Versicherungssumme verweigern. Hat der Versicherungsnehmer aus entschuldbarem Irrtume die unrichtigen Angaben gemacht, so kann er, falls der Versicherer von der Versicherung zurücktritt, die Rückzahlung der Hälfte der Prämie verlangen, oder, wenn er noch nicht gezahlt, die Zahlung der Hälfte verweigern.

Wird dem Versicherungsnehmer bei Abschluß des Vertrages ein Fragebogen zur Eintragung der entsprechenden Auskünfte vorgelegt, so ist er nicht verpflichtet, solche Umstände mitzuteilen, die in dem Fragebogen nicht ausdrücklich erwähnt sind.

Der Versicherer ist nicht berechtigt, vom Vertrage zurückzutreten, weil der Versicherungsnehmer ihm Umstände verschwiegen hat, die ihm, dem Versicherer, bekannt waren."

§ 2482. „Eine Sache kann zu ihrem vollen Werte oder nur zu einem Teile ihres Wertes versichert werden."

§ 2483. „Hat der Versicherungsnehmer den Vertrag bösgläubig" — (wörtlich: nicht gewissenhaft) — „auf eine höhere Summe geschlossen als der wahre Wert der Sache beträgt, so ist die Versicherung unwirksam und der Versicherer behält das Recht auf die Prämie.

Hat der Versicherungsnehmer den Vertrag aus entschuldbarem Irrtum auf eine höhere Summe geschlossen als der wahre Wert der Sache beträgt, so ist die Versicherung wirksam, insoweit die Summe dem wahren Werte gleichkommt. Der Versicherungsnehmer kann in diesem Falle von dem Versicherer die entsprechende Herabsetzung der Prämie verlangen, jedoch nicht unter die Hälfte der ursprünglichen Prämie."

§ 2484. „Eine Sache, die zu ihrem vollen Werte versichert ist, kann nicht Gegenstand einer nochmaligen Versicherung für dieselbe Zeit und gegen dieselbe Gefahr sein. Eine nochmalige Versicherung ist jedoch wirksam:

1. wenn der Versicherungsnehmer auf die ihm aus dem ersten Vertrage zustehenden Rechte verzichtet hat oder diese Rechte dem zweiten Versicherer abgetreten hat, und

2. wenn der Versicherungsnehmer den Vertrag geschlossen hat ohne zu wissen, daß die Sache bereits von einem anderen für seine Rechnung versichert war und wenn er auf die ihm aus dem ersten Vertrage zustehenden Rechte verzichtet.“

§ 2485 redet von der mehrmaligen Versicherung derselben Sache zu je einem Teile ihres wirklichen Wertes.

§ 2486 legt dem Versicherungsnehmer die Verpflichtung auf bei Eintritt des Unglücksfalles für Rechnung des Versicherers bestens bemüht zu sein, den Schaden zu verhüten und dem Versicherer unverzüglich Nachricht zu geben.

Die §§ 2487—2489 enthalten Vorschriften über die Feststellung des entstandenen Schadens.

§ 2490. „Der Versicherer haftet nicht für Schäden, die durch vorsätzliche Handlungen des Versicherungsnehmers verursacht sind.“

§ 2491. „Hat der Versicherer Entschädigung geleistet, so erwirbt er im Verhältnis der von ihm gezahlten Summe die dem Versicherungsnehmer gegen Dritte zustehenden Ersatzansprüche.“

§ 2492. „Mangels einer entgegenstehenden Bestimmung des Versicherungsvertrages gehen auf den Erwerber einer versicherten Sache kraft Gesetzes alle Rechte und Pflichten des Versicherungsnehmers über.“

Nach § 2493 erlischt die Versicherung, wenn die versicherte Sache infolge eines Unglücksfalles untergeht, für den der Versicherer nicht zu haften hat.

§ 2494. „Die aus dem Versicherungsvertrage entspringenden Klagen verjähren in einem Jahre.“

## II. Feuerversicherung.

§ 2495. „Die Feuerversicherung bezieht sich auf jeden durch Brand verursachten Schaden, unabhängig von der Ursache der Entstehung des Brandes. Mangels einer entgegenstehenden Vereinbarung haftet der Versicherer nicht für Brandschäden, die durch Krieg, Aufruhr oder Erdbeben hervorgerufen sind.“

§ 2496. „Mangels einer entgegenstehenden Vereinbarung haftet der Versicherer auch für Schäden, die verursacht sind durch Blitzschlag oder Explosion von Gas, Pulver oder Dampfkesseln, selbst wenn der Blitzschlag oder die Explosion keinen Brand zur Folge gehabt haben."

§ 2497. „Der Versicherer hat nicht nur die Schäden zu ersetzen, die als eine unmittelbare Folge der zerstörenden Wirkung des Feuers, der Hitze, des Rauches oder des Dampfes erscheinen, sondern auch die Schäden, die verursacht sind durch Maßnahmen der Begrenzung und des Löschens des Brandes, der in dem versicherten Grundstücke ausgebrochen ist oder in dem Gebäude, in dem sich die versicherten Mobilien befanden, oder in einem benachbarten Gebäude."

§ 2498 legt dem Versicherungsnehmer die Pflicht auf, dem Versicherer innerhalb sieben Tagen Mitteilung zu machen von einer etwaigen Überführung der versicherten Mobilien an einen anderen Ort sowie auch von dem Eintritte von Umständen, durch welche die Feuersgefahr, der die versicherten Sachen ansgesetzt sind, erhöht wird.

Nach § 2499 hat der Versicherer, nachdem ihm eine solche Mitteilung zugegangen ist, das Recht, die Fortsetzung der Versicherung innerhalb sieben Tagen abzulehnen.

Nach § 2500 ist der Versicherer berechtigt, durch Besichtigung der versicherten Sache sich zu überzeugen, ob der Wert und der Zustand derselben den ihm vom Versicherungsnehmer gemachten Angaben entsprechend seien.

§ 2501. „Auch ein dem Wechsel unterworfener Warenbestand kann versichert werden.

Bei einer solchen Versicherung ist der Versicherungsnehmer im Falle eines Brandes verpflichtet, dem Versicherer den Wert der zur Zeit des Brandes vorhandenen Waren nachzuweisen; auf Verlangen des Versicherers hat er diesem die von ihm geführten Geschäftsbücher vorzulegen.

Die Höhe des Schadens wird unter Berücksichtigung aller Tatumstände nach Ermessen des Gerichts festgesetzt."

### III. Transportversicherung.

Von den drei in Betracht kommenden Arten der Transportversicherung, nämlich der Versicherung gegen die Gefahren der Beförderung zu Lande, auf Binnengewässern und auf offener See — regelt der Entwurf nur die beiden ersten Arten.

Für die Seeversicherung bleiben demnach, obgleich dieses in den Motiven nicht ausdrücklich ausgesprochen ist, die §§ 538 bis 588 der Handelsordnung (vgl. oben S. 250) in Geltung. Auffallenderweise regelt der Entwurf auch nur die Versicherung von Frachtgütern, nicht aber die Versicherung von Schiffen, gegen die Gefahr der Binnenschiffahrt.

§ 2502. „Durch den Vertrag, der gerichtet ist auf die Versicherung von Gütern, die zu Lande, auf Flüssen, Kanälen oder Landseen befördert werden (Transport- oder Frachtversicherung), verpflichtet sich der Versicherer, dem Versicherungsnehmer die Schäden zu ersetzen, die hervorgerufen sind durch Vernichtung oder Beschädigung dieser Güter infolge von Brand, Blitzschlag, Schiffbruch, höhere Gewalt oder sonstigen mit der Beförderung verbundenen Ursachen.“

§ 2503. „Der Versicherer haftet nicht für den Untergang oder die Beschädigung des versicherten Guts, wenn sie verursacht sind

1. durch die natürlichen Eigenschaften der Fracht und nicht durch äußere, mit der Beförderung verbundene Ursachen;
2. durch eine der Beschaffenheit der Güter nicht entsprechende Verpackung;
3. durch die Schuld des Versicherungsnehmers, insbesondere durch Verletzung der Zoll-, Quarantäne- und sonstigen für ihn verbindlichen Vorschriften.

Im Vertrage können auch andere Umstände festgesetzt werden, bei deren Vorliegen der Versicherte von der Haftung frei ist.“

§ 2504 setzt fest, über welche Punkte die Police Bestimmungen enthalten muß.

§ 2505. „Bei Abschluß des Versicherungsvertrages für Rechnung einer bestimmten dritten Person oder für Rechnung „dessen, den es angeht“, muß in der Police oder in einer anderen die Versicherung bescheinigenden Urkunde ein darauf hinweisender Vermerk gemacht werden.“

§ 2506. „Mangels einer entgegenstehenden Vereinbarung trägt der Versicherer die Gefahr von der Übergabe der Fracht an den Transporteur bis zur Übergabe derselben an den Empfänger und keines Falles länger als drei Tage nach Eintreffen der Fracht am Bestimmungsorte.“

§ 2507 gibt dem Versicherer das Recht, die Zahlung der Versicherungssumme zu verweigern, wenn die Beförderung in einer von der vereinbarten oder üblichen abweichenden Art erfolgt ist, wofern die Gefahr dadurch wesentlich erhöht wurde. Das gleiche Recht steht dem Versicherer nach § 2508 zu, wenn der Empfänger seiner Verpflichtung zur rechtzeitigen Untersuchung der Ware und Rüge der Mängel nicht nachgekommen ist. § 2509 trifft Bestimmungen über die Abschätzung des Schadens.

Nach § 2510 kann im Vertrage vereinbart werden, daß der Versicherer berechtigt sein solle, anstatt nach allgemeinen Regeln Schadensersatz zu leisten, die gesamte ersicherungssumme gegen Überlassung der beschädigten Waren zu zahlen.

IV. Die übrigen Arten der Sachenversicherung.

§ 2511. „Die Verträge, die zu ihrem Gegenstande andere Arten der Sachenversicherung haben, als Rückversicherung, Versicherung der Saaten gegen Hagelschlag, Viehversicherung, Versicherung zinstragender und anderer Wertpapiere gegen Kursverlust u. a., unterliegen den allgemeinen Vorschriften der §§ 2477—2494, insoweit diese nach der Natur der zu versichernden Sachen und der Art der Gefahr anwendbar erscheinen; im Falle der Unvollständigkeit dieser Vorschriften kommen die Bestimmungen des Statuts und der Police zur Anwendung.“

Diese überaus summarische Behandlung der hier erwähnten Versicherungsarten erklärt sich daraus, daß die tatsächliche Verbreitung derselben in Rußland bis auf den heutigen Tag nur eine sehr geringe ist; das gilt auch von der Hagel- und Viehversicherung; denn obgleich in dem ganz überwiegend landwirtschaftlichen Reiche ein großes Bedürfnis nach demselben besteht und obgleich die Regierung sich seit langer Zeit bemüht, denselben Eingang zu verschaffen, so besteht doch (nach den Motiven V. 5 S. 153) in Rußland nicht eine einzige Privatgesellschaft, die sich diesem Zweige der Versicherung widmete und auch nur in einigen wenigen Gouvernements haben sich die Semstwos dieser Sache angenommen.

**Personenversicherung.**

§ 2512. „Durch den Personenversicherungsvertrag verpflichtet sich der Versicherer, gegen eine vereinbarte einmalig oder periodisch zu leistende Vergütung (Versicherungsprämie) eine bestimmte Summe einmalig oder periodisch zu zahlen im Falle des Todes einer bestimmten Person oder für den Fall, daß die letztere ein bestimmtes Lebensalter erreicht oder im Falle einer Gesundheitsbeschädigung oder des Verlustes der Erwerbsfähigkeit oder eines anderen im Vertrage vorgesehenen, diese Person betreffenden Ereignisses.

Die zur Zahlung der Versicherungsprämie verpflichtete Person heißt Versicherungsnehmer; die Person, in bezug auf welche das im Vertrage vorgesehene Ereignis eintreten soll — der Versicherte; die Person, der die Versicherungssumme zu zahlen ist — der Vorteilsempfänger."

§ 2513. „Zur Wirksamkeit eines Vertrages, der auf den Fall des Todes oder der Erwerbsunfähigkeit nicht des Versicherungsnehmers selbst, sondern einer anderen Person geschlossen ist, ist erforderlich, daß der Versicherungsnehmer ein Vermögensinteresse an der Fortdauer des Lebens oder der Erwerbsfähigkeit des Versicherten hat oder daß der letztere dem Vertrage zugestimmt hat. Ehegatten und Verwandte in gerader Linie können ihr Leben gegenseitig versichern auch ohne Vorliegen der in diesem Paragraphen erforderten Voraussetzungen."

§ 2514. „Der Personenversicherungsvertrag tritt, mangels einer entgegenstehenden Vereinbarung, in Kraft mit der Bezahlung der ersten im Vertrage festgesetzten Prämienrate.

Ist der Versicherungsnehmer bei Eintritt des im Vertrage vorgesehenen Ereignisses mit der Prämienzahlung im Verzuge, so wird der Versicherer von der Pflicht zur Zahlung der Versicherungssumme frei; ist jedoch bei einer Versicherung auf den Todesfall oder auf den Erlebensfall die Prämie bereits für drei Jahre gezahlt, so ist der Versicherungsnehmer berechtigt zu verlangen, daß ihm der Teil der gezahlten Prämie zurückgezahlt werde, der dem Reservefonds zugerechnet ist. Bei einer Versicherung auf den Todesfall oder auf den Erlebensfall kann der Versicherungsnehmer, wenn er bereits drei Jahresprämien gezahlt hat, die Weiterzahlung der Prämien einstellen und die Auszahlung des Betrages fordern, der auf die von ihm gezahlte Prämie dem Reservefonds zugerechnet ist."

§ 2515 gibt an, worüber die Police Bestimmungen enthalten muß. § 2516 bestimmt in Abweichung von der allgemeinen Vorschrift des § 2481, daß bei der Versicherung auf den Todesfall und auf den Erlebensfall der Versicherer sich nicht auf die vom Versicherungsnehmer gemachten unrichtigen Angaben berufen kann, wenn der letztere bereits drei Jahresprämien gezahlt hat.

§ 2517. „Mangels einer entgegenstehenden Vereinbarung ist der Versicherungsnehmer nicht verpflichtet, dem Versicherer Mitteilung zu machen von einer Änderung der Beschäftigungsart oder einem Wechsel des Wohnortes."

Nach § 2518 kann bei der Lebensversicherung der Versicherer die Auszahlung der Versicherungssumme verweigern, wenn die versicherte Person durch eine vorsätzliche Handlung des Vorteilsempfängers getötet ist, sowie bei einer Versicherung gegen Unglücksfälle, wenn der Unglücksfall durch eine vorsätzliche Handlung des Vorteilsempfängers herbeigeführt worden ist. Mangels einer entgegenstehenden Vereinbarung kann die Zahlung der Versicherungssumme auch verweigert werden, wenn die versicherte Person in zurechnungsfähigem Zustande Selbstmord verübt hat. Ist der Tod oder der Unglücksfall infolge eines sonstigen Ereignisses eingetreten, für welches der Versicherer im Vertrage keine Haftung übernommen hat, so hat er nach § 2519 einen Teil der gezahlten Prämien zurückzuerstatten. Die gleiche Verpflichtung trifft ihn nach § 2520, wenn das im Vertrage vorgesehene Ereignis zwar nach Abschluß des Vertrages, aber vor dem Beginn seiner Haftung eingetreten ist.

Besonders hervorzuheben ist der recht summarisch und auch etwas mißverständlich gefaßte § 2524:

„Ist die Lebensversicherungspolice bei Lebzeiten des Versicherten einer anderen Person abgetreten worden oder ist in der Police eine bestimmte Person als Vorteilsempfänger bezeichnet, dann unterliegt im Falle des Todes der versicherten Person die Versicherungssumme nicht der Zwangsvollstreckung seitens der Gläubiger des Versicherten."

## Leibrente und Vertrag über lebenslänglichen Unterhalt.

Die Vorschriften über die Leibrente sind inhaltlich in wesentlicher Übereinstimmung mit dem BGB., in der Formulierung jedoch vielfach abweichend entwickelt. Hervorzuheben wäre etwa folgendes: Wenn der zur Leistung Verpflichtete mit der Zahlung einer Rate in Verzug gerät, so kann der Berechtigte eine Sicherstellung der folgenden Raten fordern; wird die Sicherstellung nicht geleistet, so kann die für die Leibrente gewährte Gegenleistung (zum Vollen?) zurückgefordert werden (§ 2532).

Wer eine Leibrente oder ein Recht auf sonstige wiederkehrende Leistungen durch Schenkung oder durch Testament begründet, kann anordnen, daß diese Leistungen nicht der Zwangsvollstreckung unterliegen sollen wegen Schulden des Empfangsberechtigten (§ 2533 Abs. 2).

Betreffend den Vertrag über Gewährung des lebenslänglichen Unterhalts bestimmen zunächst die §§ 2534 und 2535, was im Zweifel unter „Unterhalt" zu verstehen sei. Nach § 2537 ist das Recht nicht übertragbar. Nach § 2536 kann der Richter, wenn das Fortbestehen des Vertragsverhältnisses wegen Uneinigkeit der Parteien unleidlich wird, auf Antrag einer Partei anordnen, daß an Stelle des vereinbarten Unterhalts eine Geldrente zu leisten ist.

## Spiel und Wette.

Die §§ 2539—2542 stimmen fast wörtlich überein mit den §§ 762 und 764 BGB. Eingehendere Vorschriften als das BGB. enthält der Entwurf über den

## Lotterievertrag.

Auch nach dem Entwurf ist der Lotterievertrag nur dann verbindlich, wenn die Lotterie staatlich genehmigt ist. Verkaufsgeschäfte jeder Art über Promessen genießen keinen rechtlichen Schutz (§ 2543). Die übrigen vier Paragraphen dieses Titels enthalten teils Selbstverständliches, teils sind sie überaus mißverständlich formuliert, und es wäre sehr zu bedauern, wenn sie in dieser Form Gesetz würden.

## Bürgschaft.

Hier wären als vom BGB. abweichend insbesondere zwei Punkte hervorzuheben:

1. Hat jemand sich wissentlich für die von einem Minderjährigen übernommene und deshalb nicht bestehende Verbindlichkeit verbürgt, so ist er nach § 2550 dem Gläubiger gleichwohl haftbar.

2. Eigenartig aber in Anknüpfung an das geltende Recht (X. 1 § 1557) und den russischen Geschäftsgewohnheiten entsprechend ist die Frage der Vorausklage geregelt. Der Entwurf unterscheidet die „einfache Bürgschaft“ (das Vorliegen dieser wird im Zweifel vermutet) von der „Bürgschaft auf Termin“ (§ 2552).

Bei der einfachen Bürgschaft hat der Gläubiger bei Verzug des Hauptschuldners zunächst den Bürgen zur Zahlung aufzufordern. Zahlt dieser nicht, so kann der Gläubiger von ihm eine Sicherstellung für den Fall der Zahlungsunfähigkeit des Hauptschuldners verlangen (§ 2556). Zur gerichtlichen Beitreibung kann der Gläubiger gegen den Bürgen erst dann schreiten, wenn der Konkurs über das Vermögen des Hauptschuldners eröffnet ist oder die Vollstreckung in das Vermögen des letzteren sich als erfolglos erwiesen hat. Gründet die Hauptschuld sich auf ein Handelsgeschäft und ist der Bürge ein „Handeltreibender“, dann kann bereits bei Verzug des Hauptschuldners gegen den Bürgen vorgegangen werden (§ 2557); der Bürge wird frei von der Haftung, wenn der Gläubiger nicht innerhalb sechs Monaten nach Eintritt des Verzuges des Hauptschuldners gegen diesen Klage erhoben hat (§ 2558). Diese Vorschrift ist einfach, aber auch sehr schematisch.

Bei der Bürgschaft auf Termin kann der Gläubiger bei Verzug des Hauptschuldners sofort von dem Bürgen Erfüllung verlangen; er kann gleichzeitig gegen den Hauptschuldner und gegen den Bürgen klagen (§ 2559). Der Bürge wird frei von der Haftung, wenn der Gläubiger nicht innerhalb sechs Monaten nach Fälligkeit der Hauptschuld gegen ihn Klage erhebt (§ 2560).

## Vergleich.

Die §§ 2575, 2576, 2578—2580 definieren den Begriff des Vergleichs und geben einige Regeln, die sich auch schon aus den allgemeinen Vorschriften des Entwurfs ergeben.

Nach § 2577 ist der Vergleich unabhängig vom Werte des Vertragsgegenstandes zu beurkunden.

Der dem § 779 Abs. 1 BGB. entsprechende § 2581 lautet:

„Wenn bei Abschluß des Vergleichs irgend ein wesentlicher Umstand von beiden Parteien für unstreitig gehalten wurde, so kann, falls ein Irrtum in Ansehung dieses Umstandes bestand, die Aufhebung des Vergleichs verlangt werden."

## Obligationen, die nicht aus Verträgen entstehen.

### Auslobung.

Diese Materie ist in engem Anschlusse an das BGB. behandelt.

### Geschäftsführung ohne Auftrag.

Hier kommt die Lehre des römischen Rechts zur Darstellung. Im Ausdrucke aber ist vieles schwankend und ungenau und kann zu erheblichen Mißverständnissen Anlaß geben.

### Ungerechtfertigte Bereicherung.

Die Darstellung ist kurz, vermeidet Kasuistik und kann im allgemeinen als wohlgelungen bezeichnet werden, wenngleich hier und da die Formulierung nicht ganz befriedigt. Ich will daher die einzelnen Vorschriften im Wortlaute geben.

§ 2596. „Wer in Erfüllung einer nicht bestehenden oder unwirksamen Verbindlichkeit etwas erhalten hat, hat das Empfangene oder den Wert desselben zurückzuerstatten, wenn er nicht beweist: 1. daß der Rückfordernde bei der Leistung das Nichtbestehen oder die Unwirksamkeit der Verbindlichkeit kannte oder aber die Leistung bewirken mußte aus sittlicher Pflicht oder gemäß den Anforderungen des Anstandes, oder 2. daß die Verbindlichkeit nach der Leistung Wirksamkeit erlangt hat."

§ 2597. „Hat jemand auf Grund einer nicht bestehenden oder einer unwirksamen Verbindlichkeit eine Sache zu Eigentum erworben, dann hat er die Sache dem zurückzuerstatten, von dem er sie empfangen hat, nach den Vorschriften über die Haftung wegen ungesetzlichen gutgläubigen oder bösgläubigen Besitzes" (vgl. darüber oben S. 155).

§ 2598. „Wer gutgläubig fremde Dienste entgegengenommen oder fremde Sachen benutzt hat auf Grund einer nicht bestehenden oder unwirksamen Verbindlichkeit, hat dem anderen für dessen Dienste oder für die Benutzung von dessen Sachen bis zum Betrage des erlangten Vermögensvorteils oder der gemachten Ersparnisse eine Vergütung zu gewähren.

Nahm er die fremden Dienste entgegen oder benutzte er fremde Sachen wissend, daß er kein Recht dazu habe, so hat er dem anderen für dessen Dienste oder für die Benutzung von dessen Sachen eine Vergütung zu gewähren nach den Preisen, die am Orte und zur Zeit der Dienstleistung oder der Benutzung der Sachen bestanden, und außerdem ihm allen daraus erwachsenen Schaden zu ersetzen gemäß den allgemeinen Vorschriften über den Schadensersatz wegen unerlaubter Handlungen."

§ 2599. „Wer auf Grund einer nicht bestehenden oder einer unwirksamen Verbindlichkeit eine Verbindlichkeit übernommen hat oder ein dingliches Recht an seinem Grundstücke" (warum nicht auch an seiner beweglichen Sache und an sonstigen Vermögensobjekten?) „eingeräumt hat oder zugunsten eines anderen auf ein Recht verzichtet hat, kann die Befreiung von der übernommenen Verbindlichkeit, die Rückgabe der übergebenen Urkunden und überhaupt die Wiederherstellung des vorigen Zustandes verlangen."

§ 2600. „Diese Vorschriften finden auch in den Fällen Anwendung, wenn jemand ohne rechtlichen Grund Vermögen oder Vermögenswert erlangt hat nicht infolge einer irrtümlichen Handlung der geschädigten Person selbst, sondern durch Handlungen dritter Personen oder durch Naturgewalt."

Nach dem Rechte des BGB. ist streitig, ob der Wucherer das von ihm auf Grund des wucherischen Geschäftes Geleistete kondizieren dürfe. Die völlige Versagung dieses Rechts entspringt einem ungesunden Radikalismus; die bedingungslose Gewährung desselben wird regelmäßig gerade das herbeiführen, was die Wuchergesetze verhüten wollen: den Ruin des Schuldners. Vielleicht könnte man auf einem Mittelwege einer befriedigenden Lösung näher kommen:

Ist ein Rechtsgeschäft nach § 64 (vgl. oben S. 24) von dem dazu Berechtigten angefochten, und fordert die andere Partei das von ihr Geleistete als ungerechtfertigte Bereicherung zurück, so kann der Richter dem Beklagten bequeme Fristen zur Tilgung der Schuld in mäßigen Teilzahlungen bestimmen.

### Schadensersatz wegen unerlaubter Handlungen.

Bis zum Jahre 1851 war auch für die privatrechtliche Haftung aus unerlaubten Handlungen lediglich das Strafgesetz maßgebend (StGB. vom Jahre 1845 insbesondere § 62); demgemäß konnte ein Anspruch auf Schadensersatz nur auf eine strafbare Handlung gegründet werden.

Das heute geltende Recht beruht auf dem Allerhöchst bestätigten Reichsratsgutachten vom 21. März 1851 und dem Gesetz vom Jahre 1852 betreffend die Haftung für Unglücksfälle, die durch den Betrieb von Eisenbahnen und Dampfschiffen hervorgerufen sind. Beide sind — als §§ 664 bis 689 — in die Zusammenfassung der Gesetze (Band X, Teil I) aufgenommen. Auch hier wird die Haftung aus strafbaren und aus nichtstrafbaren Delikten getrennt behandelt.

Der Entwuf schließt sich gleich dem geltenden Gesetze — was die prinzipielle Regelung anbetrifft — dem Code civil an, indem er ganz allgemein ausspricht, daß jede vorsätzliche oder fahrlässige unerlaubte Handlung zum Schadensersatze verpflichte; das Detail ist mehr in Anlehnung an das BGB. geregelt.

Der Titel zerfällt in zwei Unterabschnitte: Allgemeine Vorschriften und einzelne unerlaubte Handlungen.

#### Allgemeine Vorschriften.

1. Allgemein bestimmt § 2601:

„Wer vorsätzlich oder fahrlässig eine unerlaubte Handlung (Handlung oder Unterlassung) begeht, ist verpflichtet, den durch diese Handlung verursachten Schaden zu ersetzen.

Als Unterlassung gilt die Nichtvornahme einer solchen Handlung, zu deren Vornahme eine Verpflichtung auf Grund des Gesetzes oder einer Anordnung der zuständigen Gewalt bestand."

Nach Form und Inhalt bedenklich sind die Einschränkungen dieses Satzes durch die beiden folgenden Paragraphen.

Nach § 2602 soll eine Person, „die innerhalb der Grenzen eines ihr zustehenden Rechts handelt" nicht für den daraus entstehenden Schaden haften. Nach den Motiven soll hierdurch ein dem § 826 BGB. entsprechender Satz ausdrücklich ausgeschlossen sein. Freilich ist zuzugeben, daß nach dem Rechte des Entwurfs infolge der allgemeinen Fassung des § 2601 ein Bedürfnis nach diesem Satze nicht in so hohem Maße besteht wie nach dem Rechte des BGB. Indessen wird die ausdrückliche Ausschließung dieses Satzes gewiß oft zu großen Härten und Unbilligkeiten führen. Was die Motive in dieser Beziehung sagen, ist wenig überzeugend: „Der vorliegende Entwurf hält es nicht für zweckmäßig, eine Haftung festzusetzen wegen Mißbrauchs" (wörtlich: wegen nicht gewissenhafter Ausübung) „eines Rechts, da einmal solche Fälle wohl nur selten vorkommen werden, und da andererseits die Festsetzung einer solchen Haftung den Berechtigten durch die Befürchtung, ein fremdes Recht zu verletzen, in der Ausübung seiner Befugnisse beengen und damit die Sicherheit erworbener Rechte erschüttern würde."

Das alles atmet einen Geist, der sonst dem Entwurfe völlig fremd ist. Meiner Ansicht nach wäre es im Hinblick auf die allgemeine Fassung des § 2601 das Beste gewesen, diese Frage vollkommen mit Stillschweigen zu übergehen.

Nach § 2603 soll, „wer seine Zustimmung zur Vornahme einer Handlung gegeben hat, durch die ihm Schaden verursacht ist, keinen Ersatzanspruch haben". Diese Vorschrift erscheint insbesondere in dem Falle überaus unbillig, wenn wohl der Handelnde, nicht aber der Zustimmende den Umfang des Schadens voraussehen konnte.

2. Die §§ 2604—2606 enthalten einige Schuldausschließungsgründe.

§ 2604. „Wer einen Schaden verursacht hat, ist nicht haftbar, wenn er die schädigende Handlung vornahm unter

Einwirkung von höherer Gewalt oder Zwang oder in Erfüllung eines für ihn verbindlichen Befehls, es sei denn, daß die Handlung, die er auf Befehl ausführte, eine offenbar verbrecherische war."

Diese Vorschrift, die dem geltenden russischen Reichsgesetze entspricht (X. 1 §§ 647, 648, 2235), findet sich auch in anderen Gesetzgebungen (baltisches Privatrecht §§ 2981, 3287 und preußisches Landrecht Teil I Titel 6 §§ 45—49).

§ 2605. „Ein Schaden, den jemand verursacht hat innerhalb der Grenzen der Notwehr gegen einen rechtswidrigen Angriff auf seine Person oder sein Vermögen oder auf die Person oder das Vermögen eines anderen, braucht nicht ersetzt zu werden."

§ 2606. „Wer ein fremdes Tier getötet oder verletzt hat zur Abwendung einer Gefahr, die ihm oder einem anderen von diesem Tiere drohte, ist nicht haftbar, wenn dieser Eingriff zur Abwendung der Gefahr notwendig war und wenn die Gefahr nicht von dem Eingreifenden selbst verschuldet war.

Unter den gleichen Voraussetzungen ist auch die Vernichtung oder Beschädigung einer sonstigen fremden gefahrdrohenden Sache zulässig."

3. Die §§ 2607—2609 behandeln die Deliktsfähigkeit. Sie entsprechen im wesentlichen den §§ 827—829 und § 832 BGB., jedoch mit der wichtigen Abweichung, daß die Deliktsunfähigkeit der Minderjährigen bis zum vollendeten zehnten Lebensjahre andauert, wogegen die unbeschränkte Deliktsfähigkeit derselben bereits mit Vollendung des siebenzehnten Lebensjahres beginnt.

4. § 2610 behandelt die Haftung des Geschäftsherrn für unerlaubte Handlungen seiner Angestellten und stimmt in seinem ersten Abschnitte mit § 831 BGB. überein. Der zweite Abschnitt erstreckt diese Haftung auch auf juristische Personen und insbesondere auf den Fiskus, jedoch nur in dem Falle, „wenn der Schaden verursacht ist, im Betriebe von Handel oder Gewerbe, bei Ausführung eines Baues oder eines sonstigen Unternehmens wirtschaftlicher Natur". Für Handlungen, die ein staatlicher Beamter in Ausübung der ihm anvertrauten öffentlichen Gewalt, vorgenommen hat, haftet der Fiskus

nach Abschnitt 3 dieses Paragraphen nur in einem Falle, nämlich für die Unversehrtheit von Geld und anderen Sachen, die unabhängig vom Willen des Eigentümers in amtliche Verwahrung oder Aufsicht genommen sind.

5. § 2612 setzt Gesamthaftung der Mittäter fest.

6. Über Umfang und Berechnung des zu ersetzenden Schadens bestimmt zunächst § 2613 Abs. 1.

„Der Umfang des zu ersetzenden Schadens wird nach Ermessen des Richters (§ 1657) gemäß den Umständen festgesetzt."

Hier erheben sich mannigfache Zweifel und Bedenken. Der angezogene § 1657 (vgl. oben S. 201) verweist seinerseits wiederum auf die §§ 1654—1656, die den Schadensersatz wegen Nichterfüllung einer Verbindlichkeit behandeln. Nun schreibt aber § 1655 bei vorsätzlicher oder grobfahrlässiger Nichterfüllung ganz allgemein die Berücksichtigung des „moralischen Schadens" vor. Es hat somit den Anschein, als müßte auch bei Delikten, wofern sie vorsätzlich oder grobfahrlässig begangen sind, der „moralische Schaden" in Betracht kommen, wie das ja auch übrigens schon durch die Konsequenz erfordert wäre. Dem scheint aber entgegenzustehen, daß der Entwurf in § 2626 und § 2627 einzelne besondere Deliktsfälle herzählt (es sind das ungefähr dieselben, die auch im BGB. in § 847 erwähnt werden), durch welche ein Anspruch auf Ersatz auch des moralischen Schadens begründet sein soll. Das wäre doch überflüssig, wenn ein solcher Anspruch schon durch § 2613 allgemein anerkannt wäre. Auch die hier nicht ganz klaren Ausführungen der Motive (V. 5 S. 622—639) scheinen darauf hinzuweisen, daß dieser Anspruch nur auf die Fälle des § 2626 und des § 2627 beschränkt sein soll.

Mithin wäre diese Frage wohl noch einer reiflichen Erwägung bedürftig.

§ 2613 Abs. 2 entspricht dem § 254 BGB. und lautet:

„Ist der Verletzte infolge seiner Fahrlässigkeit zum Teil selbst schuld an der Entstehung des Schadens, so kann der Richter den Betrag des ihm zu leistenden Ersatzes herabsetzen."

Da der Entwurf, abweichend vom BGB., betreffend den Schadensersatz keine allgemeine Vorschriften gibt, die sowohl für den Fall eines Deliktes als auch für den Fall der Verletzung einer Verbindlichkeit gelten, so erscheint es wohl geboten, die Vorschrift des § 2613 Abs. 2 — etwa im Anschluß an den § 1657 — auch auf den letztgenannten Fall ausdrücklich auszudehnen.

**Einzelne unerlaubte Handlungen.**

1. Wer sich eine fremde Sache aneignet, haftet gemäß § 2616 nach den allgemeinen Vorschriften über die Haftung wegen ungesetzlichen Besitzes (§§ 891—906, vgl. dazu oben S. 155).

2. Bezüglich der Sachbeschädigung schließt § 2617 sich im wesentlichen an BGB. §§ 249—251 an, jedoch in einer Formulierung, die unter Umständen zu recht unbefriedigenden Ergebnissen führen kann.

3. § 2619 und § 2620 bestimmen für die Tötung und die Körperverletzung Ähnliches wie BGB. §§ 843—846.

4. §§ 2621—2623 behandeln die im deutschen Reichshaftpflichtgesetze behandelten Fragen in wesentlicher Übereinstimmung mit diesem und dem geltenden russischen Gesetze (X. 1 § 683 ergänzt durch einige in anderen Teilen der Zusammenfassung enthaltene Spezialgesetze).

5. § 2624 betreffend die Freiheitsentziehung schließt sich an BGB. § 845 an.

6. § 2625 behandelt die Beleidigung und Verleumdung:

> „Wer einen anderen beleidigt oder unwahre Tatsachen verbreitet, die ehrverletzend sind, oder den Kredit einer Person, einer Körperschaft oder Stiftung untergraben oder das Vertrauen zu den Fähigkeiten einer Person zur Erfüllung ihrer Berufspflichten oder der Ausübung ihres Gewerbes erschüttern, ist verpflichtet, dem Verletzten den ihm dadurch verursachten Schaden zu ersetzen.
>
> Wer die Unwahrheit der von ihm verbreiteten Tatsache nicht kennt, ist zum Schadensersatze nicht verpflichtet, wenn er selbst oder der Empfänger der Mitteilung ein ausreichendes Interesse an derselben hatte."

7. Die folgenden Paragraphen behandeln die bereits oben (S. 267) berührte Frage nach dem Ersatze des moralischen Schadens. Ein solcher ist zu gewähren wegen Körperverletzung,

Freiheitsentziehung, Beleidigung (§ 2626) sowie auch wegen eines gegen eine Frau verübten gewaltsamen Unzuchtsdeliktes (§ 2627); im letzten Falle hat der Schuldige der Frau bis zu ihrer Verheiratung auch Unterhalt zu gewähren und ihr die eventuellen Kindbettkosten zu ersetzen (§ 2628).

8. § 2629 behandelt die Haftung für den Schaden, der durch Einsturz eines Gebäudes verursacht ist; § 2630 entspricht dem § 908 BGB.

9. §§ 2631—2634 gibt im wesentlichen die römisch-rechtlichen Sätze betreffend die actio de effusis et dejectis wieder.

10. Einen Satz, der in dieser Allgemeinheit im BGB. fehlt, aber sich im schweizerischen Obligationenrecht findet, spricht § 2635 aus:

„Jeder haftet für den Schaden, der verursacht ist durch eine unter seiner Obhut stehende Maschine, einen Dampfkessel oder andere gefährliche Gegenstände, es sei denn, daß er beweist, daß er die nötigen Vorsichtsmaßregeln getroffen hatte."

11. Etwas abweichend von § 833 BGB., sowohl in seiner älteren als auch in seiner neueren Fassung, regelt § 2636 die Haftung des Tierhalters:

„Wer ein Haustier oder ein wildes Tier in seiner Benutzung hat, ist verpflichtet, den durch dieses Tier verursachten Schaden zu ersetzen, es sei denn, daß er beweist, daß er die nötigen Vorsichtsmaßregeln getroffen hatte.

Der gleichen Haftung unterliegt eine Person, die die Aufsicht über ein Tier übernommen hat; im Falle der Erfolglosigkeit der Zwangsvollstreckung gegen dieselbe (§ 1643 Abs. 2) trifft die Haftung denjenigen, der das Tier zur Zeit der Verursachung des Schadens in seiner Benutzung hatte.

Das Recht des Verletzten, Schadensersatz zu fordern, erlischt mit Ablauf von drei Monaten seit der Verursachung des Schadens."

12. § 2637 behandelt das im Deutschen Reiche der Landesgesetzgebung vorbehaltene Pfändungsrecht (E.-G. z. BGB. Art. 89). Ein Recht auf ein Pfandgeld ist dem Pfändenden nicht zugebilligt.

13. Die Haftung der Beamten wegen Verletzung ihrer Amtspflicht ist in § 2638 in wesentlicher Übereinstimmung

mit BGB. § 839 Abs. 1 geregelt. Für die Haftung des Richters gelten nach § 2639 strengere Grundsätze als nach BGB. § 839 Abs. 2 und 3. Der § 2639 bestimmt wohl etwas zu summarisch:

„Ein Richter, der eine unrichtige Entscheidung in einer Zivil- oder Strafsache getroffen hat, haftet für den daraus entstandenen Schaden, wenn er vorsätzlich oder grobfahrlässig handelte."

14. Den Schluß des Entwurfes bildet eine Vorschrift — § 2640 —, die in der deutschen Reichsgesetzgebung ihr Gegenstück in § 717 Abs. 2 und 3 ZPO. findet. Die Vorschrift lautet:

„Die Prozeßpartei, auf deren Antrag das Gericht eine Sicherung des Klageanspruchs oder die vorläufige Vollstreckung des Urteils angeordnet hat, ist, wenn zugunsten der Gegenpartei rechtskräftig erkannt ist, verpflichtet, der letzteren die ihr durch diese Maßnahmen verursachten Schäden zu ersetzen.

Diese Vorschrift findet auch Anwendung im Falle der Vollstreckung eines rechtskräftigen Urteils, wenn dasselbe in der Folge auf dem Kassationswege aufgehoben und die endgültige Entscheidung zugunsten der Gegenpartei ergangen ist."

Druck von Georg Reimer, Berlin W. 35.

MIX
Papier | Fördert gute Waldnutzung
FSC® C083411

Kolibri 360 GmbH
Ferdinand-Jühlke-Straße 7
99095 Erfurt, Deutschland
produktsicherheit@kolibri360.de